一本探索親密關係的指南

婚姻的奧祕

Find the guide to happiness

Marriage

揭示出婚姻中的成長與挑戰；脆弱及真實
分析理財與家庭和諧的關係，婚姻的美學與幸福
探討婚姻內的自我與自由，共同成長的意義與價值
找回相愛的彼此，建構幸福夫妻關係的力量！

李玲玲 —— 著

目錄

目錄

第四章　原生家庭與核心家庭

第五章　婚姻中真實的自己

目錄

第十二章　婚姻美學

第十三章　幸福的婚姻

後記

序言

　　婚姻最大的魅力不是「你儂我儂」，而在於探索兩個毫無血緣關係的人，究竟能達成多麼深的連結。

　　有這樣一對夫妻，在婚後第七年遭遇了婚姻生活最大的挑戰：面臨破產。該事件的發生甚至牽連了整個家族全部資金鍊一夜之間斷裂。在沉痛的打擊下，夫妻關係自然也受到了巨大的挑戰。當丈夫還沉浸在痛苦和絕望之中，妻子強烈要求離婚，聽聞妻子的這個要求，丈夫完全喪失了面對未來的勇氣和信心。

　　幸運的是，就在他們的婚姻即將解體時，二人即將決定各奔東西的關頭，他們二人來到了我的心理諮詢室。也因此，他們有機會接觸到了新的婚姻觀念和新生活模式的引導，以及對關係親密度的新看法。最後他們二人承諾對方：在今後的婚姻生活中，無論遇到什麼風雨，都要一起學習和成長。正因為一起學習的過程，夫妻二人開始有了有效的溝通和更深入的交流，兩個人終於一起度過了難關，暢談未來，也更靠近夢想。最重要的是，經過一番交流，他們終於了解了彼此心中最真實的情感。

　　其實，類似這樣的夫妻相處模式，若是在於我們當代社會大部分的婚姻中。，想必是難以實現和普及的。相對地，華人自古以來在表達方面就顯得有些含蓄。很多夫妻在戀愛的時候可能彼此真的有過很多互動和交流。可當他們一旦步入婚姻的殿堂，開始了新的婚姻生活，或許是覺得已經擁有了彼此，一切都不再重要，或許是自以為戀愛期已經彼此了解，於是深層次的交流也漸漸缺失。

序言

　　殊不知，好的婚姻關係，不只是要了解自己，更要讓對方看到自己，讓對方有機會真正走進自己的世界。然而，有太多夫妻總是固守在自己的世界裡，只看見自己，而看不到對方。

　　幸福的婚姻，需要建立在愛情之上。美好的愛情只出現在，兩個靈魂飽滿，精神自由的人之間。而精神自由，僅僅在具有獨立意志的個體，在尊重與平等的環境下產生。所以，談及婚姻，實際上是談論關於一個追求獨立意志的人，獲得幸福的過程。

　　關於豐盈的靈魂，需要在婚姻中兩個獨立個體不斷成長才能擁有或是維持。我們見過兩位修養很高的夫妻在婚後不可理喻的情況，是因為兩個人在婚後便停止攜手前行了，他們以為結婚是情感的終點，卻忘了結婚只是情感的開始。

　　沒有愛情的婚姻是一潭死水，毫無波瀾。彼此帶著不甘和敵意，難以前行。而擁有愛情的婚姻，如果因為過分嫉妒而彼此捆綁，也是極其可悲的。這中間的度該如何把握，相信本書會給各位讀者朋友帶來一些啟發。

　　一對夫妻就像兩輛並行的車輛。捱得太近，彼此之間沒有空隙，會出現車禍，傷了彼此。而離得太遠，又會使其中一人產生恐慌心理，而焦慮不安。這該怎麼辦？書中依然會有涉及。

　　這本書講述的內容廣泛，涵蓋了一個獨立的個體與另外一個獨立個體的結合後的心理變化，原生家庭中的模式對核心家庭模式的影響，婚姻中的情感與婚姻中的性的喜怒哀樂，婚姻中的經濟帳該如何把握分寸，婚姻中空間的束縛與情感自由等，既談及到婚姻中最難以啟齒的祕密，也描述了每對夫妻都渴望幸福的動人美好畫面。

　　書中詮釋了許多關於女性與男性心理的部分，為了保護我的客戶私隱，全部案例故事的主角均使用化名（字母代替），旨在幫助讀者們了解

婚後自己內心消極的變化。為什麼自己會莫名的狂躁？為什麼自己會想要破壞婚姻證明伴侶對自己的愛？為什麼自己會憂鬱不堪？為什麼把希望全部寄託在孩子身上是一種迫害？當我們了解自己婚後的一系列的心理變化，便能進行自我疏導。

反過來，生活幸福的夫妻更懂得了解內心積極的心理變化。當我們了解自己什麼樣的婚姻模式會讓自己舒心？什麼樣的溝通模式會讓自己愉快？為什麼放下對孩子苛求的自己似乎獲得了自由？為什麼夫妻需要為自己製造二人世界？為什麼夫妻談論關於社會現象中離婚底線的話題有助於增進感情？當了解這些之後，我們似乎更能輕鬆前行了。

我希望本書能在婚後生活遇到困難的夫妻之間，造成家庭輔導的作用，作為一本婚姻寶典置於手邊。本書的核心觀點是鼓勵婚後的夫妻尋找幸福相處的方式，如果在婚前不是因為愛情，僅僅是需要，也可以嘗試培養出美妙的情感，將需要昇華成愛。如果是因為愛情，那太棒了！這本書會幫助我們在熱情衰退時候，找到再次相愛的祕訣，迎來真正的浪漫婚姻。

請相信，最好的婚姻不是彼此消耗，一定是共同成長！

第一章
好的婚姻，一定是夫妻共同成長

夫妻關係是我們每個人生命中最重要的關係之一。好的夫妻關係，兩人會彼此「旺」對方，反之則會把雙方推向生活的水深火熱之中。

一段好的婚姻關係，一定是夫妻共同成長。

在現實生活中，一段安穩、幸福、長久的婚姻，和夫妻二人的「共同成長」是分不開的。一旦缺少了「共同成長」，夫妻的感情再要好也難以維繫。唯有兩個人始終處於同一個頻道，才能讓婚姻走得更遠、更長久。

沒有永遠的婚姻，只有共同成長的夫妻

「好的婚姻是什麼樣的？」

我想，每個人心中應該都有屬於自己的答案。

就我個人而言，所謂「好」的婚姻應該是夫妻二人在同一個頻道共同成長。

正如《簡愛》中說：「愛是一場博弈，必須保持永遠與對方不分伯仲、勢均力敵，才能長此以往地相依相息。因為過強的對手讓人疲憊，太弱的對手令人厭倦。」

演員佟大為和妻子關悅在一檔綜藝節目《幻樂之城》中演了一齣戲叫《這一碗麵》，講的是夫妻二人如何在婚姻裡保持初心和相互扶持、共同成長的故事。這其實不只是一齣戲，同時也是他們倆愛情故事的縮影。

十幾年前，那時的佟大為還沒有出名，他在北京電影學院遇到了關悅，並對她一見鍾情，立刻展開了熱烈的追求，可關悅不為所動。直到一次關悅生病住院，剛好趕上佟大為在上海拍戲，他專門向劇組請了一天假，煲了粥去醫院看望關悅。

從這時起，關悅對於佟大為才慢慢從友情昇華成愛情，最終與他走到了一起。

可就在佟大為名氣飆升的時候，關悅卻和佟大為分手了。原因是這個時期的佟大為忘記了自己的初心、開始變得狂妄自我。

我想當時的關悅若是繼續忍讓、不提出分手，結局可能就不會像現在這樣圓滿了。

佟大為清醒過來之後，後知後覺地發現自己依然愛著關悅，便主動求復合，最後終於用「易拉罐戒指」成功求婚。婚禮上，佟大為拉著關悅的

手許下承諾：「這是我此生唯一一次婚禮！」這一次，二人彼此扶持共同邁向婚姻殿堂，一走就是十年。

據佟大為說，二人結婚十年，依然保持著一個習慣 —— 每天說「我愛你」，並且堅持一起過紀念日。就算佟大為拍戲沒空，關悅也會去找他。至於原因，佟大為的回答是：「這是婚姻的儀式感，如果一次不過，兩次不過，那麼這個事兒就淡了，就像每天說「愛你喲」，是一種習慣，也是在提醒我自己。」

確實如此，婚姻中看似麻煩的儀式感，其實是在提醒我們自己不要忘了最初相愛的感覺。佟大為和關悅的愛情很美好，但這美好的前提是彼此共同成長。

佟大為名氣越來越大，關悅也沒閒著，她在做好「賢內助」的同時，不斷地增進自身的學識。

也正因為有了關悅的支持，佟大為才能無後顧之憂地演戲，接二連三地創造出更多的好作品。

可見，一段好的婚姻，必定是基於彼此欣賞，彼此成就，互相成全。

相反，一段婚姻中，無法共同進步的夫妻，終將被另一個人淘汰。

我有個好朋友已經結婚三年了，夫妻感情一直很和睦。可前段時間，他卻突然離婚了。為此，身邊的朋友紛紛給他扣上了「渣男」的標籤，一致認為他是在功成名就之後拋棄了糟糠之妻。

朋友聽到後總是苦笑：「你們不懂！」後來連這話都懶得再解釋了。直到某次他跟我們聚會喝得爛醉如泥，我們才終於了解了他為什麼離婚。

他跟妻子本是一對青梅竹馬的戀人，彼此見證了對方最青澀的歲月，原以為這樣的愛情一定可以走到最後。沒想到婚後三年，他慢慢發現自己跟妻子心的「距離」越來越大：他日夜忙碌學習提升自己，妻子卻永遠圍

著柴米油鹽打轉。為此，他不只一次勸說妻子看看書，多提升一下自己，或者找出興趣找點事做，而不是整天窩在家裡。可是妻子每次聽了不是敷衍答應就是說沒興趣。久而久之，他覺得自己和妻子的思想軌道越來越偏離，甚至沒有了共同的談資和價值觀，他也就越來越不想回家了，最後忍無可忍只好無奈選擇了離婚。

　　你說，他渣嗎？好像是挺渣的。畢竟，柴米油鹽也是婚姻的一部分，個人沒有那個興趣強迫對方也沒用。可是如果繼續下去是不幸和不快樂，那真的還要堅持嗎？我想每個人心中都會有自己的答案。

【成長祕鑰】

　　在婚姻生活中的夫妻，只有「共同成長」才能夠讓兩人的幸福路途，越走越長久。正所謂沒有永遠的婚姻，只有共同成長的夫妻。以下幾點建議供各位愛侶們參考。

1. 夫妻共同攜手進步

　　現實中的夫妻，無論是男人還是女人，都希望與另一半的感情熱度有增無減，這就基於夫妻間的「共同成長」。也就是說必須夫妻二人共同執行才能夠實現。如果只是一方單方面付出，夫妻感情一定好不到哪去，嚴重的話還會亮起紅燈。婚姻這條路想要走得長久，夫妻二人必須學會攜手「共同成長」，而不是一個人拚命奔跑，另一個人脫隊。

2. 夫妻保持同一個頻道

　　在婚姻的生活中，夫妻兩人之間最重要的就是保持在同一個頻道，否則可能面臨的問題就不只是價值觀不同了，還可能面臨著感情的裂縫。無論是興趣愛好，還是學習提升，二人最好保持在共同的頻道上一起努力，兩個人的感情才會碰撞出更多火花，也越來越平順和安穩。

3. 夫妻需要互相體諒和尊重

在婚姻中，保持好互相尊重是夫妻之間的相處方式裡最重要的一幕。一旦失去了對彼此的尊重，矛盾就會常常不請自來，夫妻二人的關係也會極速惡化。甚至嚴重起來還會鬧到離婚的地步。至於如何尊重和體諒，我將在後面章節中詳細闡述。

4. 日子再忙也別忘了互相交流心聲

婚後的生活是兩個人每天面對彼此，長期的相處磨合。若是不能留給彼此一點空間，常常交流心聲，兩個人的距離就會越來越遠。成長歸成長，但不應是沉默無聲的，而是在共同忙碌進步的同時，透過交流讓夫妻之間的感情有增無減。

如果婚姻分為 4 個等級，你在哪一級

著名學者、哲學家、散文家張中行老先生在其《流年碎影》一書中，將婚姻分為四個等級：可意，可過，可忍，不可忍。

仔細想一想，如果我們現實中的婚姻果真可以這樣劃分，那麼你處在哪一級呢？

我想，多數人的狀況大概是可意和不可忍極少，而最長久的婚姻基本都是「可過加一點點可忍」。

我曾有一個很要好的女同事，當時她剛結婚不久，因為一點家庭瑣事跟先生吵架，朋友的母親「出招」說：「男人就是要晾著，不然就要蹬鼻子上臉了。」聽到這句話我笑出了聲。我告訴朋友我的看法：「一段美滿幸福、長長久久的婚姻最重要的不是『眼裡容不下沙子，你愛怎樣就怎樣』，而是『我能需忍時只需忍』，慢慢你就明白了。」從那以後，朋友和她先生恩愛有加，變得越來越甜蜜。

當然，值得一提的是，忍並不意味著一味地委曲求全、順服，而是彼此信任和諒解，相互扶持，共同成長。

【成長祕鑰】

婚姻裡，夫妻二人的關係不只是攻守同盟的戰友，也是可以託付生死的夥伴，倘若世界上真的人無完人，那麼婚姻中忍耐彼此不完美的地方，就是每對夫妻的成長必修課。

1. 彼此遷就，而不是只為自己考慮。

記得當初進行婚前輔導時，一對結婚多年的夫妻跟我們分享了生活中的一段「趣事」。

有一天晚飯後丈夫主動去洗碗，過了一會兒，妻子一進廚房，氣氛就變了味道。

「你怎麼把洗潔精倒在盆裡洗碗呢，這樣多浪費啊？你要把洗潔精擠在擦碗布上，這樣才比較合理，你那樣太浪費水了。」

老公說：「你既然交給我做，就不要管了，我想怎麼洗就怎麼洗。」

妻子一聽火冒三丈：「告訴你好的方法怎麼還不聽呢？」

「我覺得我這種方法很好阿。」丈夫也不甘示弱。

兩人誰也不肯讓步，就此冷戰了一天。

婚姻中的矛盾，大多不都是這些雞毛蒜皮的小事嗎？

而往往是這些我們看起來微不足道的小事，才是真正破壞我們幸福婚姻的導火線。

婚姻需要忍耐，但忍耐也是需要智慧的，就像跳一曲華爾滋，總要你進我退，你退我進，互相配合才能舞出一支美麗的舞蹈。

就像宋美齡和蔣介石，宋美齡從小受西方教育，在美國生活和學習。

她明白「布菜」是不良習慣，很不衛生，還有那麼一點強加於人。

可她為了夫妻恩愛的傳統方式，勸蔣介石多吃點。她陪蔣介石一起吃飯時的這個習慣，一直堅持了 48 年。

可見即使如宋美齡一樣高高在上的女人，為了婚姻長久保鮮，生活中也需要妥協，忍耐。

婚姻中沒有忍耐，如同黑暗中沒有燈光，使人看不清前行的路。

於是，我們一路摸索，一路跌跌撞撞，如果不願在漫長的黑夜中憂鬱而死，就要掌起「忍耐」這盞燈。

2. 彼此信任，給予對方一定自由的空間。

一位心理學家曾提醒女人們：婚前要睜大眼，婚後則要學會半睜眼。

所謂的閉一隻眼睛，大約就是「裝傻」吧，只有裝傻才能成就百年好合，只要不涉及品德和價值觀等原則性問題，不妨聽之任之。

有時候的退讓是為了更好的防守。

在這個方面，我極其佩服一位女性，就是劉嘉玲。

記得《金星秀》上金星問劉嘉玲如何看梁朝偉和張曼玉的緋聞。

劉嘉玲說：

「可能你們知道的或許比我還多，我就知道那麼多，是一個很美麗的故事，她（張曼玉）也是個很優秀的女演員。」

我們都佩服劉嘉玲的大氣，然而面對自己愛人特別願意留存的一段美好回憶，而且對方還是那麼優秀的女人，你會不好奇當初發生了什麼麼？

只不過劉嘉玲智慧地用「裝傻」來化解了這個問題。

其實，裝傻不是讓我們忍氣吞聲，而是換一種思維方式，把生活中的小事兒模糊處理。

3. 婚姻中適度「裝傻」，這是一種策略，更是一種境界。

譬如說，當某個謠言來臨，你一時怒火湧上心頭，血液直灌頭頂時，別忘了提醒自己，退一步便是海闊天空，矮一截便是平心靜氣。

懷疑、猜忌往往和一段如履薄冰的婚姻是並存的關係。

好的婚姻一定是可以相互敞開的，相互信任的，但這不意味著毫無顧忌，而是需要彼此尊重。

有位作家曾經這樣描述相愛的兩個人：

「相愛的人給予對方的最好禮物是自由。兩個自由人之間的愛，擁有必要的張力，這種愛牢固，但不糾結；纏綿，但不黏滯。沒有縫隙的愛太

可怕了，愛情在其中失去了自由呼吸的空間，遲早要窒息。」

在婚姻關係中，學會適度「裝傻」、尊重和信任彼此不僅會為你贏得長久的婚姻，也會讓你在漫長的婚姻中收穫長久的愛情。

4. 忍就要堅持，對方經歷低谷時，與他同行。

在我看來，每一對最終有幸走道白頭的患難夫妻都是生死之交。

仔細看演員馮遠征和妻子梁丹妮的近照，你會發現這對姐弟戀夫妻完全看不出年齡差，因為梁丹妮滿臉洋溢的都是幸福。據說，梁丹妮和馮遠征在相識的時候，梁丹妮已經是多部電視劇作品的重要女主角，而當時的馮遠征還只是個無名之輩。

直到 1996 年開始，有近十年的時間梁丹妮都處於事業低谷，到了 06 年她一度患上憂鬱症。每每在採訪中，梁丹妮都說若不是丈夫對她不離不棄，她根本不確定會不會走到今天。馮遠征曾公開表示，在他們家裡，有一個芭蕾舞房，這是他特意為妻子打造的，因為他知道妻子熱愛芭蕾。此外，梁丹妮還擁有一個人人看了都感到「驚豔」的化妝台，那是一次無意間馮遠征聽到梁丹妮跟助理說需要換一個化妝鏡，他託朋友為妻子定做的，上面還親自掛上了小綵燈，只為博妻子一笑。

在丈夫滿滿愛的包圍中，梁丹妮很快就拋棄了曾經憂鬱寡歡的自己，從悲憤的情緒裡走出來。每個人的一生都有高潮和低谷，當對方的人生在低谷的時候，要做他最堅強的後盾，而不是冷嘲熱諷地刺激。

「美好的事物，不是沒有裂痕。而是滿是裂痕，卻沒有崩開。你不要覺得所謂的愛情，就是頭上一點刮痕都沒有。這世界上沒有這種感情。」

既然世界上沒有完美植入，那麼幸福婚姻的保鮮祕笈，無非就是夫妻二人相互包容、扶持、忍耐、相互成就。也正因為這份共同的守護，一段感情才不會瓦解。這才是愛的意義所在。

夫妻關係好壞決定家庭幸福度

家和萬事興。

家庭中夫妻關係是否和睦直接影響著家庭的幸福度。

我不知道大家有沒有過這樣的感覺，反正我是有過。當你做一件事情，如果是在一個愉悅的心境下，似乎做任何事都得心應手，包括一些平時難以解決的問題也會靈光閃現一一處理好。相反，在沉悶的心境下做事效果會大打折扣、不如預期，甚至思路不清晰文思紊亂，坐幾個小時都不知如何下手。心情不好，工作做不好，幸福感自然會降低很多。

在一場婚姻中，不只是兩個人風花雪月的浪漫。它更與財富、希望和關愛息息相關，這也是我們每一個人在婚姻中最期盼的東西，關係好的夫妻，從彼此平日的關愛中就能夠做到同心協力。對他們來說，希望就好比是生活中的照明燈，而財富是共同前進的方向，彼此的關心和愛護是為婚姻保駕護航最好的保護傘。

因此，一段幸福的婚姻，一種良性的夫妻關係，會在你不知不覺中就已經將這些因素都包含在內了。這樣的婚姻必然是溫暖的，在這樣的環境中成長起來的孩子也是健康、樂觀、向上的，這不就是我們夢寐以求的幸福嗎？

【成長祕鑰】

婚姻裡，夫妻關係的好壞直接決定了家庭的幸福程度和未來，原因主要有以下幾點。

1. 好的夫妻關係能給家庭帶來財富

夫妻亦是合夥人，一個家庭的財富增長和夫妻的努力是分不開的，為了賺取更多的財富，謀求更好的生活，總有一個人在你身邊，為了共同的目標

努力，想想心中都是甜的。前提是只要是夫妻足夠堅毅，不怕辛苦的你們才能夠在歷經磨礪和考驗後有自己的一方天地，這樣的日子必然會越過越好。

2. 好的夫妻關係能給生活帶來希望

如果你想為自己的愛情加一個保鮮期，那麼婚姻是最佳的選擇，因為婚姻不是愛情的結束而是延續。有人說婚姻是墳墓，其實不然，如果你把婚姻當做墳墓一般的存在，那就證明你打心底裡對它是牴觸的，你自己心理都不接受它，不認可這段關係，又怎能夠奢求從婚姻中得到幸福呢？

一場好的婚姻，絕對是你努力生活的助力，有個人永遠在你身邊扶持你、幫助你，讓你在這個世界上不會感到孤獨無依，這是夫妻二人結合在一起最初的意義。在現實生活中，我們經常會見到那些新婚小夫妻，他們在偌大的城市中剛結婚的時候房子都是租的，但是夫妻二人在一起打拼的過程中不僅收穫了彼此的溫暖和最好的愛情，而且有了屬於自己的一個小家庭，這樣的婚姻生活雖然艱苦卻從不缺乏希望。

3. 好的夫妻關係也能讓孩子也感覺到愛和溫暖

都說小孩子是不會騙人的。孩子的家庭環境好不好，父母關係好不好透過孩子就能獲得最直觀的感受。如果家庭溫暖、父母恩愛，孩子也會變得樂觀開朗，喜歡幫助別人，帶給別人愛意和關懷。相反，那些在單親家庭中成長起來的孩子，多少都會缺失父母一方愛的人，很難有健全的人格，他們大多數不會很積極看待問題，甚至會有一些偏激的想法，這樣的孩子以後又如何收穫溫暖和給予另一半溫暖呢？

因此，夫妻關係的好壞，在今後你們所組建的家庭中展現的是淋漓盡致，而維繫好夫妻關係不僅僅是為了自己，更是為了孩子今後的成長。你若不願意給孩子留下陰影，那就要負起為人父母的責任。

和睦的夫妻關係是孩子成長最好的溫床

　　我們剛剛說過了，好的夫妻關係也能讓孩子也感覺到愛和溫暖。下面我們就來仔細講一講，和睦的夫妻關係對孩子成長究竟有著哪些影響。

　　2019 年很長一段時間，中國的朋友圈、新聞頭條、熱搜幾乎都被熱播劇《小歡喜》承包了。

　　透過劇中三對夫妻的相處之道，我們可以看出夫妻關係對孩子成長有很大的影響，包括影響著孩子情緒控制能力、抗壓能力、心理健康、成長健康等等。

　　一段好的婚姻裡，夫妻或許不再有年輕時那麼多的熱情與浪漫，只是平淡無奇、波瀾不驚的過著日子，但是當一方出現危難，對方總是能互相體諒和包容的並甘願犧牲自己，給予對方無條件地支持、理解著，不離不棄，同甘共苦。夫妻若不能和睦相處，孩子必然會成為二人的「犧牲品」。

　　比如，《小歡喜》中季勝利和劉靜這對夫妻，兩個人都是屬於中國比較傳統的夫妻相處模式──男主外，女主內，丈夫事業有成，為家庭提供了最好的經濟條件，妻子溫柔賢淑，默默為家庭付出。但是，由於父親長期缺席孩子的成長，當孩子進入叛逆期後，父子關係變得越來越差，而媽媽在其中充當「和事佬」。媽媽看起來又累又委屈。可是在媽媽被診斷患癌時，看著爸爸狂奔去醫院的背影，以及後來為了照顧妻子，他果斷放下了自己最看重的事業，申請退居二線。這一刻，相信所有人都明白了，這對夫妻的感情已經融進了生活的柴米油鹽中，彼此總是能默默地、堅定地站在對方的背後。

　　而他們的孩子季楊楊，雖然長期和父母感情疏離，但是在家裡出事、回歸家庭後，孩子便迅速感受到了來自父母的家的溫暖，也就此更加明白了家的意義，自己的學習成績一路逆襲考上理想學校，還主動剃頭陪著媽

媽。孩子到了考學的年紀，成績固然重要，但是成績源於學校的教育和自己的努力，而孩子人格成長則來自於父母給予的陪伴，所以父母以身作則的榜樣影響更重要。

再例如劇中的方圓和董文潔，這對夫妻二人一個開朗溫和，一個強勢霸氣，卻又恰到好處地彼此互補，給孩子提供了最有利的成長環境。所以他們的孩子才會勇敢地朝著自己的夢想前進，也是幾個孩子中最勇敢的、真正活出自己的。

而另一對夫妻離異的家庭中，由於丈夫出軌，媽媽長期缺乏安全感，因此對孩子有著極強的控制慾，因為孩子成了她唯一的希望和寄託，當媽的總是不放心，隨時監視著孩子的一舉一動，甚至將孩子逼到了崩潰的邊緣。

以上三個家庭各有特點，可以肯定的是，或吵吵鬧鬧，或相敬如賓，無論哪一種方式，夫妻關係會對孩子產生潛移默化的影響。

【成長祕鑰】

夫妻關係的好壞直接影響到孩子的一生，不管好的壞的，孩子都會繼承。不同家庭環境也會衍生不同的孩子。如果夫妻關係不和諧，將會對孩子產生負面的影響，比如：

1. 孩子缺乏安全感

夫妻關係不和睦、經常吵架，對成人而言是很平常的一件事。但對孩子而言，卻堪比「天塌下來了」，孩子內心的安全感會受到很大衝擊。

一個有愛的家庭，會讓孩子知道，無論在外面遇到了什麼樣的事情，家永遠是避風的港灣，並且會讓孩子全身心投入到他的理想。

2. 孩子容易人格不健全

夫妻關係和睦的家庭裡，孩子性格往往多樂觀、自信、誠實，遇到困

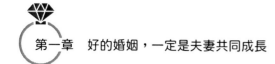

難，會用積極的思考方式去應對。相反，孩子往往會很內向，甚至壓抑、恐懼、自卑，或形成對立、仇恨的負面情緒，在行為上也可能存在暴力傾向。

3. 孩子容易任性、自私

夫妻關係不和睦，兩個人常常只能靠孩子來交流或維繫婚姻關係，也就是人們常說的「以孩子為中心」的家庭。而在父母關係的作用下，孩子被過多關注或干涉，性格也會變得自私和任性。

4. 孩子可能會缺少修養

夫妻關係和睦，相互尊重，孩子也會彬彬有禮，富有愛心，更樂於表現自己。待人處事更加有修養、大方得體。相反夫妻二人總是深陷家庭矛盾中，孩子就會本能地模仿父母，耳濡目染的孩子可能會變得脾氣暴躁，喜歡暴力、待人冷淡，一言不合就出手傷人，甚至像父母一樣大吼大叫，失去理性和自控力。

5. 孩子敏感、做事執拗、愛找藉口

遇事總是喜歡相互指責的夫妻，這樣的家庭環境會嚴重影響孩子的處世方式。尤其是當夫妻雙方爭論不休時，彼此更容易對著孩子說另一方的不是。而對孩子造成的影響是：這兩個人這麼差勁，那以後對爸媽也不用尊重。學著父母的樣子攻擊別人，最後帶給孩子的毫無益處，只是傷害。

6. 影響孩子將來擇偶觀、婚姻觀

夫妻關係不和睦、婚姻不幸福，孩子很可能也對婚姻持有悲觀態度，覺得不幸的婚姻會給自己造成更大的痛苦，因此不願意輕易結婚。有的孩子即使結了婚，也十分沒有安全感，甚至有可能深受父母「冷戰」、「暴力」等等記憶影響，不由自主地模仿父母，再次重蹈覆轍。

感恩痛苦，好婚姻就是在問題中學會成長

有時候痛苦未必是一件壞事。

說這句話肯定會遭到很多人的反對批駁，他們會說：「你可真是是站著說話不腰疼，痛苦難不成還是好事？」

有句話叫：「痛則思變。」

痛苦有時是上天派來提醒我們的信使 —— 我們到了必須改變的時候了。

何況，現實中的婚姻並不總是快樂和幸福，也會讓人痛苦。從你邁入感情的第一步開始，快樂就是以淚水為調味劑的。婚姻之路亦會在愛與恨的夾擊下步履維艱。別忘了，除了「痛苦」，還有個詞叫「危機」。什麼是「危機」，也就是「危險＋機會」，婚姻裡的危機帶給我們的不僅是痛，還有改變的契機。

所以，有時痛苦，能夠讓我們更好地看清自己，並找到自己的問題所在，做出適當的調整。

我在從事心理諮詢工作期間，遇到過很多來訪者都問我同一個問題：「我能不能回到以前，找回過去的自己？」

我只是笑笑：「沒有人能回到過去，但我們可以透過現在的痛苦更好地看清自己，有更好的成長，在未來遇見更好的自己。」

我們每個人其實都有兩次生命。一次是從媽媽的肚子裡出來，活得新生。從此我們與父母建立最親密的關係，開始尋找自我、探索人生；一次便是戀愛和婚姻，與最親密的伴侶建立夫妻關係。在這個關係裡，我們往往會重複童年時期父母與我們的關係模式。只是，要麼是延續童年的美好，要麼是彌補童年的痛苦。沒有完美的父母，也沒有完美的愛人。一段好的婚姻就是在痛苦時保持初心、懂得感恩，在問題中二人不斷獲得成長。

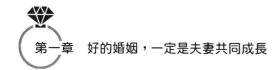

【成長祕鑰】

　　婚姻中不只有幸福，痛苦的一面有時可以讓我們更好地察覺自己的行為，接納自己和另一半，慢慢做一個成熟的愛人。感恩痛苦，因為它督促我們成長，提醒我們改變。

1. 重新審視你自己、對方和婚姻

　　婚姻裡的痛苦雖然能促使我們成長，但是一個人若長期處於一種難以自拔的痛苦狀態，任憑問題滋長，換來的恐怕只會是更加猛烈的暴風式爭吵，以及長期的不信任，直到耗盡彼此最後一絲感情，要嗎為了孩子強留婚姻的形式，要不然就是走向離婚。

　　所以，痛苦的狀態不是目的，而是雙方能夠共同努力，相互扶持儘早從痛苦的困境中走出來。這個過程需要你重新審視自己、對方和婚姻，抹去婚姻的塵埃。所以，有時痛苦是一塊試金石，它讓你更加明白真實的內心需求，珍惜眼前擁有的一切。

2. 好的婚姻，是一次又一次地愛上對方

　　婚姻是一場修行，痛苦只是其中的一隅。而身處其中，有的人徹悟，有的人愚鈍，也有的人參透。我們始終要明白，夫妻兩個人之所以結合在一起，不只是出於任何一種需要，更是出於對幸福的喜悅、未來的期待。我們應該用一個全新的視角看待婚姻家庭，在夫妻共同成長的過程中，修剪婚姻的枝丫，也不斷修煉自己，例如提升認知力，溝通力，化解矛盾，避免傷害，創造一段雙贏的婚姻。

　　好的婚姻絕不是沒有任何問題，而是出現問題之後，夫妻倆還能夠團結一心，在問題中學會成長，在成長的過程中學會愛，一次又一次地重新愛上對方，最終修煉成更好的自己，一個完整、獨立、更有力量的人！

第二章
夫妻的經濟帳

　　愛情再美好，在現實面前也可能不那麼可靠。經濟學家認為，任何人類的活動都是被利益驅動的，這其中當然也包括婚姻。戀愛是風花雪月的浪漫，很多好姑娘還信奉著「有情飲水飽」類似的話。但婚姻不同，婚姻裡的柴米油鹽、衣食住行都需要有金錢作為基礎。古人說，貧賤夫妻百事哀，婚姻裡的衝突，大部分的導火線都是錢。婚後，夫妻共同成長第一課就是要先算好夫妻之間的經濟帳。婚前不想、婚後不算，等到遇到爭執再去算時，恐怕已經很難算得清楚了。

房費 AA 的夫妻　

當下，許多年輕夫妻都喜歡推崇「經濟 AA 制」，男人認為「AA 多好，相互平等，相互尊重」，女人認為「我有能力賺錢，婚後一樣可以經濟獨立」。殊不知，不科學地「經濟 AA」不僅維繫不了婚姻，反而是傷感情的。

比如來自有對新婚小夫妻 F 和先生 A，二人本是公司的同事，慢慢產生感情走到一起。因為雙方都十分認可 AA 制的生活態度，一拍即合，很快結婚了。婚前夫妻倆買房子、買車、包括婚禮酒席都是 AA。婚後一起出去吃飯也是 AA。有時丈夫先結帳，妻子吃完飯給個錢，算的清清楚楚。因為經過協商，雙方也都樂於接受，所以一直相安無事。隨著時間的推移，婚後生活開始顯得平淡。

在最近的一次旅行之後，小夫妻之間的這種「經濟 AA」徹底崩塌了。

有一天二人閒聊，丈夫 A 突然要求房費 AA，F 覺得在婚前的協商中並沒有提及房費 AA，現在突然要求 AA 表示無法接受。A 問：「不是說好了嗎？之前 AA 也沒見你反對過。你現在是想反悔嗎？」F 無言以對。在她看來，房子是一個家庭最基本的保障，如果男人連房子都不能供養，女人還有什麼安全感可言？再說，雖然約定是「死」的，可是夫妻二人生活的基礎畢竟靠的還是感情，至於金錢上的 AA「執行力」有必要這麼強嗎？F 帶著一肚子怨，突然覺得夫妻竟然像兩個一起工作出差分攤房費的同事。因為心中不快，也不想丈夫觸碰自己的身體。這次旅行他們彼此都感到不愉快。

旅行結束的一星期以後，A 說要將自己帶回來的禮物交給同事。A 出門以後，F 想起來要去公司附近買些生活用品。結果發現丈夫 A 給另外一

位女同事帶了一瓶香水，在公司樓底下交給那位女同事。他在旅行中什麼時候買的？自己完全不知情。

只見女同事拿出錢遞給 A，但他竟然推辭了，那推辭的動作看起來是真心實意不想接受。此刻眼前的男人跟要和自己房費 AA 的那個丈夫完全不是一個人。F 遠遠看去，那位女同事顯得十分不好意思，推讓了好幾次。F 的第一反應不是丈夫是不是出軌了？而是我是不是無意中為這瓶香水 AA 了？那個女人給他香水的錢為什麼不拿著？太不公平了！

可想而知，A 到家以後，F 是如何大鬧了一場。當 F 一直追問：「為什麼你不接受她給你的錢？為什麼？你不是最喜歡 AA 的嗎？最喜歡把錢算的清清楚楚的嗎？」

在 F 的咆哮下，他終於開口了：「我跟你 AA 是因為你什麼都需要 AA。我也習慣了跟你 AA。其實我覺得禮尚往來挺好的，那位女同事在工作上幫了我，我想感謝她，僅此而已。如果我的感謝都還要收錢的話，我是不是也太噁心了？旅行的時候買禮物不想和你說，就是擔心你想太多。」

「你喜歡禮尚往來，還是只喜歡跟她禮尚往來？」F 嫉妒極了，自己作為妻子竟然沒有享受過丈夫這「懂禮數」的一面。

「我們沒有什麼，如果有什麼她怎麼會給我錢呢？」A 無奈地擺擺手。「我只是厭倦了我們之間什麼都算得清清楚楚而已。」

「既然這樣，為什麼去旅行的時候你還要跟我房費 AA ？」

「因為，我想逼你放棄 AA 的規矩。如果是我提出來，你保證又是一翻說教。你總喜歡說教，而我不想聽。能不能不講大道理，夫妻之間講感情不好嗎？」

「我……」妻子語塞，沉默了許久：「我其實也不喜歡處處 AA，我感

覺是我太不靈活了。什麼都照章辦事，把婚姻過得跟公司一樣。我們以後需要花錢就互相商量吧。」

丈夫和妻子和解了，他們的模式後來也有了一些變化，在旅行的時候再也沒吵過架。

劇情倒回丈夫要求房費 AA 之前。

每年 10 月 8 號，是丈夫的母親生日。妻子在選好婆婆的生日禮物之後，都會要求丈夫出一半買禮物的錢。這在當時讓丈夫感覺心裡十分彆扭。

禮物本來是妻子送給自己母親表達情誼的，妻子這麼做，反倒看起來是一種形式。丈夫希望妻子不要繼續 AA 下去了，覺得挺傷感情的。但是妻子十分堅持保持這樣絕對的 AA 制生活，連許多表達情感的錢也強烈要求這麼做。丈夫急於改變這個狀況，又不知道怎麼做，在旅行的時候要求妻子房費 AA，讓妻子心中不快。好險，終於達到了效果。

其實，經濟 AA 在夫妻當中並不少見。即便再牢靠的感情，在面對物質困難的時候，都顯得那麼脆弱。我有一位朋友，和女友談了八年戀愛，眼看就要結婚了，但是女方卻為了生活得更好，和一個大款結了婚，分手的時候頭都不回地走了。這樣的事情在生活中真是數不勝數。愛情可以純粹，但婚姻卻不能。沒有麵包，何來安定和睦的愛情？

【成長祕鑰】

隨著經濟的發展和人們生活水準的提高，從經濟角度，我們往往能看出一對夫妻關係的疏密程度。不妨想一想，在面對婚姻中夫妻二人的經濟帳時，你屬於什麼類型？

1.「防盜」型

　　如果你把另一半當做賊一樣「防盜」，這樣的夫妻關係勢必不會好到哪裡去。假設你和對方在一起購物時，當你在付款輸入支付密碼時都要躲躲藏藏，害怕被另一半偷窺。這種「不放心」展現的本質是不信任。沒有足夠的信任，夫妻關係自然難以維繫。

2.「小氣」型

　　夫妻二人都把錢包抓得緊緊的，不捨得更不願為對方花錢。但為自己花錢時就捨得大手大腳，花在對方身上的錢則分文沒有。持有這類經濟觀念的夫妻關係也是相當地疏遠。

3.「閃躲」型

　　一個家庭需要兩個人共同支撐。「閃躲」型的夫妻通常只要對方掏腰包，自己則能躲就躲過去，這種「閃躲」實為自私的一種表現，事事計較，夫妻關係勢必因此遇冷。

4.「隔離」型

　　如果對方拒絕在某個第三方支付平台新增你的帳號，就連能夠證明彼此的親情關係時都拒絕新增，這種夫妻猜想也沒有什麼情感可言。

　　可見，有一個正確的經濟觀念對影響夫妻關係起著決定性的作用。夫妻關係也會因為你們的公開透明而變得更加緊密牢固。不管生活中是否AA，夫妻二人只有先做到無私，遇事時才會相對公平，AA 和禮尚往來都不能極端，免得失了財富，傷了感情。

不善理財的另一半

　　許多年輕的夫妻在婚後都不太善於理財，賺到手的錢總是「月月光」，到真正家裡有事需要應急時只能一窮二白。而這直接為今後的婚姻生活埋下了隱患。愛情之花始終還是需要財富之水來澆灌。

　　有一天，我收到一封郵件，發郵人是一個叫 K 的男性，結婚 5 年，孩子 4 歲。他向我訴說了他在夫妻理財時遇到的困境。

　　K 說：「妻子很享受將我的薪資全部霸占的感覺，似乎這樣才能讓她有安全感。本著家和萬事興的原則，加上妻子以前是從事金融工作的，我將薪資全部交給她打理。買一些理財，也好增加家裡收入。問題爆發在孩子上小學之前。我希望將孩子送去私立學校，但學費比較昂貴，所以我問妻子我們理財產品裡面現在多少錢。看到妻子支支吾吾的，我慌了。」

　　K 強烈要求妻子將帳戶開啟給他看，她死活不願意，K 差點崩潰。在 K 嚴厲要求下妻子才說出來，她從來沒有去買理財產品，而是將錢全部放進股市。最初賺了一些錢，但是因為貪心選錯股又全賠進去了。

　　聽完以後，K 感覺自己一直矇在鼓裡、被妻子欺騙了，和妻子大吵了一架。

　　K 在陽台上呆了一晚上吹著冷風讓自己冷靜下來。那個時候正是嚴冬，妻子悄悄推開陽台的門，扔了一床被子進來。完全不敢跟 K 說話，就小聲嘀咕了一句：「對不起。我知道錯了。」

　　K 明白妻子的本意是好的，希望多從股市裡面賺一些錢，可以減輕家裡壓力，但是越是有這種念頭越容易掉進金錢的陷阱，這都是他當年的經驗。只不過妻子沒有他的這份經驗，重新買了一次他當年的教訓而已。拋開錢不說，K 認為他們夫妻倆的感情很好，只是都不善於理財。K 自知以

前坑了前女友，而妻子現在坑了 K，真是風水輪流轉啊，K 不禁冷笑。

思量過後，K 走進臥室，看見妻子可憐巴巴地坐在床邊似乎一夜沒睡，像是一個等待寬恕的罪人。K 過去對她笑著說：「我們以後存的錢還是去銀行定存吧，答應我，我們真不適合炒股。」妻子點頭，抱著 K 哭了。此刻 K 想她自從虧了之後，要一個人一直隱瞞這件事，一定很不好受吧。

「那孩子讀不了私立學校了？」妻子抽搐著問。

「是金子在哪都會發光的，我們的孩子在哪都會很優秀的，你說呢？」K 說。

妻子不停點頭，又哭了。

是啊！婚姻是在物質財富的基礎上，經過那些無法避免的磕磕碰碰，最終堅持到底的是一起經過歲月洗禮，最終走到一起的人。如果另一半的錢財沒有理好，對方需要的更多地是來自另一半的理解，而這也展現了夫妻之間的默契和信任。

儘管像 K 的妻子那樣，將全部積蓄投資到股票、期貨這樣的風險投資上是十分不明智的。一旦破產，家庭面臨很大的痛苦。許多夫妻都是因為破產而導致情感決裂。但是在我看來，如果不是故意犯錯，出發點是為了家庭，就是可以被原諒的。人生在世，誰不會犯錯呢？

我很欣慰，K 的處理方法非常有智慧。錢，夫妻一起共同努力還可以再賺，但是因為錢而丟掉感情，就太不值了。在買到了經驗教訓之後，這對夫妻對投資更謹慎了，那麼對於一段婚姻關係的維繫來說也是一件好事。

【成長祕鑰】

婚姻會使您更加深對金錢的認識，有的夫妻善於理財，有的夫妻不善於理財。不論擅長與否，都需要具備風險意識。投資的錢是一定要是家中多餘的閒錢，而不是動搖家庭經濟根本的儲蓄。學會理財，從日常生活中

的點滴中，不斷使彼此在對於夫妻共同財產的處理上達到一種默契，用自己的能力換來幸福生活的同時，才能守住夫妻二人共同的財富。

以下是關於婚姻理財的 10 個真相。別笑，都是真的！

表：婚姻理財的 10 個真相

婚姻理財的10個真相	
真相 1	婚姻不是理財的必備要素，錢才是。
真相 2	讓另一半管錢的初衷應該是信任，而不是源於你又懶又傻。
真相 3	無論在婚姻還是理財方面，警惕太過偏好風險的另一半。
真相 4	婚姻始於愛情，但終點處一定是一座金池。
真相 5	你自以為能管理好婚姻和財富，但往往是被二者管理。
真相 6	如果另一半對錢的熱情能夠減退，那麼說明他/她對婚姻也是一樣。
真相 7	能用錢解決的問題別試圖用感情去解決，否則你將付出更多金錢和損失更多感情。
真相 8	錢財未必買來幸福，但錢若是「離家出走」婚姻就會面臨不幸。
真相 9	有門檻的婚姻和理財通常勝過那些沒有任何門檻的好。
真相 10	婚姻理財若能禁得住時間的考驗，說明你搞砸的次數不多，但並不說明你今後就一定不會搞砸。

了解了真相，更要學會如何理財，以下是幾點建議：

1. 確立原則性問題

婚姻大事不只是感情上的，更是生活上的。婚後的很多實際問題都要考慮，例如，誰管錢？家庭理財重在開源還是節流？生不生孩子？如果有房貸、車貸問題誰去解決？

諸如此類都是關乎婚姻幸福指數的重大問題。建議由女方負責落實家庭的各項財務計劃，因為女性通常較為細心。正所謂男主外、女主內還是有道理的。

2. 確定理財方式

婚後面臨的另一個實際問題就是短時間內是否要孩子。要與不要在理財方式的確立上有很大不同。例如，如果打算短期要孩子，那麼在理財計劃上就要穩健為主。

我有一名讀者朋友阿健和曉珊，他們準備 3 年後再生孩子，如此一來他們在短期內的財富自由程度就比較高。於是我建議將他們每個月可用於支配理財的 15,000 元氛圍 3 等分，5,000 元用於購買收益穩定的基金；5,000 元用於投入炒股等風險投資。在充分了解風險投資的前提下，理智操作。

3. 制定財務計劃

制定財務規劃的原則是：與夫妻二人的理財觀念慢慢磨合，避免衝動消費，雙方財務透明，及時規劃未來。最重要的是建立家庭帳本。

如何建立家庭帳本？舉個簡單的例子：

通常房屋貸款的每月還貸金額，銀行要求不能超過家庭月收入的 50%，一般控制在 30% 以內，否則可能會降低生活品質。

而沒有孩子的家庭，可以將飲食的花費控制在 10%，置裝費控制在 10%，交通費控制在 5%，娛樂支出控制在 10%，雜項支出控制在 10%。

這樣一個家庭的總支出為收入的 75%，每個月就可以留存 25% 用於其他投資。

經濟共享的夫妻生活是什麼樣的？

夫妻之間，到底應不應該經濟共享呢？

答案是肯定的！

但是這並非意味著把錢交給對方之後，自己就完全撒手不管了。

大部分男性心思沒有女性細緻，做事也比較懶散、粗心。因此，在我的印象中，大部分友人家庭的財務大權都會交給女方，而男方通常也就不會過分地去干涉了。但是，如果女方是一個有計畫又自律的人，那就還好。如果不巧女方是個愛炫富又管不住自己的人，那麼恐怕你的存款分分鐘就變成了她手裡的包包。

那麼，夫妻之間好的經濟共享模式應該是什麼樣的呢？

這讓我想起我的外婆和外公，老兩口是自由戀愛結婚，在當時的年代十分難得。外公去世以後，因為思念他，我經常求外婆將她的愛情故事講給我聽。

外婆的父母在當時可謂是一對開明的父母，外公當時去外婆家找外婆玩，從來沒有遭到反對。外公和外婆日久生情，家人也都默許了。

外公很喜歡拍照，經常會幫外婆拍照，然後在暗房裡面洗出來，再貼到自己做的相簿裡面去。家裡二十來本相簿，都是外公幫外婆拍的照片，從小時候到老去，外公記錄了外婆的一生，他一直是外婆的仰慕者，一生都是。

我問過外婆是誰追求的誰，外婆說：「沒有誰追誰，我們彼此喜歡，就想在一起。」我很羨慕外婆和外公的愛情，好像一切都是自然而然的事情，不需要刻意雕琢。兩個具有靈性的人、精神飽滿的人不被世俗牽絆，活得十分灑脫盡情。

我問外婆他們誰管錢，外婆說：「我倆誰要用誰拿去，我們誰也不管，就放在那裡，對彼此都放心。」外婆和外公都是大學教授，都特別有智慧，外婆說，在和兩邊家人相處的日子裡：「我們都喜歡為對方的家裡人買些小禮物，我送送他的家人，他送送我的家人。發薪資了先惦記對方的家人有沒有缺米少糧，如果我們手上寬裕，一定要給對方家裡送些肉去。」外婆一生愛吃肉，這種好東西一定要和外公家裡人分享。

外婆和外公的經濟就是共享的模式，這需要建立在雙方有很高的思想水準，有很強的工作能力，再加上看淡物質的心。對他們而言，情感是第一位，物質也重要，但得排在後頭。所以經濟的事，一生都沒有困擾過這對夫妻，錢對他們而言只不過是錦上添花。

我和丈夫學習了外婆和外公的經濟模式，經濟共享。我們有個共同帳戶，儲蓄一部分，剩下的錢誰需要就和對方打聲招呼，說一下用途就去用。這樣一來，彼此都有了經濟空間，也感謝對方的信任，確實相處起來挺輕鬆的。

【成長祕鑰】

大部分的中國式夫妻關係，經濟功能甚於精神伴侶。換句話說，中國式夫妻大多是一個生產公司：除了要照料好自己之外，家庭生產、經濟活動占據了大量的時間。中國夫妻的共處時間很少，娛樂休閒通常以休息、看電視為主，夫妻之間互動性較差。夫妻單獨時間相處時獲得的快樂低於夫妻二人同他人相處時獲得的快樂，進一步印證了「老來伴」的說法──中國式夫妻通常到老之後才有大量的相互陪伴的時間。因此，從某種程度上而言，中國大部分人的夫妻關係現狀是經濟功能大於精神伴侶。

既然經濟功能是第一位，夫妻婚後首先就要確定經濟要不要共享，健康的共享型經濟應該是什麼樣的？

1. 共享型經濟的先決條件

共享型經濟利於夫妻關係的維繫，但完全共享需要一定的先決條件，除了深厚的情感作為基礎，還要夫妻雙方能力水準旗鼓相當。一方沒有收入，另一方自然對經濟上可以有發言權；雙方沒有感情基礎的夫妻，對彼此的經濟自然是敏感的，更別說因為利益結合的夫妻，更加將重心全部放在金錢上；雙方有收入，決定是 AA 還是共享需要看兩個人的觀念是否達到一致。希望有越來越多的夫妻可以像外婆和外公一樣，因為愛情結合，因為智慧而幸福地過好這一生。

2. 共享型經濟的對立面：相互制約

夫妻之間經濟共享的同時，也要相互制約。未來的婚姻生活需要兩個人一起計劃，這本就是一對夫妻應該做的事情。與此同時，不管你多麼愛她，都別讓她被物質俗化了你們之間可貴的愛情。

節儉不是小氣

自古以來,「節儉持家」都是上一輩口中的傳統美德。節約的確是件好事,做得好的家庭,一年可以省下不少錢。但是,當「節約」成了「小氣」,恐怕就會影響到生活品質甚至是夫妻二人的感情了。

今天我們就來認識一對小夫妻,因為另一半的「節約」頻頻引發衝突。試問,當另一半節省過了頭,你要如何應對?

我的一位女性友人 Z,27 歲,結婚 3 年。

有次我們聚會聊到男人小氣這件事,Z 說:「我大學剛畢業就認識了現在的老公,起初我十分欣賞他。因為他雖然家庭富有,但不像坑爹孩子那般懶惰。他上進、孝順、努力、執著、細膩,這些品質都深深地打動著我。我們迅速墜入愛河,和他在一起的日子,充滿了愛的感覺。他會經常寄一些小驚喜給我,雖然都是很便宜很樸素的東西,甚至有些在我看來真的很土的款式,一點都不符合我的審美,但是我依然感到滿足和高興。」

「直到我深刻了解到他不是節儉而是小氣時,我才開始有些後悔。一次,我們幾人去美國自駕旅行,那個時候我們已經交往了半年,一路上吃飯時他都希望我能買單,我覺得這也沒關係,畢竟一路上我也沒出油費,請幾頓飯也是能接受的。但是接下來發生的這幾件事,讓我真的十分不高興。在一家日料餐廳,他只點了自己的那份飯,不給我點,並說:『你不是減肥嗎?』我當時氣到差點昏厥。說著,Z 嘆了口氣。

一想到這點難受死了,捶胸頓足地想自己怎麼會愛上這麼一個人。但是 Z 並沒有提出分手,因為人在他鄉,說分手影響所有人的旅行,Z 忍了下來。

回國以後，Z將自己的真實感受對另一半和盤托出。在對方百般勸阻，找盡各種理由之後，Z原諒了對方。用Z話說就是「我現在回想起來，我當時可能只是心存僥倖，覺得結婚之後我能支配家裡的財產，也不在乎他是否對我小氣了，但是我想得太天真了。婚後，他嚴格控制我花每一分錢，因為我全職主婦，他基本上只分給我帶孩子的錢，其他錢一律和我沒關係。我感覺我只是一個帶孩子拿著微薄薪水的保母。當孩子睡去，我獨自一人哭泣，覺得自己是不是太傻了。其實我很久以前聽過一句話：一個男人再有錢，但是捨不得為你花錢，等於沒有。我內心十分煎熬，空留了一個嫁入豪門的名聲，其實內心的苦只有自己知道。」

更無奈的是，婚後老公經常會拿賈伯斯、祖克柏的「極簡主義」來跟Z說事。似乎是試圖說服Z接受他小氣的事實。但是Z已經無法再忍受對方，最終宣布離婚並說道：「親愛的，你的偶像他們是極簡主義，是節儉，但不是對老婆小氣！你是否對節儉有什麼誤會？當小氣是美德嗎？不好意思，節儉才是，而你這種不是！」

【成長祕鑰】

亞里斯多德在《倫理學》中分析過節儉和吝嗇的關係，我十分認同。節儉是善意的，是美的；吝嗇，也就是小氣，是惡的，是醜的。Z的丈夫似乎有些把自己的價值觀強加給妻子，有些欺負人的感覺了。小氣是你的自由，但是妻子有權拒絕。

節儉是不浪費，不鋪張，是美德。而小氣是過分看重金錢而失了情誼，就好像有點以前人們所說的「鐵公雞」的意思。一毛不拔，拔起來痛得要命。

婚姻生活裡，節儉的正確開啟方式應該是這樣的：

1. 關於「吃」

很多人選擇吃公司、吃父母、吃朋友。其實也可以選擇自己吃。如果你記帳，會發現經常在外吃飯也是一筆不小的開支。因此，居家度日，節儉可以從自己買菜燒飯開始，省下一大筆開銷，更重要的是選了一種更為健康的飲食模式。到了節假日，夫妻二人哈可以買好菜去父母家裡做（當然也可以帶老人出去吃飯），這樣既免去了父母的辛勞，也可以適當調節飲食口味。

2. 關於「穿」

現代人很多會選擇地攤或網購。但是這兩種方式購買的品質參差不齊，有時遇到品質不好的，穿一季可能就要重新買，而且往往會因為貪圖便宜而購入並不需要的東西。所以，也可以嘗試去實體店買品質較好的經典款式，往往能減少一定開支。

3. 關於「娛樂」

人是社會動物，不可能完全脫離人際關係獨立生活，但我們可以盡可能地減少社交，適時而為。適當社交，可以為生活添彩，適度娛樂是生活的調味劑，也是累積人脈的必要過程。

節儉是一種美德，合適的就是最好的。夫妻在累積財富的過程中，對於生活的品質、父母的感恩也是一種無形的財富。節儉可以，但千萬不要為了節儉而失去了這筆財富或珍貴的感情，節儉不等於小氣，合理安排才是真正的省錢之道！

享受生活不等於奢侈

　　我相信每個人都願意享受奢侈、安逸、高品質的生活，但究竟什麼是高品質？現代社會人心浮躁，燈紅酒綠，誘惑重重，各種慾望吞噬著我們原本最純潔的心靈。我們拚命工作、透支健康、獲得財富，最終買了一堆奢侈品，卻未必好好地享受了生活。

　　梭羅在《瓦爾登湖》裡說：「要享受悠閒的生活，所費是不多的」。真正的奢侈是享受生活，但是享受生活絕不等於奢侈。

　　有一對結婚三年的夫妻，也是我的大學同學，他們在生活中總是愛與鄰居的另外一對夫妻比較，花去了大量的時間和金錢，只是為了較勁。如果今天鄰居買了一套新沙發，那麼妻子就會要求換一組新沙發，為的是鄰居來竄門子的時候不失面子。

　　去年，鄰居家的孩子讀了明星中學，這對夫妻倆將自己的孩子把考前補習班全都報了一遍，孩子每天學到 12 點才睡。為的是跟上鄰居家的腳步，也好在聊天的時候有談資。

　　半年前，鄰居家換了一扇新的防盜門，又養了狗。夫妻倆商量著也換一個。為什麼？鄰居又換防盜門，又養狗，不是說明家裡財產很多，需要防著嗎？那我們不換門，不養狗，不是說明我們窮嗎？哪能讓他們看不起？得換。於是花去了夫妻倆的當月薪資換了一扇門，養了只名犬。

　　三個月前，鄰居家又有新動作 —— 買了一個新鑽戒。妻子羨慕得整夜睡不著覺，丈夫只好拿出儲蓄狠下心給妻子換了一個，妻子的失眠才好起來。

　　最近，鄰居家，居然換了台新車，還邀請了這對夫妻去郊區釣魚。這對夫妻坐在舒適的空間裡，恨不得車是自己的。回到家，夫妻倆都失眠

了 —— 得換車，必須得換。

前不久剛買了鑽戒，花去了幾萬塊錢，現在全款買車肯定是難以實現了，只能是貸款了。但是這台車貸款辦下來，每個月要交 36000 元的貸款，將近是其中一人的薪資，剩下一人的薪資要負責家裡所有的開銷，會感到很吃力。但是這對夫妻已經被嫉妒衝昏了頭腦，勒緊褲腰帶也要硬著頭皮買新車。於是，終於將車開回來，第二天邀請鄰居家去釣魚的時候，心中特別滿足。

鄰居的夫妻倆，看到這對夫妻這麼熱衷於與自己家比較，感到十分尷尬。與他們的往來也少了。這對夫妻失去了比較的對象之後，一直悶悶不樂，覺得生活沒有意思。沒有觀眾，自己砸光積蓄買的車和鑽戒給誰看？但是悶悶不樂的情緒沒有持續多久就被巨大的焦慮所替代 —— 要開始還貸款了。

當孩子要交下學期學費的時候，夫妻倆傻眼了。為了比較，竟然把孩子的開支沒算進去，這下失算了。怎麼辦？丈夫只好和妻子換班將車開出去跑 UBER。同事們休假的時候，他們需要 5 點起床，晚上 11 點才回家，只是為了多賺一點。這下，他們不會失眠了。因為每天為了忙著賺錢還貸款，到家疲憊不堪，呼呼大睡。

有的夫妻奢侈浪費，過度在乎物質享受，而消費超出自己能力水準，導致生活陷入泥潭。原本舒適悠哉的小日子，硬是折騰得精疲力竭。為什麼？如果圖一面子，這個代價也太大了。若真講起面子，我倒是覺得活得輕鬆自在才是真的有面子，說明你思想境界高，活得有智慧。比如一個詩人，欣賞山水，寫出美麗的詩句，來幫助繁忙的人把心舒緩下來，人的心得到休息，才能更好地前行。

【成長祕鑰】

　　現代社會有很多人都把物質享受作為婚姻生活中的追求，甚至有些年輕人把它當做唯一追求，豈知是何等膚淺。真正快樂的夫妻，從不屑於和別人攀比來滿足自己的虛榮心。真正的享受是能從平平淡淡的婚姻中找到真正的快樂，而不是單純地崇拜物質享受。

1. 婚姻迷誤：把奢侈當享受

　　享受和奢侈其實兩者完全不是一回事。且不論奢侈成性的高消費能否促進經濟的繁榮，但是，諸如別墅、汽車、高檔家具、五星大飯店等等，這些只是屬於消費的範疇，奢侈並非享受的必要條件和充分條件。

2. 消費和享受不絕對互斥

　　奢侈的生活本身就「燒錢」，是一種享受，有時消費和享受並不絕對互斥，甚至還會發生重合。只是二者差別也是顯而易見的。例如，走馬看花似的旅遊景點屬於旅遊消費，而陶冶於山水之間則是享受大自然；讀書、看報、看電視屬於文化消費，而啟迪心智的藝術欣賞、讀書則是文化層面的真享受。

3. 真正的享受需要心靈上的參與。

　　婚姻中，真正的享受必然要有心靈參與的，包括「靈魂的愉悅和昇華」等因素。否則，花錢再多，也只是進行了奢侈的消費，和享受不沾邊。婚姻的幸福是一件關乎靈魂的事，它是心的充實和鮮明的感受。奢侈的生活方式最終帶來的只是短暫而淺薄的優越感，談不上不幸也談不上幸福。

　　學會享受生活，不僅是不奢求不屬於自己的東西，也不必勉強自己做力所不能及之事。爭執可以讓步，慾望可以剋制。該得到的，用心爭取，不該得到的，就別再要費盡心機。

好夫妻的經濟帳

　　很多人說婚姻是愛情的墳墓，當婚後一切生活的重擔壓在兩個人肩上的時候，婚姻似乎變得不那麼美好，有時候反而充滿了瑣碎的爭吵。生活是需要物質的，就好像一棵樹的成長少不了土壤和水分。如果沒有土壤和水分，再耐乾旱的樹種都會枯萎。樹的生長需要陽光。對於婚姻來說，愛情就是陽光。即便有了土壤和水，沒有陽光的照耀，婚姻之樹也不可能長青。

　　前不久，我去一個家庭拜訪。這對夫妻結婚 8 年，生了兩個女孩。他們並不富有，但是過得十分幸福。

　　我看到他們的家，並不大，有了二寶之後，他們將兩房一廳改成三房，為的是孩子長大之後有自己獨立的空間。我了解到他們剛結婚的時候是租房。因為台北的房價很高，他們不願意將所有的錢都拿去買房，弄得生活很拮据。

　　因為有了孩子之後，為了孩子上學有個穩定的環境才開始買房。但是這個房子並不是他們一輩子要居住的地方。他們把買房子的錢分成兩份，一個買在一個山清水秀的地方，另一個買在郊區的這個不大的公寓，再將剩下的錢用來旅行和學習、健身。

　　環境優美的那個鄉村別墅是為了偶爾去度假和將來養老，這個房子前面有條小河，後面有自己的院子，買的時候花了 4000 萬左右，但是裝修花了 200 萬，是中式風，以木藝為主。我看了他們分享給我的圖片，覺得十分有格調，看得出來他們是懂得享受生活之美的人。

　　郊區的公寓貸款每月要還 50,000 左右，他們每月會將房貸和孩子的開支先拿出來，剩下的儲蓄和提升生活品質，安排得非常妥當。我問過他們對

於孩子教育怎麼看？他們說許多同事省吃儉用將房子買在市區，住著更小的房子，扛著巨大的壓力，所以對孩子要求十分苛刻，嘴上說一切都是為了孩子，弄得孩子也很緊張。他們不願意讓自己的孩子一直處在高壓之下。

關於孩子上補習班的問題，現在許多機構培訓費很貴，他們在生孩子之前自學了幾樣樂器，用來啟蒙孩子。孩子喜歡哪一樣再送去重點學習。不喜歡的興趣，也不願意強行花那冤枉錢去報興趣班。他們的育兒理念主要是本著尊重孩子的興趣愛好，不強加給孩子不願意做的事情。

他們夫妻倆覺得孩子開心、健康最重要。至於是不是取得非常好的成績，他們並不在意。他們家庭十分融洽，孩子非常活潑可愛，我想正是和這樣好的教育理念有關係。

關於投資，夫妻倆會將儲蓄的一部分拿出來買銀行的理財產品，高風險的收益他們基本上不會去觸碰。他們不太相信高收益低風險的事情。認為家庭投資應該安全為主，不去貪利忘本。有這樣清晰的投資觀，和夫妻倆知足的本性有關係。

這對夫妻遵循了一個非常簡單的金錢觀：該花的花，該省的省，該存的存，該投資的投資。他們之所以過得幸福，是源於他們順其自然的心境再加上用心經營的態度。他們對金錢並不執著，相較之下，更看重家人之間互相流動的情感。正因為他們不執著於金錢，所以更能保持輕鬆愉快的心態去賺取金錢。聽起來似乎存在矛盾，但是幸福的人正是有將矛盾融合的本事。

【成長祕鑰】

每個人對於物質的要求是不一樣的。所以我們無法定義到底有多少錢才能保證婚姻幸福。不過，有一點可以肯定的是，沒有物質基礎，婚姻是無法維持下去的。好訊息是，只要你們真心相愛，在靠雙手創造未來的同

時，算好夫妻之間這筆經濟帳，那麼財富就不會成為你們婚姻的羈絆。

那麼，怎樣做才能算好夫妻這筆經濟帳呢？

1. 財務透明

婚後生活是夫妻兩個人過日子，在財務方面不能像單身時那樣隨心所欲，無論支出或預算，一定要夫妻二人一通制定計劃。尤其在購買大件物品，有急事、大事用錢時，雙方要保持財務透明，共同協商決定。家庭最好有一個帳本，用於專門記錄家庭開支明細。

2. 信任為基礎

既然是共同建立起家庭，彼此「信任」是基礎。涉及金錢的事，難免讓人猜疑。但居家過日子凡事都離不開花錢，如果不信任彼此，怎麼過日子呢？相反，在信任的基礎上，只要雙方及時將用途交代清楚，凡事好溝通，就不容易產生衝突。花錢時大家也都坦然，不必躲藏。

3. 拿捏分寸，守住底線

會賺錢和會持家是兩回事。有的家庭「掌櫃」把家庭帳本管理得不錯，無論房貸、教育金、退休金都在一定時間內達成任務。但有有管好帳的家庭，就有管不好帳的家庭，有些夫妻都很會賺錢就是存不下錢。其實，究竟能存多少錢，不在於你的收入有多高，而是看你能否守住消費的底線。

不管怎樣，因為錢這個敏感的話題，很多夫妻吵起架來會口不擇言，講話頗為傷人。其實，幫家裡管好帳是為了創造未來共享的幸福，不要一時情緒激動就說：「要不是我管帳，你會有今天？」畢竟，管好夫妻經濟帳，不是為了對方而已，而是為了彼此，不是嗎？

第三章
婚姻中的「意料之外」

　　戀愛期總是浪漫甜蜜的，婚後則更多地是柴米油鹽。一對夫妻結婚後長時間生活在一起，難免會出現很多「意料之外」的狀況。如何處理、怎樣面對是個問題。有些人過於激進，有些人總是逃避，其實夫妻生活在一起，出現「意料之外」的事情並不可怕。關鍵是一定要兩人一起尋求一個完美的解決方案，才不至於觸礁。

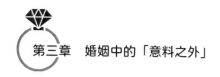

旅行中的意外

　　結婚後，生活中的柴米油鹽總會慢慢耗盡夫妻間戀愛時的甜蜜。為了給平淡的日子加點「料」，旅行是許多夫妻的首選增進感情的方式。只是，旅行中的「意外」也是很考驗人的，若處理不好，旅行非但不能讓感情昇華，恐怕還會加速惡化夫妻二人的關係。

　　不妨看看下面這對小夫妻在旅行路上發生了什麼「意外」吧。

　　K，男，結婚 10 年，孩子 7 歲。

　　他這樣講述這段故事——

　　說到旅行，我十分擅長，出門前會把攻略制定好，確保萬無一失。而我的妻子喜歡輕裝上陣，在當地消費。我覺得當地可能人生地不熟，哪能每次都恰好買到需要的。所以，我還是把箱子都塞滿日常用品。每次旅行我都可以在路上得意很久，一趟順利的旅行全部歸功於我，這似乎讓妻子感到十分不爽。已婚女人的殘忍可能連她們自己都意識不到。我發現的時候是在那次我們的阿根廷之旅。

　　在阿根廷南部，離開酒店的時候，我清點了老婆、孩子、充電器、筆記本、水杯、行李箱。好的，一切都在。原本以為這次和以往的旅行一樣，一切盡在掌握。沒想到在用完午餐之後，發現錢包不見蹤影。而我看看妻子，臉不紅心不跳地坐在對面看著我。她幽幽地對我說：「只要孩子沒丟，都好說。你去找吧，我們留在這裡當人質。」

　　我猛然覺得，這個女人太淡定了。記得頭幾年旅行的時候，我掉了一頂帽子她都能大呼小叫半天，而此刻，在一家不能手機支付的阿根廷餐廳，她竟然有些幸災樂禍地看著我，簡直不可思議。

　　既然我們需要在這裡等著你，那我們再點一些好吃的吧，乾坐著也是

無聊，你覺得呢？我怎麼感覺，這次我丟了錢包，會成為她以後攻擊我完美旅行的說法，心中不寒而慄。沒錯，當我離開餐廳，回頭看她時，她嘴角上揚，我再次確定那分明是一種幸災樂禍的神情。

我第一時間回到酒店，發現櫃檯沒有，心中喪氣，拚命回憶，也記不起來錢包丟在哪裡了。我回到餐廳，發現妻子和孩子已經結完帳了。原來她找餐廳裡面的中國遊客用手機轉帳的方式換來了一些現金。我忍住沒說：「老婆，你真棒。」畢竟每次棒的人都是我。

我們倆帶著孩子，拖著行李在路上徘徊，回憶著錢包可能落下的地方。感覺哪個地方都可能，也都不可能。我們只好一個一個地方找。先去了景區失物招領處，再去了幾家餐廳，也都沒有收穫。我們最後抱著試試的心態，去了晚上吃阿根廷紅蝦的餐廳，是的！錢包在那裡。經理逗趣說等我們很久，也沒有回來尋找，還以為是不要這個錢包了，還問我們是不是不喜歡這個錢包的款式，所以才不要。

坦白說，雖然妻子在出事的時候有些幸災樂禍，但是她面對突發情況的冷靜，倒是值得我學習的。當然我還是覺得她太壞了，一點也不同情火急火燎的我。果然被我猜中，現在只要出去旅行，她就會拿我在阿根廷丟了錢包的事情說事，看來，我完美旅行王的稱號已經失去了。

【成長祕鑰】

在網上搜尋「家庭」、「旅行」等關鍵詞，你會發現在旅行中因為發生各種意外而爭吵的夫妻不在少數。甚至很多人表示，兩個人適不適合在一起，先順利來一場旅行再說。甚至很多網友表示兩個人已經吵到要各過各的地步了。旅行，本事夫妻二人放鬆身心的享受，若對「意外」處理不當也只會給旅行留下遺憾。既然著急上火對解決問題並沒有幫助，我們不妨冷靜一點。夫妻之間相互看熱鬧也沒啥不好的，我倒是覺得挺有趣味。

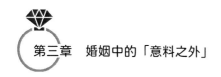

下面總結了一些旅行中這樣做可以盡可能避免「意外」的發生，或許對你有幫助。

1. 留一點浪漫的時間

大多數夫妻在旅行之前總是充滿期待，希望雙方在欣賞美景的同時修補彼此的關係，用一次完美的旅行來傳遞平時表達不透的情緒。

恕我直言，想法是好的，真正做到的人並不多。

道理很簡單，你幻想的心情和種種快樂都被滿滿的行程占據，有時旅途的疲累讓兩個人根本沒有時間和心情去溝通，以至於兩個人的心情都越來越差。

因此，我建議，即便在旅行中也要確保每天半小時以上的交流。千萬不要每天回到酒店倒頭就睡，別忘了把看風景的心情也告訴你身邊的人。

2. 別忽略了另一半

一位女性朋友曾向我抱怨：「我發誓，我這輩子再也不會和他（指自己丈夫）出去了。他一路上就喜歡看美女、和美女合影，那就讓他走吧，看個夠。我不在乎！」

為此，這個朋友很「記仇」，抱怨她丈夫在旅途中冷落自己。據我了解，她的丈夫在這方面是有點過分，那種所謂的追求奔放、自由和放鬆似乎有點失去了理智，光是看美女還不算，還要跑去和景區的長得好看的工作人員合影，丟下他的妻子獨自在角落裡等他。

在這點上，女人可以睜一隻眼閉一隻眼，但也不能讓女人多想，反過來也是一樣。別忘了旅行是夫妻二人結伴而行，無論何時都不能忽略另一半的感受。

3. 避雷 Tips：這 7 句話最容易引發意外的爭吵。

以下是很容易引發爭吵的 7 句話，幫助大家有效避雷。

△ 你怎麼不早點計劃好！

△ 你到底知不知道怎麼走！

△ 這地方也太爛了吧。

△ 我上次去的比這個好看多了。

△ 我早就跟你說了，你不信怪誰呢。

△ 早知道我就不來了。

△ 我想回酒店了。

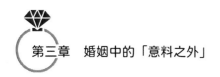
食物中毒是誰的錯？

我們常用「風花雪月」、「花前月下」等詞語形容愛情的美好，但是在婚姻生活中，不是只有甜蜜，更多的是遇到的困難、挫折。因此，在婚姻中我們更需要的是相濡以沫，不離不棄。生活中的甜蜜需要夫妻兩人一起品嘗才更甜美，生活中的困難同樣需要兩個人一起承擔才更能顯示出愛情的珍貴。遇事時多思考自己有什麼地方做得不對、不好，而不是先去想是不是對方的錯，一味地責備另一半。畢竟，婚姻，需要兩個人共同守望才能越過越幸福。

A，女，32 歲，雜誌社主編。

A 說：「我結婚之後，沒有放棄工作。甚至在懷孕期間，我也能堅持忍受孕吐，繼續工作。孩子出生以後，我會在孩子睡著的空隙去工作。總之，因為我的堅持，結婚前我是一名普通編輯，生完孩子之後，我已經是主編了。可想而知，結婚並沒有拖我事業的後腿，反而推進了我事業的發展。

在家裡，我是一位精明果斷的妻子和母親，從不無病呻吟。大到決策公司大專案，小到家裡換破裂的水管，我基本上不用向外求助，也不會為遇到的麻煩而感到唉聲嘆氣。換言之，我有女人的外表，卻有著比男人還男人的內心。當然我這麼說並不是我是母老虎，不給丈夫溫柔的妻子。事實上，恰好相反，我每天早起為他做愛心早餐，表達我的愛。他下班晚回家我也會像日本主婦一樣來迎接他，為他拿包。

若不是發生食物中毒的事件，我差點以為我是完美的女人，事業家庭兩不誤。

那天，我急著去公司開會，出門之前我像往常一樣，檢查了一下冰箱。通常情況下我會把放得太久、不新鮮的食材帶到樓下。碰巧那天，冰

箱裡是一隻被遺忘的烤鴨，它的包裝袋很油。我不想冒著將衣服弄油的風險，也不想將手弄得一股烤鴨味。因為扔完烤鴨之後，我很顯然沒有地方洗手。左右權衡，我打算晚上次到家再處理掉它。就讓它在冰箱在呆一天吧，我想著，拍拍手，聳聳肩，去上班了。

我在想，如果那天我不用急著開會，也不擔心烤鴨把衣服弄油，更不擔心手上的味道，烤鴨被我扔去垃圾桶，晚起的老公就不會看到烤鴨，也不會把他放在廚房桌上準備加熱，孩子也就不會看到冷的變質的烤鴨上手就吃。如果從臥室出來的丈夫看到孩子已經吃了，想著應該加熱，而不是跟著吃起來，也不會最後父子倆一起食物中毒。

在急診室門外的我，回憶這些如果，心亂如麻。聞訊趕來，做了一輩子家庭主婦、賢妻良母的婆婆，知道兒子和孫子因為我沒有及時處理食材而導致她的寶貝們食物中毒，氣得直跺腳。那個時候我不知道丈夫孩子會不會脫離危險，只是一個勁哭，婆婆順理成章地給我扣了一個『畏罪而哭』帽子。

在丈夫和孩子脫離危險之後，孩子在一旁睡著了，虛弱的丈夫看著紅著眼的我，握著我的手，對婆婆說：『她工作辛苦，每天忙得夠嗆，您可別責怪她，是我沒腦子，也沒察覺出來烤鴨壞了。也懶啊，不想加熱，這得怪我。』

『女人工不工作都無所謂的，主要是把丈夫孩子照顧好。這是她的職責。』婆婆翻著白眼，把頭擰過另一邊。

『您這麼說就不對了，她工作幫我一起分擔經濟壓力，不好嗎？那是不是她整天在家不上班，我累得跟狗似的，您又該嫌她好吃懶做不願意上班了？』老公，拖著虛弱的身體為我辯護。婆婆聽完老公的反擊，倒是不吭聲了。

在醫院的時候，我並沒有跟婆婆起爭執，我知道她是關心則亂，我能

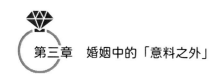

理解。但是，老公替我辯護，我內心還是挺暖的。下次，我一定記得把過期的食物提前處理。不過，我在想，經過這一次之後，積極處理變質食物的那個人該是我的老公了。

【成長祕鑰】

家庭和事業都能處理得好是很不容易的，夫妻之間只有互相體貼、互相理解、共同奮鬥，才能幸福。與其總是在糾結某件事究竟是誰的錯，不如換位思考一下，婚姻是兩個人的事情，另一半錯了，你也有一半責任。另一半開心，有你的分享，快樂才會加倍。

1. 快樂需要分享，錯誤也該一起承擔。

即便是再華麗的舞蹈，如果沒有人與你一起分享，自己也是孤獨的。幸福需要兩個人一起品嘗才會更甜美，錯誤需要兩個人一起承認並改正，婚姻才會往好的軌道上傾斜。也許遇到困難的時候，逃離會使自己過的更輕鬆一點，可是，這樣的輕鬆反而會是一種心靈上的沉重負擔！沒有人一起分享的快樂算不上真正的快樂。錯誤面前，即使逃避了責任，也會給對方心裡留下「陰影」和不安全感。

2. 為對方守護幸福，為自己留住幸福。

婚姻是兩個人的結合，只有兩個人互相幫助，互相扶持，生活才能過的下去，家庭才會幸福。如果其中一人因為某些錯誤而內心煎熬，另一半卻不能高風亮節甚至埋怨，這樣的婚姻只會越來越難過。好的生活誰都願意過，可問題是，生活所給予我們的，是我們所無法預測的。因此，幸福的生活是，當甜蜜的生活來臨時，有愛人陪著你一起分享；當苦難到來時，同樣有愛人陪著你一起承擔。患難見真情，夫妻間要做到相濡以沫，不離不棄。相守不僅僅是一種承諾，它更是一種責任。就算承諾不再，我們還有責任。

大寶打籃球骨折了

　　古代的巨型帆船能夠在大海中劈波斬浪，高速前進，那時候尚且沒有發動機，也沒有螺旋槳，靠的就是船上的帆，擁有巨大的風帆，就能夠藉助風力在海上航行。

　　如果婚姻是一艘古代的大帆船，那麼夫妻間的互相信任就是這艘船的風帆，擁有了信任，婚姻的大船才能在生活的大海中乘風前進，駛向幸福的彼岸。一味地相互指責，不懂得包容，就會沖淡彼此的信任，給婚姻之船綁上定時炸彈，隨時會將婚姻炸的支離破碎。

　　比如在育兒的道路上，孩子受點傷、吃點苦在所難免，倘若孩子發生「意外」時只知道相互指責，兩人誰也不能包容對方一點，這樣的日子已經過的讓他們兩人之間一點信任都沒有了。而沒有信任的婚姻就像沒有帆的帆船，怎麼經得起生活的大風浪，遲早要在生活的大海中迷失前進的方向，被風浪淹沒在浩瀚的大海中。

　　下面這個故事的女主角 F，45 歲，結婚 12 年，大寶 11 歲，二寶 6 歲。

　　F 說：「我們在前幾年生了第二胎，經濟壓力變大了。眼看著我們老去，能探索的空間有限之後，我們將希望全部寄託在老大身上。我希望大寶能成為籃球運動員。丈夫希望大寶能成為政治家。

　　休假的時候，我送孩子去打籃球，訓練、吃飯、繼續訓練。等不打籃球的時候，丈夫會帶他去各種博物館，了解歷史、了解軍事。我們將我們難以實現的夢想都推給了大寶。

　　那天，我像往常一樣，開車送大寶去體育館打籃球。出門的時候竟然忘了帶水杯，我去商店買兩瓶水的功夫，回來發現籃球場上圍滿了人，一旁的救護車正在關門。四周望去，沒有看見大寶，我大感不妙，箭步衝過

去，看躺在救護車裡面是我的兒子。我驚呼，然後跳上車。

『怎麼這麼不小心？你知道你以後可能 ……』我嘴上責問，內心竟然開始擔心著他以後是否不能再打籃球。孩子默不吭聲，眼裡含著淚水。似乎讓我別說下去了，我才意識到自己似乎有些過分了。

到了醫院，醫生說是左髖骨骨折，需要動手術，我瞬間嚇懵了。這時，丈夫也趕過來了。在擁抱驚魂未定的我之後，他找醫生重新了解了一下情況。醫生的意思大概是，動完手術之後不能劇烈活動，需要半年之後複查，沒問題拆線。雖然以後還是能打籃球，但是有過創傷就是隱患。要打職業籃球，可能存在風險。

我一時之間不知道怎麼面對，只點頭希望盡快做手術。我因為擔心大寶接受不了這個打擊，決定先回病房寬慰他。可我在病房外面卻聽到大寶對同學說：『我根本不想做籃球運動員，也不想成為政治家。我現在按他們的要求做事只是因為怕他們打罵我。你知道我摔骨折了，也許以後不用打籃球了，心裡多高興嗎？至少我有時間可以做自己想做的事情了。』我在病房門口心裡不是滋味，蹲坐在地上，久久難以平靜。

『我在想我給了孩子多大的壓力，竟然讓他寧可希望自己受傷。身體髮膚受之父母，他難道不懂嗎？』我對著丈夫在樓道裡低聲怒吼。丈夫抱住我，對我說：『我知道你很難受，也許是我倆都給他太大壓力了。你還記得結婚之前我們設想未來對孩子的期待嗎？』

『我記得』，我抹乾眼淚：『我們都只是希望孩子健康、快樂、善良，就好。』

『我想我們因為壓力，而忘了初心。你覺得呢？』丈夫說。

『是啊，我們給自己壓力太大，自己承受不住了，就轉嫁給了孩子。說起來好像虐待青少年一樣。』我笑了，他也笑了。

我想我們都知道，經過這次『意外』，我們都知道接下來該怎麼做了。」

發生意外，誰都不願意看見。這位丈夫過來先是寬慰妻子，無疑是一位非常善良、貼心的丈夫。這位妻子是幸運的。家庭中出現意外，相互指責並不會讓事情好一點，只會讓彼此更難受。

我們需要知道的是，關於孩子的教育，父母不需要過分著急，更不要把壓力轉移到孩子身上。每個孩子都有追求卓越的需要，無論我們強加與否，他們都會不停前行。我們只需要陪伴著、觀察著就好，在他探索前行的路上，做他的港灣。

【成長祕鑰】

相互指責是蛀蟲，無時無刻不在侵蝕我們幸福婚姻的支柱，早晚會導致婚姻殿堂的倒塌。但在現實中，有些人總是喜歡推卸責任，指責他人。

婚姻中的相互指責，只會使夫妻間的信任度降低，導致互相不信任。相互指責就像是蛀蟲一樣，看起來或許不明顯，可它們卻在不經意間侵蝕幸福的婚姻的，在不知不覺中使婚姻的大廈轟然倒塌。

相反，在遇事時，兩人若能相互包容，生活中就會少一些火藥味。

1. 包容第一步：退一步，忍一時

包容其實很簡單，比如遇事時退一步，忍一時。尤其女性朋友，由於天性使然，有時女人就是刀子嘴豆腐心，喜歡耍嘴皮子，明明是為對方著想卻說了幾句刁鑽刻薄的話。這時候，另一半若能置換立場了解對方這份心意，就應該在不違背原則的前提下，適度忍讓。這樣的做法不僅可以化解婚姻中的風浪，也可以增進彼此的信任，讓生活更加和諧美滿。

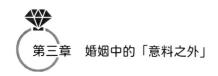

2. 包容第二步：承擔己任，找台階下

如果婚姻是一艘船，那麼幸福的巨輪則需要夫妻二人彼此推動才能前進。如果是因為彼此誤會等原因讓孩子、家人發生「意外」狀況，首先你要清楚，作為親人，沒有人希望「意外」會發生。這時，無論是誰的「無心之失」，夫妻倆都應該主動承擔自己的責任，少一些「添油加醋」的指責。就算是對方的責任，也要及時找一個台階給對方下。如此夫妻間的信任指數才會上升。基於此，夫妻倆才會更加恩愛，也就沒有什麼事可以撼動婚姻堅固的基石了。記住，凡事少一分指責，多一分信任，婚姻的大船才能乘風破浪，漸行漸遠。

意外的第二胎

　　之所以說是「意外」，是因為在眾多類型的家庭中，有些家庭本來就打算生，有些家庭出於經濟條件的考慮，怎麼都不想生，所以不管是政策之下還是老人勸說都無動於衷。這兩種家庭常態，生不生都很清楚，沒有什麼可糾結的。可除了這兩種類型之外，還有一種情況最讓人糾結——本來不想生卻意外懷上了第二胎。這該如何是好呢？且看下面這對夫妻是如何處理的。

　　S，男，34 歲，結婚 6 年，大寶 4 歲，二寶「意外」來臨。

　　S 說：「妻子意外懷孕了。她想多生一個孩子，因為她從小太孤單，沒有兄弟姐妹，很羨慕兄弟姐妹一起成長的日子。而我不同意，甚至希望她打掉這個孩子，她對我的反應感到十分難過，覺得我不愛她。

　　她錯了，我愛她。只是她不知道我不想多要一個孩子的原因是，多一個孩子多一份負擔。我一直告訴妻子這個原因，她也一直同意我的想法。但是深層原因其實是，我從小生長在鄉下，家裡兄弟姐妹 4 個，我是經常被忽視的那個。

　　因為小時候生活在在鄉下，整個村子都和我們家一樣，孩子多。村民的觀點基本上是，孩子多，以後能相互幫助，別人家也不敢隨便欺負。有種要家裡人多勢眾才能有底氣的感覺。

　　同寢室的同學，久而久之也就發現了。因為總是我姐姐們寄給我生活費和日常用品。父母似乎就像爺爺奶奶般的存在。本來我父母的年齡就和普通獨子家庭裡面的爺爺奶奶輩的年齡一樣。記得他們來過學校一次，同學就這麼誤會過，我心裡不是滋味。從那以後，我也勸他們盡量別來學校。我的理由是：『太遠了，你們在路上會累壞的。』

妻子是我大學同學，這些是我當時從來沒有對她說過的，因為我不知道她會怎麼看我。我的父母年事已高，姐姐們將每月薪資寄給我，我想到這些就很難過，甚至有些抬不起頭。我羨慕妻子的獨生女家庭，感覺她就像公主般的生活，小時候能享受父母的所有的愛，長大了還有看起來十分年輕恩愛的父母來看望她。

說到我的姐姐們，也是我心裡一個疙瘩。她們早早退學，犧牲自己來供我讀書，大姐姐只讀了小學，二姐姐、三姐姐只讀了國中，後來去工廠上班。大姐姐在爸爸生病的時候，沒有錢幫助家裡，嫁給了一個醜陋的老男人。只因為那個男人給出豐厚的條件。

我感覺我的存在，毀了三個姐姐的原本燦爛的人生。我是多餘的，是一個巨大的負擔。我的妻子是一個善良美麗的女人，她理解我的內疚，願意告訴我這不是我的錯，我們以後的孩子不會經歷這些。我們會給兩個孩子同等的愛，不會犧牲其中一個孩子去成就另外一個孩子，我所害怕的都不會發生。天知道，聽完妻子的一番話，我心裡有多感動。

在妻子的鼓勵下，我的心結也順利解開。我開始相信自己能成為一個好的父親，過往的一切都不會重演。只是我心中的怨恨和內疚積壓太久，已經變成了巨大的陰影，一點點類似的感受，我十分害怕。其實，男人內心有時也是很脆弱的，所以才總是做出冷血的決定，是因為能掩飾自己悲傷的內心。」

【成長祕鑰】

現實中，夫妻兩個人通常來自不同的成長背景和家庭環境，生活中很多理念會有衝突。尤其是在要不要二胎這樣的重要問題上，夫妻一定要重複溝通，尊重彼此，才能解決矛盾。畢竟，養育一個新的小生命，無論對於夫妻雙方還是兩個家庭而言，都是一種「甜蜜的負擔」。那麼，如果「意外」之喜真的來了，應該怎麼辦呢？

1. 一定要先和自己的另一半商量

孩子是夫妻二人共同撫養，自然要根據雙方的意願一起考慮。如果像上述案例中的夫妻一樣出現意見不統一的情況，就要耐心溝通，看看你們是否真的具備繼續撫養新生命的條件和能力。尤其對於現代工作壓力大的夫妻而言，生養孩子必然會帶來各種壓力，就更需要夫妻雙方綜合考量。

2. 根據個人規劃和各個方面條件綜合評估

商量完以後，不妨再根據自己現在的年齡、身體健康狀態，和工作與個人職業規劃等因素綜合評估。尤其對於女性來說，生育一個孩子必然會影響事業，甚至會影響到整個人生，其中包括對產後身體的影響，和對整個人生職業發展的影響。如果女方希望將接下來的主要精力都放在家庭和養育孩子上，那麼就可以考慮留下「意外」之喜。

3. 與另一半溝通的同時也別忘了和第一個孩子溝通

一切準備就緒，也別忘了找個適當的時機，把你們的想法告訴第一個孩子，讓孩子明白接下來家庭中會發生什麼樣的變化。比如，二胎的出生可能會打亂現在平靜的生活，甚至有可能一時間顧不上老大。那麼，夫妻二人一定要耐心地和老大講解，他並不會因為二胎的出生而失去父母的愛。如果都溝通順暢了，還可以邀請雙方父母，其中各方條件允許的老人來幫忙料理家事、照顧老大，從而減輕夫妻倆的負擔。

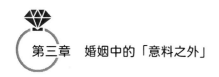

期待的二胎

　　不論你的經濟條件是否允許，有沒有人幫忙帶孩子、洗衣做飯，打掃環境。但二胎並不是「隨便」生的，尤其對女人而言，要做好心理準備。這樣當你真正迎來期待中的二胎時，才會是發自內心的喜悅，而不是莫名地壓力。

　　N，33 歲，女，結婚 6 年，專職作者，大寶 5 歲。

　　N 說：「上次懷孕，丈夫和我都沒有經驗，我們經常為孩子的突發狀況，急得像熱鍋上的螞蟻。孩子什麼時候是餓了，什麼時候是拉了，什麼時候是發燒了，我們都不知所措，完全沒有經驗處理。

　　經過這幾年撫育大寶的經驗總結，我們已經累積了大量的育兒實踐心得，加上我後來從事兒童教育方面的寫作，實踐加上理論，我告訴自己：二胎放心大膽的來吧，我一定能應付。

　　我的信心感染了丈夫，他開始籌劃迎接二胎。我們鼓動大寶一起加入進來，分工合作。丈夫的工作是每週負責燉湯，大寶的工作是每天負責為二寶讀故事，也就是所謂的胎教。我們這麼安排是擔心大寶吃二寶的「醋」，鬧小情緒。我們盡量避免大寶因為二寶的到來而情緒敏感，所以拉她進我們的陣營是最好的辦法。她會有種責任感，一個姐姐的責任感和期待。能讓她充滿愛地迎接弟弟或者妹妹。

　　這一次我們把上次懷孕的過程通通回憶了一遍。丈夫特意寫了一本小冊子的筆記，吸取上次的教育和經驗。尤其值得一提的是，在懷二寶期間，丈夫也會減輕工作量，幫忙接送大寶並照顧我。而我也會適度地接一些在家可以做的工作，比如寫文章，貼補家用。

　　女性主義作家波伏娃在作品中曾經提過，懷孕期間最不會感到生理痛

苦的有兩類人，一種是體力勞動者，一種是腦力勞動者。以前農耕時代的婦女，懷著孕去農田裡種地，到了該生的時候去生，月子也不需要做，過些日子繼續幹農活，生孩子顯得輕鬆自若；女作家們往往在孩子快要出生最後一刻也許還在寫作，還在思考。懷孕的各種反應只會豐富她多彩人生的經歷，並不會像普通婦女一樣排斥和擔憂，所以生孩子也是最輕鬆的。

　　總之，期待的二胎來臨，對我的家庭，對我而言，顯然是驚喜萬分，頗有趣味的。」

【成長祕鑰】

　　二胎，雖然看似「一切都是最好的安排」，但也需要夫妻二人以積極樂觀的心態迎接生活中的一切變化。

　　另外，在要二胎前，請做好以下心理準備：

1. 無形的經濟壓力

　　二胎降臨之後，很多夫妻都會有這樣的感受：錢花哪兒了？為什麼總覺得沒錢？尤其是二胎媽媽，常常覺得在一段時間裡，自己沒有置辦新衣服，也沒有買新的化妝品，所有的錢都投入給二胎，紙尿褲、奶粉、衣服等等，什麼都要給孩子買最好的，甚至有的家庭還有房貸、車貸，夫妻二人賺的錢完全不夠花，有了二胎以後，無形的經濟壓力就更大了。

2. 什麼都靠「擠」

　　做飯、吃飯、打掃家務，輔導老大功課，就連看手機的時間都要靠「擠」出來。有了二胎之後，除了要照看老大的日常起居和功課，還要等二寶睡著之後，才會有自己的時間。倘若兩個孩子一起休息，麻麻們恐怕就得全天候陪伴孩子了。因此，要二胎之後，要做好自己的時間越來越少的準備。

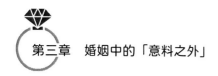

3. 與「老大」矛盾變大

有二胎的家庭，不僅要照顧老大的情緒，還要確保老大不會因為二胎的出生心靈上受到傷害。但是，孩子的心理總是敏感脆弱的，倘若老大一時間無法接受二胎，或者還不能適應，夫妻倆還要注意安撫老大的情緒，避免矛盾越來越大。

4. 生活品質降低

在沒有二胎之前，也許夫妻倆還能偶爾享受一下「二人世界」，如逛街、看電影、吃飯。可是有了二胎之後，即便送完老大，回家還要照顧老二，每天都圍著孩子們轉。夫妻之間感情急遽下滑不說，不產生新的矛盾就不錯了，所以我們還要做好生活品質降低的心理準備。

但實際上，既然期待二胎的到來，我們也不必過於擔心和恐慌。如果家庭條件良好的，可以僱月嫂幫忙照顧。但這種事還得根據每個家庭的實際情況來定。可以肯定的是，不管是一個還是兩個寶寶，都一定要給予孩子們足夠多的、平等的愛。

生意危機

我們經常看到類似這樣的新聞報導：某對夫妻因為某事故造成妻子或丈夫成為植物人，而對方無怨無悔地一直照顧，十幾年甚至幾十年後，植物人竟然慢慢有了意識甚至活過來了。

看似虛構的新聞不禁令人驚訝於是什麼樣的一種力量，能讓現實中患難的夫妻度過危機，重獲新生。那不只是來自婚姻裡深厚的愛，更是一種夫妻間在人生的危機面前不離不棄、死生相依的信念。

我們不妨看看下面這對夫妻在危機面前是如何應對的吧？

H，男，41 歲，食品廠老闆

H 說：「我的妻子是一位繪畫老師。當年我苦苦追求她 5 年才同意嫁給我。她最吸引我的是她的與眾不同。在我生活的圈子裡，大家都充滿了銅臭味，談論的都是錢。而她不一樣，她是我生命裡的一股清流。

她認為人活著不僅僅是為了生存，還有美好的生活。我喜歡她的這個說法，甚至為這個說法著迷。因為我一直以來都是為了生存，哪怕賺了一些錢，依然不懂得如何去生活。從前，沒錢的時候很痛苦；後來，有錢了卻感到生活十分無聊。

在她之前，我交往過幾個女朋友，無一不是衝著錢，衝著富太太的日子來的，我內心對她們絲毫沒有尊重，總是抱著玩玩的心態居多。在她之後，我心心念念只有家庭。哪怕開重要會議的時候，哪怕股東們都在，我也會接她的電話

好景不長，原本獨占鰲頭的產業，出現了許多競爭對手。巨大的壓力朝我砸過來，我開始焦慮不安，擔心自己白手起家的工廠面臨倒閉的危險。這個時候，我開始逃避回家。心中沒有一刻不在想，企業倒閉之後我

一無所有，我不再年輕，很難再從頭來過。我開始買醉，難以控制自己的情緒，對妻子發脾氣。

我過後總是感到很內疚，覺得自己不是一個好丈夫。而妻子總是告訴我：『我理解你現在心裡不好受，但是朝我發脾氣並不能解決問題，我相信你不會被打倒的。我們一起商量看看怎麼想辦法好嗎？』很感謝，那個時候她忍受我，對我不離不棄，鼓勵我堅強。

後來，我們一起商量著將產品轉型，原本單一的口味變得豐富；再將包裝由已經過時圖片改用妻子繪出的幽默漫畫插圖，因為符合年輕人的審美和口味，迅速挽回了市場。我的妻子讓我感到驚訝，她不僅僅是真心愛我的妻子，還是關鍵時刻與我並肩作戰的戰友。

我想，我這輩子都離不開她了。」

【成長祕鑰】

許多人在結婚的時候許下諾言：相互扶持，相濡以沫。但是真正面臨危機的時候相互責怪，互相逃避，一方失去信心之後，導致危機愈演愈烈。其實我們遇到的許多看似是危機，同時也是轉機。

1. 危機要共同承擔，忌推卸責任。

婚姻生活需要夫妻二人共同經營，所以婚姻裡最忌諱的一件事就是遇到事情互相推卸責任。彼此都覺得這件事不歸我管，索性我就不去管。其實夫妻間的事都不是一個人的事，互相推諉到最後事情沒辦成，對兩人都有影響。

久而久之，互相推卸責任只會讓問題越積越多，到最後無法解決，如果再互相指責，日子恐怕就真沒法過下去了。因此，生活中遇到任何危機，夫妻都要承擔起自己的責任，有問題主動去解決，夫妻間的感情也會更加牢固。

2. 共同盡責，為對方的幸福買單。

婚姻是過日子，不是過家家，生活中大大小小的事都需要認真對待。這不僅是為了自己的幸福，也是為了對方的幸福，婚姻維繫在兩人身上，就需要兩個人共同努力才能維繫好，任何問題都不是簡單的一個人的責任。夫妻間互相為對方的幸福買單，生活才能越來越幸福。

第四章
原生家庭與核心家庭

英國作家勞倫斯說過：「你即將擁有的那個家比你出生的那個家重要。」顯然，這句話用來形容中國人更為貼切。我們普通的中國家庭多數帶著「中國特色」，例如「媽寶男」，「嫁女如賣女」，尖銳的婆媳關係等等，這無不反映出原生家庭，也就是你出生的那個家庭，對你即將擁有的新生家庭（也叫核心家庭）的影響。暫且拋開這些帶著「中國特色」的略顯極端的現象，其實我們每個人都不可避免地要面對原生家庭與核心家庭分離的過程。那麼，我們為什麼一定要將這兩個家庭分開呢？這兩個家裡面，都住著我們一生中最愛的人，那兩個家庭對於我們而言，難道不是一個家嗎？

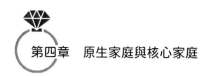

不再做父母的傳聲筒

很多人不解，為什麼一定要將原生家庭和核心家庭分開。有這種想法並不稀奇。在中國，向來有「大家庭」之說。認為和原生家庭，與父母一起生活是為人兒女盡孝心的表現。

但我們需要澄清的是，區分開原生家庭和核心家庭並不意味著「斷絕親情」，而是長大成人之後，彼此獨立的開始。

所謂獨立，網路上的解釋是「單獨的站立或者指關係上不依附、不隸屬。依靠自己的力量去做某事。」與其說是依靠自己獨立地做某事，不如說是一種新的「平等」關係。現實中每一個原生家庭，也都是從小家變成的。兩個家庭往往是互相牽制和影響的。重要的一點，分開之後也意味著不再聽命於原生家庭，從此你有了自己的「話語權」，你不必再做父母的「傳聲筒」。

V，女，34 歲，結婚 5 年。

V 說：「父母在我結婚前就分開住了。當時因為父母分居的緣故，我心裡很長時間都存在婚前恐懼症，覺得自己的婚姻也會像父母的一樣，最後走向悲哀。因為沒有好的榜樣，我心裡沒底，抗拒結婚就是害怕重蹈覆轍，走父母的老路。

回想起當時丈夫真誠地對我說：『我們是因為愛情走在一起，我們的模式和你父母的模式完全不一樣。我們兩人善於溝通，而你們父母是回避溝通。所以，別擔心好嗎？親愛的，嫁給我。』我的丈夫打動了我，我很幸福。

直到婚後，我開始分出大部分精力去處理原生家庭父母的感情問題，忽略了我自己的核心家庭，讓我焦慮不安。我不能不管母親，因為我覺得

她是脆弱的，需要幫助的。如果我都不幫她，她該多可憐啊。在她最需要關心的時候我去結婚了，本來就讓我心中內疚。為了彌補我的內疚，我說服自己替母親跑腿傳話，雖然從北京的南邊跑去北邊經常會花費幾個小時，有時候一禮拜要跑好幾趟，而忽略我自己的核心家庭。

父母分居後依然住在一個社區，一個住社區東邊，一個住社區西邊。父母平時基本上不說話，在社區遇到有時候跟沒看見一樣。母親有時候去父親那邊將他的衣服拿回來熨一下，會叫我過來送去父親那邊。父親公司發的粽子，會讓我回來拿去給母親。哪位親戚家裡辦喜事，會讓我通知對方，問對方要不要去。我就這樣，從結婚以後一直充當傳聲筒好多年。

經常跑回娘家處理這些事，有時候讓我頗為心煩。經常會把情緒帶回我自己的家庭，丈夫和孩子經常無辜『躺槍』。但是我又不知道怎麼辦才好？難道不管我的母親嗎？父親拋棄母親，她那麼可憐，我不能不管她。父親那邊呢？如果我再不幫他傳話，母親會不會對生活失去希望？如果我不傳話他們連最基本的聯繫都沒有了吧？我心中總是被這些問題所纏繞，經常會失眠、嘆氣。也影響了我核心家庭的幸福。

左右為難，心中糾結，這樣過去了幾年。終於，在今年我決定不再做父母的傳聲筒。神奇般的，父母的聯繫竟然變多了。雖然最開始，拒絕母親的傳話是痛苦的，總覺得在母親的傷口上撒鹽，覺得自己不孝。後來發現母親在求不到外界幫助之後，因為按捺不住內心對父親的思念，竟然主動開口去交談。沒想到自己的拒絕反而達到了自己期待的效果，我欣喜萬分。

終於，我現在有更多的時間去學習，去陪伴自己的家庭，如釋重負。」

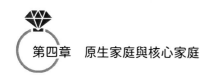

【成長祕鑰】

　　Ｖ最後學會劃分原生家庭和核心家庭的界限是非常明智的。原生家庭的父母，有他們自己的人生和相處模式，我們不需要橫在中間，做讓自己感到煎熬的事情。畢竟，父母即便不夠好，他們也是生我養我的父母，我們不能因為他們的情感問題而將其中一方當作敵人甚至憎恨的對象，不是嗎？

1. 保持邊界清晰

　　核心家庭的愛人和孩子才是陪伴我們走一生的親人，如果我們不善於保持邊界清晰，會影響自己婚姻的幸福。說得難聽點，我們不可以讓自己原本幸福的婚姻為父母不幸的婚姻陪葬，不是嗎？理智的做法是，既不能疏遠原生家庭，又不能過分緊密而忽略核心家庭。

　　夫妻雙方不管哪一邊的原生家庭出了問題，最好都是自己去解決問題，不建議夫妻二人互相干涉對方的原生家庭。保持一定的「邊界感」。父母有父母自己的人生。我們同樣需要對自己的人生負責任。

2. 主動修復裂痕

　　家庭是需要經營的。時間久了，我們難免因為各種瑣事而忽視了另一個家庭，導致和家人關係破裂，甚至造成兩個家庭的內部矛盾，最後每個人看上去都像是「受害者」。不管你是不是「傳聲筒」，都應該基於「修復裂痕」這個前提，化解矛盾而不是為兩個家庭製造更多矛盾。

　　當你平衡好了原生家庭與核心家庭的關係，你收穫的將不只是獨立後的自由，還有更美好的人生。

我嫁給了一個「媽寶男」

　　所謂「媽寶男」是無論媽媽說什麼都是對的，什麼都聽媽媽的，什麼都以媽媽為中心的男人；同時也指那些被媽媽寵壞的孩子；還有一個含義是指媽媽的寶貝兒子。站在媽媽的角度，兒子永遠都是媽媽心裡的寶貝。但是，「媽寶男」可並不意味著是個「乖寶寶」、孝順的男人。有一些「劈腿男」會以「媽寶」的形象作為擋箭牌，每次都以自己媽媽為藉口：「對不起，我媽讓我陪她」。而你以為也許是因為母子關係真的很好，可其實，那只是藉口罷了。所以，千萬別誤把「媽寶」當孝順。」

　　L，男，29 歲。妻子要離婚，雙方正在辦理離婚手續。

　　「今天我們在戶政事務所離婚沒離成，有些條件談崩了，我就跑了。」他說。

　　「你們是因為什麼原因離婚？」我問。

　　「是她要離婚，我覺得連我都沒提離婚，一再忍讓她，沒想到她倒好，竟然提離婚，讓我很火大，我是什麼都不願意留給她的。」看來他從戶政事務所跑過來，怒氣還在。

　　「你一直都在忍受她什麼呢？」我問。

　　「我媽媽覺得她心機特別重，我們認為她很自私，處處只考慮自己。我們覺得她性格不好，總是對我發脾氣；我們覺得她不知檢點，穿衣服花枝招展，我們覺得 ......」

　　「等等，我怎麼覺得你一直以來不是你和妻子一起過日子，是你們仨一起過日子。我怎麼覺得你今天不是一個人去離婚的，是把你媽媽也帶去了。因為你一直在說你和你媽媽覺得這，覺得那 ......」老實說，我對媽寶男，沒有什麼好感，話語也有些尖銳。

也許我的話除了尖銳，對他也造成了警醒作用。他意識到自己一直把母親掛在嘴邊：「是不是這個原因所以她要跟我離婚？她不止一次為這事跟我發脾氣了。」

「她發脾氣很正常，換誰都會跟你急。因為你的婚姻似乎把妻子關在門外，把母親放在門內，這哪裡是一個健康婚姻嘛。你雖然組成了自己的核心家庭，但是你的心還在自己的原生家庭。」我說。

他開始沉默了，好久才開始說話：「我不能不管我的媽媽，我爸去世以後，我一直跟媽媽住，她經常因為爸爸的離世傷心難過，我小時候承諾過她要照顧她一輩子。難道因為結婚了，就不管她了嗎？」

「我理解你，結婚後離開自己的原生家庭有很大的愧疚感。但是你父親的死，不是你的錯。孝順母親是好的，但是不是以一種好像替父親來照顧自己母親的心態去做。哪怕你父親去世了，他在你母親心中依然有慰藉作用，你不需要把父親的角色也攬過來。你做好一個兒子，有自己幸福的家庭，就已經足夠好了。你現在的問題在於，你的界限出了問題，你用原生家庭來干擾核心家庭的健康發展。」我說。

接下來換來的又是他的一陣沉默。過了將近 10 分鐘，他說：「我想清楚了。這一切都是我對母親的依戀和同情導致的。我傷害了我的老婆。哎，但是現在可能明白得太晚了。」

「我覺得不晚，你們如果真的決定離婚，也不會拖到現在。其實你們內心裡都對這段婚姻還有期待，你們不妨好好聊聊。把你現在的想法告訴你的妻子，當然也需要整理你對母親的感情後，和母親好好聊聊。」我說。

據我後來了解到，這對夫妻並沒離婚。他們坦誠相待，說出內心的阻礙，冰釋前嫌，又在一起生活了，至今仍然和睦。

【成長祕鑰】

　　每一段婚姻都有它特定的模式。出了問題，夫妻二人應該先解決問題，而不是逃避問題。倘若以「讓婚姻破裂」為解決辦法，這是很消極的。每個人都有成長的空間，每個人都有成為更好的自己的可能。如果你並未打算離婚，不如試著深入溝通一下，找到彼此心中癥結所在。說出期待，再續情緣。

　　至於如何對待婚姻裡的「媽寶男」，我的建議是：

1. 攻心先「攻」婆婆

　　既然「媽寶男」和婆婆站在同一陣線，那我們不妨先攻婆婆的心，但不是介入婆婆的生活，而是投其所好。例如，婆婆喜歡打麻將，那你可以經常陪伴老人家玩一玩，並且不要計較得失，大方地讓婆婆多贏幾次，哄得婆婆笑逐顏開，深得婆婆歡心，婆婆自然會向著你。

2. 在婆家獲得更多輿論支持

　　倘若婆婆固執己見甚至對你頗有微詞。那麼這時，你可以轉移陣地，爭取在婆家獲取更多來自他人的輿論支持。

　　例如，團結公公、丈夫的爺爺奶奶等長輩的力量。總之，去團結那些「媽寶男」大家族中的權威人士。

3. 培養「媽寶丈夫」的獨立意識

　　想要培養「媽寶丈夫」的獨立意識，首先要確保和婆婆分開居住，凡事多鼓勵丈夫挑戰自我。當丈夫從其他事情上有了自我價值感的時候，他會漸漸享受這種更高階的快樂，慢慢轉變「媽寶」的觀念。

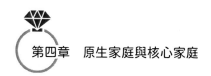

4. 爭吵時給予理解，引導丈夫反思己過

在在「媽寶男」相處過程中，妻子常常難以壓制內心的怒火，破壞了正常的溝通方式，不能平靜地對話只會引起更激勵額的爭吵，加深雙方的矛盾。妻子能做的就是要充分給予丈夫理解，引導丈夫反思己過，而不是火上澆油激化矛盾。

5. 提升自己的價值和話語權

如果你忽視了這一點，我給你再多的建議也難以奏效。很多「媽寶男」之所以不尊重妻子的想法，相當程度上源自妻子的存在感太低，沒有什麼能力，這讓「媽寶男」本能地認為不需要妻子的。

其實不只是在婚姻關係中，當我們覺得一個人不如自己、能力差時，對方說的話，或許我們就不會放心上。想讓自己的話對身邊的人有影響力是需要條件的，這個條件就是你個人的實力和價值。

父愛與家庭

在每個孩子的成長過程中，父親都是不可缺席的一員，父親有著母親所不能替代的典範與榜樣作用，父親可以教會孩子什麼是感恩、承擔和男子氣概。

下面我們就透過一個小故事來說說父愛與家庭的重要關係。

A 和 B 兩個家庭，一個親密無間，另一個冷漠疏離。

一個是親密無間的家庭 A，父親在家庭中和妻子、孩子都是融洽的，善於傾聽和關愛的。家庭裡面有兩個孩子，一男一女。當孩子在學校遇到挫折時，父親寬慰孩子，摸摸孩子的頭，拍拍肩膀以示鼓勵。告訴他們失敗並不可怕，人生路很長，挫折都只會是微不足道的經歷罷了。

男孩在青春期的時候，父親會提醒男孩：「注意避孕，要尊重女孩」，男孩點點頭。女孩在青春期的時候，父親拉著女孩長談，說：「你最好 40 歲才能戀愛，當然這並不可能，對嗎？」女孩笑了，父親接著說「不要跟不尊重你的人約會，答應我」，女孩點點頭。

這個家庭的父親陪伴子女成長，子女富有同情心，樂觀勇敢，懂得自我控制，沒有性別歧視。在這位父親老的時候，兩個孩子帶著自己的孩子來看望他，陪他一起吃晚飯，一片歡聲笑語，聽他講童年的故事。

另一個是冷漠疏離的家庭 B，父親和妻子、孩子很少一起吃飯，大多數時候父親都不在家。家庭有兩個孩子，一男一女。當男孩在青春期的時候，與父親對抗，父親重重打了男孩。當女孩在青春期的時候因為想逃離不快樂的家庭，沒有避孕而意外懷孕。父親喝斥責罵了她，女孩離家出走了。這位父親不明白，為何自己辛苦賺錢工作，孩子卻這麼不讓他省心？

孩子各奔東西，經常沒有音訊。男孩是因為自己婚姻失敗，不想回到家被父親責罵；女孩是無法面對當年的傷痛，盡量避免回家面對父親。到了這位父親老的時候，孩子們偶爾會打來電話問候一下，但是並不願意來看望他，除了在他生病的時候，不得不來。

故事中的男孩無論後面事業多麼成功，總感到不開心。他不停地前進從不停下腳步去看看自己已經獲得的，他總是將自己弄得精疲力盡。為什麼他無法停下腳步？因為他渴望父親拍拍他的背，對他說：「孩子，你已經足夠好了，我為你感到驕傲。」他清楚父親永遠不會對他說這句話，所以他只有不停地透過外界肯定自己，沒有盡頭。

隨著時代的發展，父親們逐漸意識到真正的父愛是給予孩子更多精神的鼓勵和支持。至於物質上的幫助，被父愛包圍的孩子都能憑自己的能力去獲取。

A 家庭和 B 家庭兩個案例，是許多家庭中比較常見的模式。一個融洽，一個冷漠。融洽的家庭一般都是這個父親懂得給予孩子愛的；冷漠的家庭一般是父親不善於給予愛的。並不是說後者不懂愛，而是他自己的經歷和認知有限，不知道如何去愛、去表達。

許多男人第一次做父親，並沒有經驗。若自己的原生家庭有榜樣還好，沒有榜樣，甚至是負面榜樣的話，這位新父親往往會不知所措。巨大的責任向自己壓過來，選擇逃向工作是做簡單的選擇。他們會說：「養家壓力大，我必須得更加努力工作。」但事實上，很多情況是在逃避家庭氛圍帶來的壓力，不敢去面對的原因是怕自己「不能成為一位好父親」。

女人成為母親的轉折是明顯的，因為孕育孩子，給孩子哺乳。但男性似乎在形式上看起來像一位旁觀者，其實男性的內心並不容易度過這個轉折期。但是沒關係，沒有完美的父親，當我們在做父親的道路上成長得慢

了些，或者也做了一些錯事，都還來得及完善自己，去讓孩子感受到來自父親的愛與關懷。

【成長祕鑰】

我聽過一個故事，一個男孩十分怨恨自己的父親貧窮，沒有給自己物質上的幫助。這其實是表面，其實深層原因是，這個男孩怨恨父親給自己的愛和關心不夠。不論他遇到什麼挫折，他的父親都不予理會。男孩是最希望得到父親肯定的，只要父親肯定自己，孩子的創造力是十分強大的。可見父親對孩子的影響是非常大的，具體主要表現在：

1. 父親讓孩子更具獨立精神

在家庭中，母親由於天性使然，通常會傾向順著孩子的意願，在孩子成長過程中只有母親的教導，孩子容易缺乏獨立思考的精神。而父親的角色恰恰能彌補這一點，不包攬孩子的事情，讓孩子單獨處理問題，孩子獲得鍛鍊後會更有獨立精神。

2. 父親讓孩子更堅強勇敢

孩子學腳踏車時不小心摔倒，母親通常會連忙問孩子有沒有事，而父親由於男人天生的冒險精神，會鼓勵孩子去面對問題和困難，對新奇東西勇於挖掘，更利於孩子以後的勇氣和探險精神的養成。

3. 父親讓孩子個性更活潑

父親高大健壯的形象，會讓孩子在潛移默化中學習仿照，慢慢孩子變得堅強，外在也強壯起來。相較母親的細膩，父親豁達的性格，也會幫助孩子保持樂觀和信心，在交友中更容易交到好朋友。

那麼，如果家庭中缺乏父愛這一塊，對孩子又有什麼影響呢？

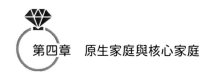

1. 孩子容易性格自卑、扭捏

　　孩子長大過程中缺少父愛，很難養成性格中自信的一面，在面對一些事時，比如交友過程中就難免會覺得卑怯扭捏。孩子在處理困難的時候也會出現缺少主見，容易被他人引導的情況。

2. 孩子容易缺乏安全感和男兒氣概

　　父親往往是一個家庭的支柱，對孩子而言，父親通常意味著堅強的後盾。

　　缺乏父愛的孩子，在面對困難時往往缺少了一點安全感和勇氣，而沒有了父親的指導和教育，孩子也會漸漸缺乏果斷勇敢的底氣。

3. 孩子容易不知感恩、性格驕縱

　　如果孩子成長過程中，缺少父親的參與，孩子往往會因為沒有感受過完整的愛而感到自卑，亦或變得嬌縱，把母親的愛當做理所當然，從而不知道感恩。

情感失衡

維繫一段感情需要一顆堅定地心，婚姻亦如此。不管是對感情本身的矢志不渝，還是在婚姻生活中，對於生活中各種追求不論是物質的還是精神的，都需要有自己的一個原則和信念。如果總是太容易就被他人他物牽引著視線甚至思路，那麼迷失的就不僅僅是自己，而是情感區的失衡和自己的生活。

E 和 F，夫妻，結婚 30 年。

一對夫妻，結婚 30 年了，最近出現了情感危機。從表面上看，是丈夫在外面有過幾個情人，妻子無法忍受，情感破裂才離婚。但是仔細了解之後，發現另有原因。

當初感情很好，如今卻要破裂，這個模式總是在不同的夫妻生活中上演。當然了，若是當初感情不好，誰敢結婚呢？同樣的，這對夫妻當初在戀愛的時候，雙方感情很好。

男人的原生家庭情況是：還是孩子的時候，目睹過父親毆打母親，因為不能保護母親而自責。母親對男孩說，你不要哭，你只要答應我以後絕對不要對女人這樣，做一個好丈夫，明白嗎？男孩點點頭。

女人的原生家庭的情況是：家裡的母親特別強勢，所有的一切大小事都是母親做安排，父親在家中基本沒有發言權。女孩渴望獨立，但是母親總是一手包辦所有的事情，以至於女孩想要很早逃離母親去有自己的家庭。

長大以後，這對男女相戀了。他們深深被對方吸引了。男孩有主見，懂得照顧女孩。而女孩依賴男孩的保護，欣賞男孩對家庭的渴望；而女孩的性格也彌補了男孩當初沒有保護住母親的需要，讓男孩能加倍疼這個沒有主見的女孩，因為她越沒有主見，越能證明自己有保護她的能力。

結婚以後，他們有了孩子。成為妻子的女孩照顧孩子的時候經常會崩潰。她自己還是個孩子，根本不懂怎麼照顧孩子。而成為丈夫的男孩因為工作繁忙，常常會忽略女孩，他們的矛盾開始產生。

妻子要求丈夫能多一點時間陪自己，像婚前那樣照顧好自己。丈夫要求妻子能獨立起來，照顧自己。就這樣，強制性的要求激起了戰火。經常會出現的情景是，妻子在照顧孩子精疲力竭之後對下班回家的丈夫大加指責，這感覺就好像當初自己的母親對父親的指責的畫面一般。而丈夫回到家看到妻子不停抱怨，完全不在乎自己工作之後的辛苦，感到十分憤怒。但是因為答應過母親要成為好丈夫，才屢屢壓制下來。

孩子們漸漸長大，為了逃離這個充滿戰火的家庭，孩子們早早離家去了別的城市。夫妻倆自從孩子離開就恢復了一些平靜，直到妻子發現丈夫出軌的證據。

「你憑什麼這麼對我，我為你生了三個孩子。」妻子說。

「為什麼每次都要對我說，是為我生的？難道你不是孩子的母親嗎？」丈夫說。

「生孩子多辛苦你知道嗎？」

「我知道，所以我一直努力工作想給你更多的保障。」

「去你的，保障最後都給你的情人了吧？」

「這事我對不起你，我很愧疚。但是你知道我為什麼會出軌嗎？因為我不想做你的爸爸！我要的是一個妻子，不是一個女兒。」丈夫咆哮著。

妻子愣在原地。當初自己的母親讓自己的父親沒有一個丈夫的樣子，自己發誓絕對不要像母親一樣，讓自己的丈夫毫無尊嚴，像補償父親似的，去對自己的丈夫無條件依賴順從。結果卻……

這個故事，並不是說男人出軌是值得同情的。因為許多男人出軌僅僅

是因為難以剋制慾望，而女人大多能剋制慾望，所以是不公平的。丈夫對妻子的控訴，當然有很大的可能是因為不能面對出軌羞愧的自己，啟動了防禦機制，反過來指責妻子。這個原因是有很大的機率存在的，但是似乎這個理由還只是比較表面的心理狀態，要了解深層的原因，還是需要暫時放下道德評判，才能看得見。

這位丈夫的主要控訴在於妻子將自己塑造成照顧她的父親，失去了和自己相伴的平衡關係。也許在戀愛的時候，雙方因為缺失，為了尋求補償會很享受互相需要的感覺。但是結婚之後，更長久的關係的確是平等的相伴關係。

【成長祕鑰】

對於上述案例的主角，我不確定他們的婚姻現在是否還在繼續，但我了解他們的婚姻之後，調查了身邊的許多對夫妻。我發現因為原生家庭父母婚姻不幸福模式的影響，許多孩子在結婚之後都會出現兩種極端的情況：

1. 不願走父母的老路

「我絕對不要像我的父母一樣。」

這一類妻子或者丈夫，往往盡量避免走父母的老路。一旦出現徵兆，會竭盡全力地把自己往另外一個方向調整。

2. 複製了父母的模式

「我不知不覺完全複製了我父母的模式。」

父母的模式伴自己走過了太多年，根深蒂固，模仿過來是輕而易舉的事情。連父母錯誤的方式，學起來也是那麼簡單。

以上兩種極端情況，我都建議大家不要去做。

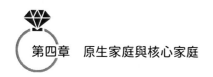

夫妻雙方最好是能了解自己與父母不同的地方，發現自己比父母好的地方去強化。

比如父母不重溝通，不善於表達情感，那麼如果我們比父母善於溝通，結婚之後應該在這方面多做一些工作。

尊重現在核心家庭裡和妻雙方的獨特性，每個人都是獨立的個體，每個婚姻也是。

沒有完全一樣的婚姻，也沒有完全不同的婚姻，只需去善待自己的伴侶和孩子，而不是滿足自己當年的缺失，慢慢地就會找到屬於自己的婚姻模式。

已婚男性和家務

　　一個家庭之所以由兩個人共同組成，是因為無論在平凡的日子裡遇見苦和甜，兩個人都能相互扶持、同甘共苦。大到人生中的磨難，小到點滴家務事。尤其是男人和家務始終是讓很多現代女性頭疼的問題。

　　在傳統社會中，男性通常擔當著在外打拚的責任，女性則負責照料家庭的瑣事。從人類學的立場出發，這種分工模式是很科學的 —— 女人天性喜靜，能夠適應在同一環境中的勞作，而男性喜動，他們更喜歡隨著時代的發展，也有不少「反角色家庭」出現。在這些家庭中，男性也承擔家務勞動，女性也外出工作養家。這樣的模式充分展現了現代社會男女平等的觀念，而一個能持家的好男人往往更能給女人帶來幸福感。

　　但無論是誰做的家務多，誰做得少，只有家庭的每一個人都在團結合作地做事，才是一個完整的家。

　　A、B、C、D、E，5 名已婚男性。

　　我採訪了 5 名已婚男性，要求他們談談，當妻子要求分擔家務時，他們在想些什麼以及是怎麼做的？

　　A，他在家務上不停反抗。

　　A 說：「我一點也不願意和妻子平分家務。我從小看到我的母親基本上包攬家庭裡的全部家務，所以我內心覺得我的妻子做家務是理所當然的。我的辦法是「什麼也不做」和「要做也會忘記做」。

　　基本上，我是把妻子喊我做家務當作「耳旁風」的。我會習慣性忘記原本她要求我做的家務，時間久了她也就懶得喊我去做這件事。在她發現要求我做一件事我總忘記之後，她會放棄再要求我做，所以這個計謀一直很有用，讓我逃掉了做許多家務。

但是偶爾也有失策的時候，在她很堅持讓我做的時候，站在我的面前，阻止我假裝看新聞時，我發現實在推不掉，才會偶爾洗碗。但是即便去做，我也有辦法，我會不停抱怨洗碗很油很髒，讓妻子很煩讓我做家務，於是，再一次，我成功地不用做家務了。」

B，他讓自己失去做家務的能力。

B說：「我覺得女人天生就會做家務，她總是做得很細膩。而我總是出錯，其實也是因為我自己心不在焉，我覺得做家務是在浪費時間。當然這樣說對女性不公平，說的好像她們的時間被浪費就是天經地義一樣。為了不讓妻子覺得我是一個不公平的人，同時又能讓我避免做家務，我做家務的時候比較敷衍。

比如掃地隨便糊弄一下；衣服洗好了幾天都忘記曬；幫孩子扣錯釦子；忘了補習班接孩子的時間；做飯的時候忘記放鹽。這些事情讓妻子很火大，她覺得讓我幫忙只能添亂，所以就不再讓我幫忙了。而我也達到不用做家務的目的了，心中竊喜。」

C，透過讚美妻子逃避家務。

C說：「我和大多數丈夫不同，我並不覺得女人在做家務是理所應當的。我也覺得為妻子分擔家務是合理的。但是，即便如此，我內心也是不願意做家務的。其實我相信女性也不喜歡做家務，但我能讓妻子心甘情願做家務，是因為我的辦法比較高明。

我會讚美妻子家務做得很好：親愛的，飯做得真好吃；親愛的，地板拖得乾淨；親愛的，你對孩子的輔導很用心；你真好替我減輕了許多家庭負擔；我太感謝你啦等等這些甜蜜的話。我讓妻子喜歡在家務中找到自己的價值，從而每天興高采烈地做家務，而不是怨氣滿滿。」

D，社會文化使我不用做家務。

D說：「如果有位朋友來到家裡，看到我家很邋遢，會說我的妻子懶惰，而不會說我不勤勞。這是社會對男女的區別對待。我的妻子對社會觀點有很深的焦慮。哪怕她也不喜歡家務，但是一旦家裡要來人，她一定會把家裡收拾得井然有序，不需要我插手，而我也樂得自在。

對於孩子，她的關注也比我多，她整天會擔心孩子各方面不適應，減少工作來照顧孩子，這是她自己的意願。既然妻子這麼願意費心，對我又沒有過多的要求，我可就省心啦。」

E，平等自在的家才是我想要的。

E說：「我很清楚現在社會和以前不同，我母親那個時候沒有工作，所以除了做家務帶孩子也沒有其他事情可以做。而現在我的妻子有自己的事業，還要回家帶孩子包攬家務，總覺得說不過去。

我的妻子希望家庭氛圍是男女平等的，我十分同意，也鼓勵她做一個精神獨立的女性。我認為，一個和諧的家庭裡，夫妻雙方一定會平等自在的。為了表示出支持的誠意，我會主動和她分擔一半家務。我認為我的觀點很開明，妻子也十分喜歡我的想法，結婚多年，我們的婚姻一直很美滿。」

我最支持第5名男性對家務的態度。一位自信、有責任、有公平心的男人都會主動和妻子分擔家務。而一位善解人意的妻子，也會對此表示感激。夫妻雙方相互理解、相互支持是最好的婚姻模式，能避免許多婚姻中因勞動分配不均而導致的委屈、怨氣、指責。試想一下，如果結婚很多年之後，夫妻因為決定誰去扔掉生活垃圾而爭執得面紅耳赤，豈不是太悲哀了。

【成長祕鑰】

　　調查發現，在一個家庭中，妻子受的教育水準更高、工作時間更多、收入更多，丈夫會願意承擔更多的家務。按現在的社會發展，女性未來的成就會越來越大，夫妻雙方分擔家務是必然的趨勢。如何才能合理分配家務，避免不必要的爭吵，我的建議是：

1. 正確的分配原則是不以收入作為標準。

　　婚後的所有收入都是夫妻雙方的共同財產。何況家事不是外部工作，不能以雙方的收入作為衡量誰應該幹多少的標準。做家務理應是對家庭的貢獻。

　　因此，家事的分配，不能單純地用收入來劃分。例如，丈夫的收入是妻子的兩倍，那麼家務事就應該是妻子的一半，而妻子就該做雙倍的家務 —— 若是用這樣的邏輯來決定家事的多少，那我建議這樣的夫妻還不如用付費的方式進行家務事的購買。

　　夫妻之間，應該根據彼此工作的忙碌程度，來決定家務事的多少。工作相對輕鬆的一方，就要多體諒對方、多做一些家務事，這樣才能平衡好家庭內外大大小小的事。

2. 與其把時間浪費在「誰做得多」的爭吵上，不如把精力放在增加財富上。

　　如果說婚姻是兩個人共同成立一家「企業」，夫妻是「企業」的合夥人。那麼，兩個人的地位也是平等的。彼此應該透過科學地分工合作把共同的「企業」經營好。

　　如果夫妻之間，把時間都浪費在理論誰做的家務比較多這個問題上，只會浪費了「企業」發展的時間。打個比方，夫妻二人為了「到底誰來洗碗」理論了一個小時，但實際上，如果把「洗碗」看成企業的工作，理論

上洗碗根本用不了那麼久的時間。對企業而言，這一個小時就可能成了沉沒成本。

回到家庭問題上，最終的結果就是，碗沒洗成，夫妻兩人的心又各自受傷，情感又因此出現了裂痕。這種結果，只能說是「大敗虧輸」。

3. 把對方當成隊友，滿懷感恩和愛意，分工清晰。

曾有一家研究機構調研發現，如果夫妻倆對於家務事分工不明，往往對生活也充滿了不滿，心理上也會精疲力竭。相反，如果夫妻倆在分工上能夠理念一直，彼此尊重，日常生活也會和諧很多。例如，「外部家務事」就要明確劃定範圍，包括如日用品採購、接送孩子上下學等等，「內部家務事」如洗衣、做飯、拖地、整理衣物等等，讓彼此心中都有一個明確的概念。

另外，即便是劃定了範圍，兩個人也難免需要彼此協助完成一件事情。例如，平時都是妻子做飯，可是週末妻子陪著孩子去補習班上課了，這時就需要丈夫來主動完成做飯的工作。

所以，夫妻之間，更應該具備的一種態度是：家務事不是必須設定必須由某一個人去完成，兩個人共同努力付出，家庭生活才會順風順水，讓彼此沒有後顧之憂。

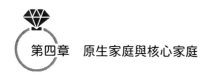
全職主婦的那些事

　　在很多人眼中，全職主婦不必操心生計問題，只打理好家務事、照料好孩子就「天下太平」了。這種生活似乎可以用「悠閒」來形容，殊不知，全職主婦的心酸，只有經歷過的人才會懂。

　　實際上，「全職主婦」這個詞往往與家庭經濟掛鉤。既然已經是全職主婦了，那可能就意味著沒有工作，經濟不能獨立。當然，也有一些全職主婦抱著「反正家裡有人賺錢養我」的心態。

　　但對於現代家庭來說，經濟獨立對婚姻的意義是重大的。所謂經濟獨立，就是擁有一份獨立的工作或事業，靠著自己的勞動而獲得更好生活的資本。這樣的話不僅適用於男人，女人亦如此。

　　X，賺錢養家丈夫，Y，家庭主婦，兩位的內心世界。

　　賺錢養家丈夫的內心世界：

　　「這件衣服你燙的不太好，邊角還是皺皺的。你怎麼連這件小事都做不好？」今天要談一個重要的客戶，沒想到老婆竟然連燙件衣服都這麼不走心。半個月來，丈夫接手的案子還沒有進展，領導沒有好臉色。工作壓力讓他喘不過氣，他壓著無處可發的怒火，因為這件衣服折射出妻子工作不夠盡善盡美的那一面，丈夫原地爆炸了，而妻子無辜躺槍。

　　丈夫走後，妻子雖然看似平靜，心中早已歇斯底里。

　　她心說：「老娘放棄事業，家務全包，接送孩子，活脫脫一個盡職的保母，怎麼就什麼都做不好？我都沒給我爸燙過衣服，你怎不上道呢？我和好朋友出去旅行，讓你嘗嘗自己全包的滋味。」

　　於是，她默默地拿出便籤，在紙上寫了一句話，放在了桌上：「不好意思，我什麼都做不好，我需要出去靜靜，思考人生。」

家庭主婦的內心世界：

當看到丈夫無緣無故地發火，妻子內心是十分受傷的。任何一個心甘情願洗手做羹湯的女人都希望把家庭經營得完滿幸福。但事實上，在生活中往往會事與願違。當丈夫的一個否定，彷彿就是一個拿著不及格成績單的小朋友，失落又悲傷。但與小朋友不一樣的是，妻子往往礙於面子和尊嚴不太願意將自己的失落顯現出來，而是壓制著，直到壓抑到一定程度一併爆發。

主婦們想聽到的其實是：「辛苦了！親愛的。你真好，這麼用心幫我燙平衣服，真幸運你是我的老婆。」

設想一下，當家庭主婦「職業」被肯定，將家務打理得更好了。雖然妻子們很多時候會嫌棄自己僅僅是一名社交圈狹小的女人，也十分討厭繁瑣的家務，但來自丈夫的愛護和肯定，成為妻子快樂的源泉，也能使妻子堅持把美好的家庭維護下去。

【成長祕鑰】

失去事業的家庭主婦，將命運交給丈夫。雖然現在女人賺錢養家，男人作為家庭婦男的不在少數，但我們姑且以普遍性例子而論。

妻子失去個性，總是不自覺地揣測決定家庭經濟來源者 —— 丈夫的心意，並圍繞著他展開一切的語言和行為，更有甚者分析他的一舉一動。他的細微變化，有時會讓自己坐如針氈，危機感爆棚。猜測一個人會耗費了自己大量精力。

還要擔心競爭者的突襲，怕被淘汰出局。在不順利的時候，或情緒低谷的時候會產生「前有追兵，後有猛虎」的恐慌和幻想。引用哲人的一句話：「對於恐懼的幻想，比恐懼本身更可怕。」

怎麼能面對生活的恐懼？

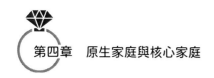

1. 找回自己，給自己獨處的空間

當我們將家中的經濟來源者當作上帝的時候，我們忘了自己。一個遺忘自己的人，總是活在不確定中。人只有學會獨身自處，提升精神上的獨立性，才能戰勝不安全感所帶來的恐懼。有人會問，我們在家庭中，如何有獨處的空間？當然有，一直有。比如看一本書的時間，去獨自一人散步的時間，我們都可以和自己待在一起，把自己找回來。

2. 工作獨立才能勢均力敵

古代的婚姻講究「門當戶對」，現代的婚姻更應該講究「勢均力敵」。

當一對夫妻只有一人在工作時，兩人思考問題的方式就會明顯不同，因思考方式不同造成的氣場、格局也就不同。久而久之，一方明顯處於強勢狀態，另一方明顯處於弱勢狀態，一旦其中一方不願意維繫婚姻，這段婚姻就有可能崩塌。

要想夫妻二人站在同樣的制高點上，就必須保證自己有獨立的工作。只有這樣，你才有和對方平等對話的資本，這就是你們共創幸福生活的前提。

3. 幸福共舞才能愛意綿綿

有了平等的身分，才能形成「幸福共舞」的局面。有人做過這樣的研究，發現當夫妻雙方都有獨立的工作時，兩人才會更加珍惜在一起的時間，彼此之間的感情也就更加親密。幸福的婚姻從來不是一個人的事，只有夫妻雙方共同經營，才能讓感情更牢固。一個良好的婚姻關係，或許有合有分。但工作上保持獨立，生活上雙宿雙棲，這才是最佳的婚姻狀態。如果你和愛人能夠做到這一點，相信你們的婚姻生活會非常幸福。

第五章
婚姻中真實的自己

其實，婚姻中的每一個妻子都是丈夫眼中的「不完美女孩」，有的人是職場菁英卻絲毫不懂浪漫；有的人是窈窕淑女卻偏偏廚藝不佳。面對這種情況，有的女人試圖改變，在改變的過程中，有的女人成長為更好的自己，也有些女人不知不覺迷失了真實的自己。

或許，你始終無法改變真正的自己，但至少，你可以做最真實的自己。

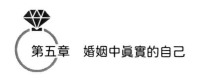

丟不掉的披肩

　　很多人都會在遇到了讓自己十分喜歡的人之後選擇結婚，與那個自己認為是對的人共結連理，這本身是十分正確的決定，但是在談戀愛與婚姻的維持之中，有些人卻會因為過度在意對方，怕自己的某些行為對方不喜歡而選擇遷就對方。

　　G，女，主婦，29 歲，結婚 5 年，孩子 3 歲半。

　　整個夏天，G 都外穿這一件針織披肩，在最炎熱的日子裡也不例外。有一天幼稚園舉辦運動會，比賽規定每位家長陪著孩子繞操場跑一圈，當作開幕熱身。即便汗如雨下，G 也沒有脫下披肩，險些中暑。

　　為什麼？聽到這個原因也許你不會相信。G 認為自己在生完孩子之後，手臂變粗了。起初 G 不以為然，但「友善的」好友「勸說」：「天吶，你以前那麼瘦，現在看起來卻很壯。趕緊把你的肉肉遮起來吧。」然後，看到的就是 G 在運動會上快中暑的模樣。

　　現在 G 和丈夫的關係十分緊張，經常會因為自身的不自信去懷疑丈夫是否忠誠。

　　在孕育孩子的過程中，由於生理和心理的各方面原因，難免會體重增加，女性對此產生了很大的心理壓力。卻忘了自己在經歷一個偉大的過程，體重增加或者身材走樣對創造生命而言，似乎顯得沒那麼重要了。

　　愛美之心人皆有之，我們也實在無法因為將創作生命上升到偉大層面就去忽略它的存在。生完孩子之後，大部分女性在一兩年之內可以恢復，有的因為體質原因，恢復週期長一些，但配合節食和運動就仍然可以達到目的。

　　知道了該怎麼應對眼前已經肥胖的事實，又該怎麼去解決導致 G「怪

異」行為呢？在我透過與她的交流中，我了解到她和大多數人一樣，十分在乎「他人的眼光」，受到朋友眼光批評的影響並不是偶然，她從小就愛與他人作比較，一切的前進動力都是超過他人，而不是超過自己，我意識到她「丟掉」披肩的關鍵點應該是：克服他人的眼光，享受自由。

【成長祕鑰】

克服旁人的眼光需要一個「練習」和「適應」的過程，在意識到「他人的眼光」是一種無形的「精神虐待」之後，她才能意識到不能任由「虐待」繼續下去了。

1. 幸福不再別處，不做別人眼裡的完美女人

之所以說克服旁人的眼光需要一個「練習」和「適應」的過程，是因為「他人的眼光」由來已久，根深蒂固。大多數的我們接受著從小來自父母灌輸的觀點「別人家的孩子如何如何了不起」。在學校老師們為了激勵我們「哪位同學成績最好，表現最棒，大家向他看齊。」

在我們毫無判斷力的時候，我們就已經習慣了比較與被比較。婚姻中的我們同樣總是習慣性地作比較。

他比我優秀，我要打敗他，才能配得上我的夢中情人。

他比我富有，我要超越他，才能獲得自信。

他比我受歡迎，我要比他更受歡迎，才能證明自己的魅力。

有的人因為發現了比較是無止境的，所以停下腳步，自艾自憐是因為停下不是心甘情願，是被動的，是不得已的，難免帶著怨。

2. 跳出思維的惡性循環，收起你的壞情緒

我們在作比較的同時，便是不停追逐著他人的肯定。例如，打你開始有了喜歡的對象，你就開始在乎對象的眼光，他喜歡什麼類型的，我們去

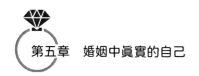

改變，因為想獲得愛。改變的前提是我們需要有參照物。但因為參照物是大量的，所以我們陷入了無止境的比較的思維惡性循環。我們總是停留在他人的眼光中憤怒、焦慮的泳池中游泳，難以喘息。

再後來，我們有了孩子。我們將當初父母和老師加在我們身上的痛，轉移到了孩子身上，想要激勵孩子去完成我們尚未完成的夢。

有的人一生都在比較，追逐著他人的肯定。這樣做的結果是，每一天的情緒都在被他人的眼光所左右。不難發現，身邊情緒波動較大的人，通常都是易怒、易悲的人，在乎他人的眼光是尤其強烈的。

3. 面對真實的自己

做真實的自己的前提是，一定要面對真實的自己。當我們為了某些事情而憂慮煩惱時，同時也意味著要面對自己的諸多負面情緒，當你處於無法自控的階段，就很可能伴隨著負能量、亂發脾氣，傷人傷己。

不高興就是不高興，那你就去尋找讓你不悅的原因。例如，是你的心累了，還是你的關注點錯了，還是你沒有看清真實的自己。

只有勇於面對真實的自己，找出影響你快樂或不悅的原因，不斷反觀自省，我們才能不斷成長，成為更好地自己。

我是眞的不適合結婚嗎？

很多人到了快要領證甚至舉辦婚禮的一刻，才想起捫心自問：我是不是真的適合／不適合結婚？

其實，適不適合若是從他人的口中說出來，這樣的答案也未必適合你。結婚並沒有那麼恐懼，只需你能明白，那些婚姻中的幸與不幸到底為什麼會在你身上發生。而如果你遇見了對的人，一切都不再重要！

C，男，36 歲，企業家，結婚 2 年。

C 說：「這是我婚前的故事。從前我放蕩不羈愛自由，我一直在生活中探索自己的更多可能，除了感情。

雖然我學的是政治，但是畢業之後從商，如今在商界也小有所成。

我對攝影感興趣，去業餘攝影，結果攝影作品被攝影展看中，並給我一個殊榮；我對潛水感興趣，業餘去各個海島潛水，最後拿到了潛水教練證；我喜歡看書，時候久了竟然學會了自己寫詩自娛自樂。

看到這裡，你也許認為我是個自以為是喜歡誇耀自己的商人。但是事實上你並不了解我的另一面，脆弱恐懼的一面。雖然我在任何人面前都是瀟灑自信的模樣。

我一直也不敢結婚，哪怕與我互相欣賞的女人我也不敢一起走向婚姻。我一度認為自己不適合結婚。這是因為那件發生在我們身邊的故事，讓我感到十分不安：

我們企業家之間會有偶爾的聚會。一次，在聚會上我從另一個商人朋友那裡聽說他的一個朋友 K 入獄了。K 和妻子撫養著自己的兩個孩子，生意順利，家庭在我們看來也十分幸福。本分的 K 入獄，讓我們這些朋友都感到十分震驚。在我打聽之下，這位朋友向我說了來龍去脈。

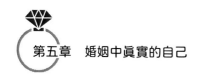
那天，K 去機場準備飛往國外洽談一個專案。妻子強烈要求送 K 去機場。K 十分感動，認為妻子是太捨不得自己了。

到了機場，妻子從後備箱拿出一袋東西交給 K，說是一些 K 忘了收拾的日常用品。K 因為要急著上飛機，也沒有細問，匆匆與妻子親吻告別之後，直奔安檢處，不料被警察攔了下來。

K 覺得像一場夢境一般，警察讓自己開啟包裹，裡面竟然擺放著一包包的違禁品。而 K 也因為百口莫辯，進了監獄。原來妻子因為要與情夫霸占 K 的財富，不顧共同撫養兩個孩子的情義而栽贓嫁禍給 K。後來，K 因為在監獄崩潰而險些結束自己的生命。

這個故事對我的刺激很大，我堅信女人是毒辣且不可信的。所以後來的情感經歷對女朋友都是十分保留，不願意坦誠相待。總害怕這件事會發生在自己身上，以至於恐婚，甚至認為我不適合結婚。

你一定會很好奇，為什麼我現在結婚了。那是因為我遇到了她，我的妻子——一個善良、美麗的女人。

我現在過得很幸福，回首那幾年的感情經歷，簡直就像噩夢。我經常半夜醒來，看到身邊不停更換的面孔，感到既陌生又孤獨。我會在空無一人的街道上步行到黎明，到實在睏倦了才回到住所。

我以為我會孤獨一輩子。

但我的妻子打破了我對女人的恐懼。我現在的經驗是，沒有人天生不適合結婚，也沒有人天生適合結婚。如果你遇到一個美麗的心靈，為之心醉，她也為你著迷，你會重新燃起對生命的熱情，而不是一味地抗拒。

一定會有人問我怎麼識別美麗的心靈？她是高尚的，她具有同情心，有時候甚至會悲天憫人。但是她又是樂觀的，對生活充滿嚮往的。敬老人，愛孩子。她尊重自己，尊重他人。堅持自己的原則，不隨波逐流。

　　她把美德看得比金錢重要，不崇拜物質。甚至有些清高，與物質社會有些格格不入。

　　我想我正是被她的清高所打動。

【成長祕鑰】

　　要相信世界有陰暗面，也有美好的一面，任何人都不能因為看到某些陰暗面，就把整個世界都否定了，無論人還是事，道理都相同。

1. 與其糾結適不適合婚姻，不如問問自己相不相信愛情

　　我所了解的很多年輕的朋友，在經歷過一些事情以後，都開始變得不相信愛情，或者說是看淡了感情。他們的姿態彷彿是一眼看穿了世事，認為有些人結婚只是一心為錢。

　　如果一定要用「失敗」來形容這些人的婚姻，不如用「弱者」來形容，思想上的弱者。他們也許本身不相信愛情，於是在婚姻面前找各種藉口來「戲謔」婚姻。不相信的同時，還一副「我真心對待並付出了，卻未能圓滿」的姿態故作清高，充當過來人。究竟適不適合結婚，關於這個問題，其實這些人心中早已經有了答案。

2. 信與不信，任何答案都取決於自己的心

　　美好的事物永遠在那裡，愛情和婚姻從來不缺少相信它的人。而信與不信其實都取決於你自己的心。

　　衣帶漸寬終不悔，為伊消得人憔悴。也許是你未遇良人，你便說世間無良人，最多這隻能說明你自己的態度而不能代表所有人的婚姻觀。

　　儘管世間人情冷暖，無論內心經歷了怎樣的煎熬，倘若仍有一顆愛人之心，便可溫暖自己，融化冰雪。

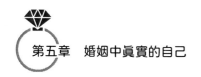

離家出走的妻子

　　我曾看過一個節目，一對夫妻離婚後，女方就離家出走、從此人間蒸發了。而年僅 12 歲的兒子為了尋找她的母親，走遍了大半個台灣。

　　最後，孩子的爸爸帶兒子上了一檔電視節目，孩子眼淚婆娑，男人真誠懇求，但終究，這位妻子還是沒有出現。

　　不得不說，對男人而言，這是一段失敗的婚姻，但最終受傷的卻是孩子。所以，當一個女人選擇逃離婚姻的枷鎖時，無論出於哪方面的考慮，都請慎重。

　　L，女，31 歲，新聞記者。

　　L 說：「我離家出走了。因為我除了工作能正常出差之外，似乎一直在圍繞著丈夫打轉。而圍著一個不愛的丈夫，是一件痛苦的事情。

　　很可笑對嗎？既然不愛為什麼還會嫁給他？因為當時所有的女同學都渴望嫁給一個有錢的男人來依靠。在我沒有獨立意志的時候，隨波逐流了──嫁給一個有錢的男人。

　　我一直覺得我僅僅愛的是金錢，但是結婚之後我發現心底更渴望愛和關懷。清楚自己想要什麼之後，會時常回憶起大學的時候，寢室裡面有 4 個女孩。當時的我是長相最普通的那個，也是最有野心的那個。

　　第一個室友最漂亮，卻嫁給了一個很窮的同學，我們為此經常在身後笑話她，覺得她白瞎了一張迷人的臉。第二個室友最有才華，一直未嫁，尋尋覓覓著，至今未婚。第三個室友是我當時最好的朋友，與我一樣長相平凡，卻心懷野心。她後來去整形了，做了一個富人的小老婆，後來嫁給了這個富人，但是 3 年之後離婚了。

　　為什麼和第三個室友成為好朋友，因為我們可以在一起嫉妒最美的那

位室友，也可以一起排斥最有思想的那位室友。說白了，我們並不是真正意義上的好朋友，我們只是因為脆弱的自尊心抱在一起相互取暖罷了。

離家出走以後，我決定去找當時的這幾位室友聚聚。自從大學畢業之後，我們少有往來。

我找到了最美的那位室友，她竟然一點也不受歲月的影響，依然優雅動人。而優雅這種東西，我從前只是以為會出現在貴婦身上。她的優雅高於貴婦們。後者是用權錢堆出來，而她的優雅是骨子裡面的。

我問她為什麼保養這麼好？她說她並沒有刻意去保養，用的護膚品也是稀鬆平常。也許只是因為每天早上上班之前，與丈夫一起散步，偶爾打打羽毛球，算是運動保養了罷。她說話的時候依然帶著當年迷人的淺笑，原來她一直是我們當中最清醒的。

聽了她的甜蜜生活，我心中不是滋味，悻悻然離開了。我在想她追尋了愛情，獲得了比金錢更寶貴的東西，那個東西叫做陪伴。

我找到了最有才華的那位室友，她朝氣蓬勃，談吐之間仍像一位 18 歲對生活充滿幻想的少女。我問她為什麼越活越充滿生命力了？她說她是從無知的純真，再到複雜的嚴肅，最後到看透生命的率真。我問她這些年都在忙些什麼？她說她從未停止探索自己存在的意義，從未停止追求自由意志，一直在拒絕被各種形式的思想束縛。

聽了她的話，我眼眶微紅。她對我說，別哭，來得及，來得及。什麼時候開始為自己鬆綁都不晚。我擁抱了她，她拍拍我的背，我感到溫暖。

我找到了當時的『好友』。她開著一輛已經老舊的豪車來見我，停得老遠。一位小他幾歲的帥哥站在街邊等她。我問她啥時候轉性了？放棄老富豪開始喜歡小鮮肉了？她抽了根菸，嘆了一口氣，哎，真是風水輪流轉，以前我為了錢去找老富豪，現在年輕的男孩為了錢找我這個富婆，都

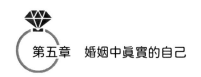

是金錢交易，沒有真感情，老娘這樣的人生到底有個什麼意思？我恐怕這輩子都不會弄懂什麼是愛了。

我說，我想抽你一耳光，知道嗎？她說，我知道。是我當時攛掇你嫁給現在的老公的。看你現在愁眉苦臉的，應該是過得不好。哎，我對不起你。

我知道，並不能怪這位『好友』。當時是我自己選擇的，我並不能怪任何人。我當時選擇了最簡單的路，去受他人意見的影響，沒有問過內心我到底想要什麼？我以為金錢能帶給我幸福，但是我現在的處境，讓我的這個以為變成了諷刺。

我站在人生的十字路口，不知何去何從。但是我心中有個聲音：還不晚。」

【成長祕鑰】

婚姻首先應該是以感情為基礎的，其他的物質條件都可以透過兩個人的奮鬥得到。

在現實中，如果真的發生妻子離家出走這樣的事情，那麼雙方就都有必要理性思考一下，究竟是什麼原因造成現在的局面？

1. 找出離家的原因

負氣、失望、不被理解……女人選擇離家出走的時候，一定是掙扎之後的決定。此刻，結局已經不重要，重要的是另一半是否理解女人離家出走的原因。畢竟，要拉回一個人或許哄一鬨、說說情話對方就會心軟，但若想徹底把心拉回來，恐怕就沒那麼容易了。

2. 反思己過，傾聽對方訴求

一方選擇離家出走，通常是想法和真實訴求未被另一半滿足，那麼另

一半就要先自我反省，避免鑽牛角尖刺激對方。冷靜思考過後，再找個合適的方式妥善處理問題。若是出走的一方在性格或其他方面本身存在一定問題，那麼此時還需要另一半更多地包容，用更巧妙地辦法讓對方回心轉意。還有一種情況是無論一方如何安撫、道歉、改正，另一半仍不為所動，那恐怕便是長期情緒累積所致。

3. 婚姻中沒有絕對地對與錯

如果說婚姻生活是理性的，那麼感情生活更多地是感性的，感性與理性地交織，往往沒有對與錯。但是所有的問題都應該有更好的處理方式。如果每一次矛盾都沒有妥善處理，不疼不癢的感冒也可能發展成癌症、為時已晚。若是明知癥結所在卻依然沒有對症下藥的意向，結局恐怕便是離痛苦的深淵越來越近。

與其糾結誰對誰錯，不如用行動證明一切，讓她看到你真正的改變，並對你有所改觀，重拾對婚姻的期待與希望。

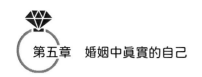

對不起，我今天不想做飯

有句話非常經典——婚姻就像是一座美麗的圍城，不明真相的人擠破頭想要進去，而裡邊的人卻總想著趁著機會往外跑。

其實婚姻本身並沒有什麼所謂的屬性，而婚姻的幸福與不幸福，並不在於一個人先有了物質上的滿足還是精神上的豐盈，而是在於有沒有遇見一個願意與自己同甘共苦的人。

S，36 歲，家庭主婦，孩子 10 歲。

「對不起，我今天不想做飯。」S 第一遍說這句話的時候聲音音量很低，結婚 12 年，S 一直是全職太太，包攬所有的家務。這個家的其他家庭成員已經習慣到家就有熱菜熱飯，廚房和地板永遠乾淨的日子了。剛到家的丈夫以為自己聽錯了，看了看在書房探出腦袋的兒子，似乎想從兒子那裡找到答案，不料兒子也只是搖搖頭。

「什麼？」丈夫皺著眉頭質問。

S 嗅到一股質問的氣息，瞬間放大了音量：「對不起，我今天不想做飯。」

「為什麼？怎麼了？病了？」丈夫追問著。

「我不知道我為什麼要說對不起，這樣弄得好像做飯天生就是我的責任一樣。」S 說，目光越來越堅定，「還有，憑什麼我要生病，才跟請病假似的，才能批准我不做飯？」

「你犯什麼神經呢？有什麼事我們好好說。」丈夫再次看看書房「看戲」的兒子，用種幸災樂禍的眼神看著自己，於是喊了句：「把書房門關上，寫作業去。」

「你今天怎麼這麼反常？不是說好了我們分工合作，我賺錢，你照顧家嗎？」

「分工不是你賺錢，我做家務。分工是我也有自己的工作，分工是家務平攤。」S說。

「你在家裡這麼久，出門能找到什麼工作？」

「只要是能展現我價值的工作，我都願意去學習、去勝任。」

「恩，很勵志。那然後呢？如果我加班，你也工作了，孩子吃什麼？」丈夫問。

「這種情況，可以叫餐，現在外賣很方便。或者不論忙到多晚，1、3、5你做飯，2、4、6我做飯，禮拜天讓孩子自己學習做飯，我們在旁邊指導，會是一個很好的家庭日。如果孩子做砸了我們三一起出去加菜也行。」S說。

「好，我同意。」孩子從書房探出腦袋，雙手贊成。

夫妻倆都笑了，孩子也樂了。

【成長祕鑰】

在現代，一個幸福的家庭，是夫妻雙方都有自己喜歡的工作，都願意主動分擔家務。一方全部承擔工作，或是一方全部承擔家務，都會讓家中怨氣滿滿，不利於從婚姻中獲得幸福感。

1. 女性受困於家務，自我成長的時間壓縮，會出現許多焦慮的情緒。

據調查，如果將女性做家務的時間換算成金錢，一年下來因為家務所產生的勞務費是一個驚人的數額。所以，一位做家務的女性，並不是只是耗費光陰那麼簡單，她們一直在創造無形的價值。

2. 家務的平攤，意味著婚姻關係中男女平等的一項重要里程碑。

夫妻地位平等，相互尊重，是幸福婚姻的基石。一位不受尊重的丈夫、妻子，都是難以堅持維繫婚姻的。

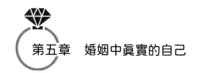
　　一切美好的情感都建立在具有豐富的靈魂的人之間，而靈魂充盈的人必然懂得尊重自己、尊重伴侶、尊重他人。除此之外，夫妻的共同進步也必不可少。既然我們已經明白幸福的婚姻只會出現在兩個靈魂充盈的人之間，那麼如何讓夫妻共同成長，我們將在後面的篇章有提到。

說出自己的渴望

在婚姻中，溝通造成了關鍵性作用。

夫妻在一起生活，難免會遇到一些看似雞毛蒜皮無足輕重的小事，但是如果處理不當，溝通不夠的話很可能會積少成多，最後千里之堤毀於蟻穴，造成婚姻的落幕。

夫妻雙方應該在一起多交流，常溝通，無論有事沒事，都可以坐下來談談心，聊聊天，把想說的話說出來，包括你對另一半、這個家庭的渴望，讓彼此加深互相之間的了解。

R，男，48 歲，公務員，兩個孩子。

R 說：「半輩子過去了，我才弄明白，一直以來，我是一個逆來順受的人。所以常常被妻子和孩子們忽略。

我的父親也是一名公務員，因為一次車禍，失去了工作。我的母親承擔起一切的家庭生計，她變得急躁和憤怒。從小，我不敢提出任何要求，因為我的要求對失業的父親而言是一種刺痛，他無能為力的眼神也會讓我感到內疚。對母親我更加不敢提出要求，她忙出忙進，不等我說出口，她就會將我的話噎回去，彷彿我開口說話就已經是一件麻煩事了。

母親似乎更喜歡姐姐。因為姐姐能幫助她做不少家務，而我似乎顯得多餘。我能做的只有盡量在學習上優秀，因為只有我拿到獎狀的那一刻，他們才會摸摸我的頭，讓我能感受到我也是這個家裡重要的一員。

長大以後，我的生存模式沿襲小時候的模式，盡量優秀，不給人添麻煩。我的性格贏得了我的妻子的青睞，我也曾經慶幸自己的幸運。

直到一場大病之後，我開始厭倦了面對他人的責罵我默不作聲，他人的誤會我不辯駁。我的人生已過去這麼多，而我從未為自己真正活過一

111

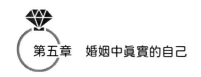

天。一直以來，我活的方式只是我認為別人想要我成為的樣子。

但是當我有所變化時，嘗試做自己想做的事，我的妻子似乎難以接受。她認為我不愛她了，甚至懷疑我有外遇。對此我十分苦惱。開始退回原來的樣子，她才開始感到安心。但是我，心中鬱悶。為了家和萬事興，我曾想過我還是老老實實這麼活一輩子吧。

再一次刺激到我的事，是在半年之後我生日那天。樓下同事和我同一天生日，公司的同事從早上就為他發祝福的資訊，他妻子也早早為他煮了長壽麵，孩子們的禮物也在中午的時候送到他的手中。這些都是我在他朋友圈看到的，我為他點贊，我實在太羨慕了。

而我，好像被全世界遺忘了，所有人都忽略了我的存在。孩子也不會給自己送禮物，他們認為我不會需要，久而久之也不會特意記住我的生日。他們當然會這麼認為，因為我從來不會要求什麼，哪怕是一些能讓我高興的事情。

期待了一天，我想妻子一定會記得吧。一句祝福的話，一個擁抱也好。直到晚上，我提了一句，她說：『哦，這麼大歲數了，還瞎講究啥。』我呵呵一笑，轉過身去。因為從小逆來順受的性格，讓我閉口不提自己的感受，同樣的，這次我也不會去爭取屬於自己的那份溫暖。

我多想對妻子說：『年紀大又怎麼了？我還是會很喜歡你們在乎我的感覺啊！』

我多想對孩子們說：『你們把我這個老爸忘記了嗎？我可一天都在等著你們的祝福了！趕快回家陪我！』

從今以後，我會慢慢開始練習，而我也希望我的妻子能接受我的真實。我想，我需要和她好好談談。

【成長祕鑰】

　　每個人的內心都渴望被尊重，家庭成員之間的互相尊重也是必不可少的。注重溝通，了解彼此的渴望，會讓家庭成員之間更溫暖。

1. 溝通的講究 —— 方式和時間

　　溝通不只是說話那麼簡單，要講究方式和時間，正確的溝通方式和時間會造成事半功倍的效果有人說，溝通有什麼難的，不就是在一起說話聊天嘛。其實，溝通還真的不只是說說話，聊聊天那麼簡單。

　　只有在正確的時間裡做一次恰到好處的溝通，才會造成意想不到的效果。至於什麼是正確的時間，那就要看具體的事情了。如果誤會發生了，但是在誤會發生的第一時間，若能夠給對方安慰，並且把事情都講清楚，那麼夫妻之間的誤會也就不會越來越深。

2. 常溝通，加固婚姻的城牆，增加婚姻的幸福指數

　　溝通是互相袒露心跡，互相加深了解。

　　夫妻間的很多問題都是可以透過溝通來解決的。既然能夠走到一起，那就是緣分，又有什麼是不能說的呢？

　　在一起交流越多，溝通越多，夫妻之間互相了解的就越深入，了解的就越多，很多矛盾就不會發生。希望已婚的朋友們能夠多花點時間坐下來談談心，多交流溝通，不要讓不必要的誤會導致婚姻的破裂。研究顯示，溝通的次數決定了夫妻生活的幸福指數，溝通越多，幸福指數就越高，兩人在一起生活的也就越幸福。

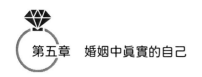
怎麼才能接納自己？　　　　

一個人真正的自信不是穿得多麼光彩照人，把所有事都做到完美，而是真正地接納自己的一切。包括自己的優缺點、現狀和婚姻生活。

「悅人者眾，悅己者王。」

那麼，你了解自己嗎，喜歡自己嗎？仔細想一想，你的自我接納度有多高？看看下面這位主編是如何面對自己的吧。

L，女，32歲，某旅行APP主編，結婚2年。

「怎麼才能真正認識自己？接納自己」。L在電話中問我。

而我反問她：「你覺得你該怎麼做才能接納你自己？」

從前的我很熱衷於回答這類問題，因為這已經是我思考無數次的問題，有了一套我自己認為非常滿意的答案。但隨著時間推移，我發現每個人身體內部都有自己解決問題的能力，很可能他們在尋求開導的時候，心中答案已經由無意識提到潛意識層面了。所以現在的我會嘗試在引導對方自己解決之後再定奪是否要做出補充。

現在找我交談的許多夫妻和以前已經大為不同。以前的夫妻許多會因為已經出現了危機才尋求幫助，而現在的夫妻是在幸福的基礎上去探索更大的幸福，現在新一代的夫妻更在乎彼此是否在共同成長，更在乎自身獨立的精神世界，這些健康夫妻既融合又獨立的現象讓我感到十分愉快。

以下是L的內在探索：

「總要在同一件事情上犯許多錯才能做到。」這是我以前的情況，L說。

「比如我會失戀幾次，才發現我的擇偶觀存在問題；比如我會在一個朋友那裡吃閉門羹很多次，失落萬分；比如我換了幾份工作，發現沒有一

個適合我。我也曾否認自己，是不是我找不到真愛了，是不是我交不到好的朋友了，是不是我能力水準真的太差無法在社會上立足？答案是，並沒有。我並沒有我想像的那麼糟，甚至恰巧相反。

以前失戀的原因，是因為我誤認為伴侶要求的物質水準很高，才能作為交往的對象，其實不是。物質水準不是確定幸福的基礎，對方的品質和與我之間的愛，才是幸福的基礎。意識到之後，我找到了現在的老公，我們很幸福。

至於朋友在休假的時候仍拒絕我的邀請，比如一起咖啡、宵夜，我看是因為他根本沒有把我當成真正的朋友，換言之，他並沒有欣賞我。朋友之間維繫友情的東西是一種相互欣賞的感覺，既然我們之間沒有，我無需勉強。後來，我遇到了現在最好的朋友，我們相互欣賞，感情深厚。

至於工作，我現在的工作能養活自己而且自由。回想之前的工作經歷，無一例外是工作時間和環境束縛著我，叫我難以呼吸。所以，我換工作不是我沒有能力，而是我一直在尋找屬於我自己的職業。

說了這麼多，我想表達的是，以前我的受挫和彎路，可能只是表面上看起來是痛苦的，它的背後也許是轉機，是推向我找到自己想要生活的重要力量。」

【成長祕鑰】

聽完 L 的內在探索，我感到我現在的傾聽比從前的評判真的有效多了。在 L 說到了關於「接納」這個命題，我真心認為：完美是種病，在知足常樂的前提下去完善自己，而不是追求完美，世界上沒有人是完美的。只是，接納真正的自己不等於自戀，我們應該循序漸進地依照這幾個層面來接納自己：

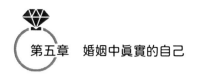

1. 第一步：思考模式的接納

說到接納真實的自己，我認為首先要接受自己的思考模式，處理問題的方式，接受自己遇到的挫折，這通常是接納自己的第一步。

2. 第二步：生理的接納

我們的容貌、體型，無論高矮胖瘦，又或者有殘缺，都要無條件接納，因為這是獨一無二的你。

3. 第三步：精神的接納

你的價值感，你如何看待自己，你如何看待他人，你如何看待這個世界以及世界所涵蓋的文化。

4. 第四步：成長的接納

父母的不夠完美，自己曾犯下的錯，以往的經歷，所受的教育等等。接納它們，它們構成了你。

怎樣才能接受自己「渺小」？

一個人，只有先認識到「渺小」的自己，才能成就「偉大」的自己。無論是個人成長、還是在婚姻中的成長，「渺小」都是我們必須要認識到的一件事。真正偉大的人首先一定是一個成熟的人，成熟的首要表現就是認識到自己的「渺小」後，能夠準確切入自己的位置和目標。而現實中的我們大多數時候都在被灌輸「成熟就是變強、變得偉大」類似的思想。殊不知，只想要變強、變為大，而沒有人生的座標，這樣的「旅人」恐怕很難找到人生的「歸途」。

N，男，27 歲，結婚 1 年，妻子懷孕 6 個月。

「老師，您覺得我們怎麼樣才能接受渺小的事實？」N 問。

「你這麼問的原因是什麼？」下課的時候，我一邊整理檔案，一邊看著一旁 N 沮喪的臉反問他。

「我有點後悔自己結婚早了，還沒有實現自己的許多可能。現在孩子要出生了，我感覺自己都沒有準備好。我現在只是一個公司的小職員，職場競爭激烈，前途看起來黯淡無光。」他說。

「所以你現在因為生活和事業有許多未知，感到恐懼，所以開始自我否定了嗎？」我問。

「您真是一針見血。其實大學剛畢業當下，我意氣風發，感覺全世界都在我腳下，但是隨著時間推移，我慢慢發現自己的能力有限。我沒有同事會耍小聰明，討上司歡心；也沒有能力在上班的時候請保母來照顧我的妻子，這是我在婚前承諾過她的。」他看起來給了自己很大的壓力，說完重重地嘆了口氣。

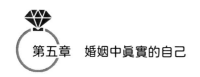

「我們一個問題一個問題來梳理。先談談你的妻子，她介意沒有保母照顧她這件事嗎？」

「不介意，她說她能照顧好自己。她很善良、體貼。完全沒拿這件事說事。」

「你很幸運。」我說。

「謝謝。正因為如此我才迫不及待想娶她做我的妻子。許多男人總是想在 30 歲事業小有所成以後再成家，但是那個時候又一定能遇到像我妻子這麼愛我，這麼體貼的女人嗎？我看未必。」他為自己明智的選擇而感到滿意。

「在這個問題上你已經有答案了。雖然婚姻讓你放慢了事業的腳步，但是加快了你人生的程式，而事業也僅僅是人生的一部分而已。」我說。

「是啊。」N 重重撥出一口氣。

「我們來探討你的另一個困擾。你說在工作上你不像其他同事會討好上司去贏得上升的機會。那麼，是因為你不願意討好，還是不會討好？」我問。

「我不願意，我不喜歡拍馬屁，說些虛偽的話讓我覺得受罪，感覺自己像電影裡演的小人似的。」N 聳聳肩，皺了皺眉。

「這個問題其實你也已經有答案了。只是需要有個人來告訴你，其實表面上看起來你事業上沒有帶來地位上的肯定，但是內心已經有人格上的肯定了。人擁有內在的美德比外界的地位更值得稱讚。做你自己，到我這個年紀，你最終能感受到自己對正直的堅持多麼的重要。」我拍拍他的肩膀，當作鼓勵。

「謝謝。我想我眼前該做的是，回家抱抱我的妻子。然後告訴她，我很愛她。然後在公司找機會換到一個正直公正的老闆手下工作，這樣我也

不覺得彆扭了，機會也對我而言公平了。」他真的很有靈性，我喜歡和他的這番對話。

【成長祕鑰】

我們都是宇宙中輕如鴻毛的一粒塵埃，任何偉大的故事在歷史的長河中也總是顯得微不足道。許多人認識到自己的渺小之後會變得悲觀，這就有點矯枉過正了。那應該怎麼辦呢？

1. 先認識到「渺小」，再去努力成就「偉大」。

我們認識到自己渺小，不代表我們要失去對生活的熱情。我曾聽過這麼一句話：認識到自己渺小之後，才能做出偉大的事情。

比如一個企業家，只有認識到自己力量的渺小，才會珍惜員工的意見，重視群眾的力量。不要過於高估自己，也不要過於低估自己，學會給自己客觀的評價。在遭遇生活重大挫折事件之後，我們能夠從該事件中總結經驗，下次成功避免重蹈覆轍之後，我們就會對曾經的挫折充滿感激。

2. 沒有不合理的比較就沒有失望

我們最終都會死去，我們活著的時候，盡量使自己保持輕鬆愉快，才算不枉此生。當我們面對大山大海時，我們顯得渺小，那個時候我們渺小又是那麼心甘情願。因為我們無法與大自然做比較，所以我們沒有比較心，也就沒有渺小感所帶來的沮喪和失望。

119

第六章
婚姻中的自由空間

裴多菲在《自由與愛情》這首詩中曾寫道「生命誠可貴，愛情價更高。若為自由故，二者皆可拋。」從中可以看到，對於人類來說，自由就像是空氣，離開了自由，我們也就與死無異了。

婚姻中，「自由」永遠都是一個為人津津樂道的話題，也有許多人對婚姻自由度把握不當，導致離異。婚姻不是放羊，隨它漫山遍野的跑；婚姻更不是綁架，完全限制對方的自由。管束太嚴，就像勒住了對方的脖子，使得對方無法呼吸，那樣的婚姻又豈能長久？

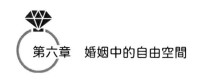

婚後該不該交朋友？

　　有人曾這樣評價友情：「友情，是一葉扁舟的纖纖雙槳；友情，是一袋沙漠中行走的水囊；友情，是一道黎明前的曙光。」無論多麼華麗的讚美語句，都無法描述盡友情在我們生活中的作用。

　　有人曾這樣描述愛情：「愛情就像是空氣，雖然看不見，但是從來都不能缺少。」可見，愛情對於我們來說，同樣是生活中必不可少的。

　　作為構築完美人生的三大基石 —— 愛情，親情，友情，三者就像是一個穩固的三腳架，緊緊的連線在一起，使人生不會鬆動。如果三者中斷掉了任意一根，生活就將不再穩固。在婚姻生活中，一個聰明的愛人絕對不會剝奪對方的友情，因為他明白友情對於一個人的重要性。

　　D，女，29 歲，鋼琴老師，結婚 5 年，孩子 4 歲。

　　「陪我逛街吧，然後一起吃頓火鍋。我心情不好，工作上遇到點挫折，感覺很失落。」D 對朋友說。

　　「好啊，但是你確定你老公不會介意嗎？我看你還是提前給他打聲招呼比較好。」朋友說。

　　「行，你等我訊息」D 說。

　　「喂，老公。你今天能早點回家嗎？我工作上遇到點不開心的事，打算和朋友去吃火鍋聊一聊。」D 說。

　　「老婆，你咋啦？有啥事跟我說不行嗎？」D 的老公說。

　　「行啊，到家給你說好嗎？今天孩子就拜託爸爸去幼稚園接了。」D 說。

　　「好，你早點回來。」D 的老公說。

　　「恩，一定。」D 說。

這天的 D 因為補習班有一位家長說自己的孩子學習沒有進步，指責老師不負責。D 雖然在二樓，但是也能將一樓家長拍桌子的聲音聽得一清二楚。

D 捫心自問，自己對每一個孩子都十分用心。因為努力教學，卻沒有成效，心中十分難受。因為不想在家中哭泣，所以才找來最好的朋友在外面傾訴一番。

事實上，只要是人，誰都有不開心的時候。

心情不好的時候 D 喜歡吃火鍋，認為沒有吃火鍋解決不了的問題，一頓不夠就兩頓。

為什麼我們會心情不好？

我們平時看到的誘發性事件並不是導致我們心情不好的根本原因。深層原因是因為我們渴望更多。比如需要更好的工作、需要受到更大的尊重等等。如果我們內心的需要得不到滿足，就會對此感到失落，其實是一種對追求上進的需要，失落是存在積極面的。

中國人較為含蓄，一般不太樂於表達自己內心的感受。很多時候我們會認為把自己的內心真實感受說出來是一種弱者的行為，事實上恰巧相反。據研究顯示，把內心感受表達的群體具有更高的自信。找一個信任的人表達所壓抑的情緒，長此以往有助於從根源上治癒失落感，這個時候友情就展現出價值了。

友情，是人類最好的社會支持系統，能幫助我們緩解心中傷痛。看到這裡一定有人會問，難道愛情、親情沒有這個功能嗎？當然有，甚至更多。但是如果我們硬將友情可以化解的事情也分配給愛情和親情，那它們該多忙啊。

當然，許多美妙的婚姻中，夫妻倆也承擔這友情的角色，但是在一起

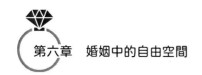

生活久了，有時候並不能面面俱到，很難每句話都能講到我們的心坎上。如果友情就能把開導我們的事情做完，輕輕鬆鬆回到家中陪伴侶和孩子，何樂而不為呢？往往在朋友那邊平復情緒之後，回到家中和伴侶的溝通更融洽。

【成長祕鑰】

　　我見過太多夫妻帶著工作的情緒回家，接著再把負面情緒轉移到伴侶身上，甚至是孩子身上，給婚姻家庭造成傷害。與其如此，不如在外面就把情緒問題消化掉，豈不更好？上哪裡去消化、讓誰幫你消化？此時，友情的重要作用就顯現出來了。許多夫妻結婚之後丟掉了友情，將兩人困在一座狹小的圈子裡，從長遠來看，是不利於婚姻良性發展的。我的建議是：

1. 認識他的朋友，了解他的朋友，從而去更深入地了解他

　　愛人的朋友有什麼用？他們的作用很大。他們不僅可以在適當的時候幫忙解決生活中遇到的難題，而且，你還可以透過他們更好的了解自己的愛人。畢竟愛人的朋友們已經跟他在一起生活多年，對他的生活習慣也有所了解，他喜歡什麼，不喜歡什麼，都可以從他的朋友那裡了解到。這樣，在婚姻生活中就可以少走很多彎路。

　　既然結合成為一個家庭，就要互相多一份諒解，多一份寬容，就要互相融入到對方的生活中，做到你中有我，我中有你，那樣，生活才會更加幸福。應該和愛人的那些朋友們常在一起交流，在他們談話的時候可以多做旁聽，了解自己愛人在自己面前難以展示的一面。只有互相了解的夠徹底，才能在一起幸福的生活。

2. 留下一份友情，保住一份愛情

　　一個籬笆三個樁，一個好漢三個幫，人生在世會遇見各式各樣的困難，少不了需要朋友的幫助。尤其作為男人，更是需要一份牢固的友情。不要害怕愛人的友情會奪走你的愛情，更不能試圖去拿走對方的友情。

　　理性的夫妻會把握好朋友的尺度，在愛情與友情間做出理智的判斷，不會讓它們彼此間起衝突。當然，愛情與友情本身是互相聯繫在一起的，對方的愛情有時會成為自己美滿婚姻的一道保障。給對方留下那份來之不易的友情，同樣可以為自己保住那份同樣得來不易的愛情！

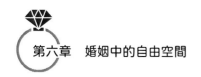

他想一個人去旅行

婚姻不是墓地，不是牢房，婚姻是愛情的升級，婚姻需要自由。

有人說：「愛情像一隻風箏，線不能扯得太緊，太緊了，不是撞斷，就是風箏一頭栽倒在地。」若是想放好這隻愛情的風箏，就必須給予它自由的空間，只有給予對方一定的自由空間，婚姻才能在自由輕鬆的環境中度過，才能使夫妻雙方互敬互愛，自由生活。而擁有了自由，就擁有了讓婚姻存在下去的必要；擁有了自由，就擁有了為美好生活奮鬥的動力；擁有了自由，才會使婚姻更加牢固，更加美滿。記住，為對方留有一定空間，就是為婚姻留有一條走向幸福的道路。

Q，女，28歲，結婚前。

Q說：「我們準備下個月結婚，婚前我們聊了很多，彼此對互相婚後的想法非常認同，唯獨在婚後旅行這一點上。

他在結婚前很喜歡一個人自己旅行，我當時就是被他這一點吸引的。一個人獨自去看大好河山，活的瀟瀟灑灑，讓我羨慕。我當時只要想像著和他旅行的畫面，就會覺得很幸福。但是結婚後，他仍想像婚前一樣一個人去旅行，這讓我有些接受不了。

他因為一個習慣吸引我，又因為同一個習慣讓我望而卻步。我知道男人獨自旅行，會面對怎樣的誘惑，想到這些就讓我很不開心。他無論怎麼講道理，無論怎麼哄我，我還是很難接受。直到最後，我拿出了殺手鐧。

『如果你可以獨自去旅行，那麼我也可以，對嗎？』我問。

『你......不行。』他猶豫了一下，肯定地拒絕了我。

『為什麼？』我明知他的理由，但是仍然追問，就是想聽他怎麼回答。

『你是女人，一個人旅行很危險。』他振振有詞。

『不會的，我不會太晚出門，也不會去偏僻的地方，而且隨身帶著防狼噴霧。』我說。

『還是不行。』

『那你這樣就有點片面道理的意思了。你可以獨自去旅行，而我哪都不能去？不公平，我不接受。』

『你在旅行時萬一有豔遇，移情別戀怎麼辦？』他癟癟嘴。

『哦，所以這才是你擔心的。難道你沒有這個機率嗎？在旅行中豔遇，然後移情別戀？』我表面生氣，內心已經開始高興起來，我知道我勝利在望了。結果要麼是我們婚後一起旅行，要麼我也能單獨旅行。

『那算了，婚後，我們還是一起旅行吧。這樣誰也不用瞎操心了。』他果然妥協了，我開心地擁抱了他。」

Q 透過要求自己單獨旅行，能讓丈夫設身處地地想像妻子一個人在外可能面對的誘惑，心生妒意，反而心甘情願妥協，去調整婚前的習慣，接受兩個人一起旅行。妻子既沒有真正去做出格的事情，只不過是展開一些討論和想像，就達到了丈夫更珍惜自己的效果。

【成長祕鑰】

婚後，我們從一個單身的狀態，變成兩個人相依相伴。夫妻雙方偶爾能激發對方相互占有的妒意，有時候是愛火再次燃起的催化劑。不見得是一件壞事。我聽說許多妻子或者丈夫，非常害怕讓對方吃醋，擔心對方會放棄自己。這種擔心是對越界之後的擔心，不無道理。但是如果能有分寸，把握其中的度，能增加不少生活情趣。

1. 守住底線，婚姻不是冒險

我聽過婚後多年的夫妻，妻子因為想試探丈夫是否愛自己，真的去出

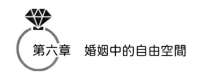
軌，想讓丈夫妒忌，來證明對自己的愛，結果換來的是丈夫的厭惡。真的去出軌這個風險真的太大了，不值得冒著破壞婚姻的風險去試探。如果想試探，不如將行動換做探討：「老公啊，你現在都不在乎我了，如果萬一我愛上了別人可怎麼辦啊？」他光是聽聽就頭腦發熱，可能當時因為男人的防禦機制而說一些反擊的話，但是保準不出一個禮拜，他會完成對自己的審視：我是否忽略了我的妻子太多，她才會這麼說？

同樣的，丈夫如果覺得婚姻麻木平淡，覺得妻子整天指責自己無能。快要忍不住出軌去外面尋求安慰的時候，不如剋制自己危險的念頭，去調戲般地問問妻子：「老婆啊，你每天對我這麼凶，如果我扛不住了，去外面找尋安慰可怎麼辦啊？」妻子聽完保證更火大，但是回頭她也一定會去審視自己是不是太凶惡了，考慮要不要溫柔一些。真正出軌的代價太高，在婚姻麻木平淡期，一定要守護住自己的底線。否則很有可能換來此後人生的淒涼。

2. 管束有度，給對方自由的親密。

自由的親密，我認為，是行為有約束，但是言論有自由。夫妻之間展開一些想像，交流一下對方害怕的事情，看起來危險，說不定有改善婚姻的效果。但是這個辦法只適用有高素質，善於自省的夫妻之間。切勿大膽嘗試。

婚姻中管束要有度，應該給對方多一些自由呼吸的空間。

每個人都渴望擁有屬於自己的自由，被剝奪了自由，就像是被剝奪了呼吸的權利。管束太嚴，沒有自由呼吸的空間，婚姻難以維持；不加管束，又怕對方出軌，鬧出婚外戀。婚姻中的管束是有必要的，但是管的太嚴，事情反而會走向另一個極端，因此，在婚姻中的管束要有「度」。有

些事情可以管束，並且可以「立法三章」作為準則對雙方共同進行約束。但是有些事情是不能管的，這些事情是屬於個人的自由空間，一個人的自由空間被剝奪，遲早是要反抗的，等反抗到來的時候，就是婚姻破裂的時候了。

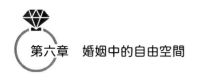

結婚以後，我失去了朋友

　　結婚對於每個人來說，理應是幸福和快樂的。但是由於婚後和婚前相比少了很多的「自由」。一時間，飯局、酒局、外出活動少了很多。甚至有些人婚後基本上和朋友就少了往來、斷了聯繫。對此，很多人懷疑，難道結婚真的要以「失去朋友」為代價嗎？結了婚就不該擁有自己的朋友嗎？

　　K，女，結婚 5 年，孩子 3 歲。

　　K 說：「我在結婚之後，似乎所有的朋友都不跟我往來了。我覺得是因為朋友們大多單身，嫉妒我的幸福。所以我只敢在我吵架的時候找她們。如果我過得好的時候找她們好像是在炫耀自己的快樂似的。

　　最近一次找我以前的閨蜜，她很久沒跟我聯繫了。因為放心不下孩子在家，我把孩子也帶上了。到了咖啡店剛沒說幾句話，孩子不停地哭鬧，我頭都大了。我看到她的表情也不太好，她一直不喜歡小孩，我知道的。

　　我可能會失去這個朋友。她既沒有結婚，又沒有孩子，我們快沒有共同話題了。但是我很難過的是，如果連她都不聯繫，我恐怕沒有說話的人了。結婚之後，這幾年帶孩子，在孩子睡著以後，我經常感到很孤獨。常常會想：難道我的一輩子就這樣了嗎？

　　我的丈夫並不鼓勵我出去工作，說那是沒本事的男人才幹得出來的事。但是我知道他說的不對。一個女人要有工作，有自己的朋友，才算真正的新時代的女性，才在家裡有發言權。不然就像舊時代的女人一樣了。家裡寬裕是一回事，但是我追求上進是另一回事。我感覺他在阻礙我。我本來以為可以在閨蜜那裡尋求支持，但是因為孩子哭鬧沒說幾句，我們就分開了。哎，我現在迷茫得很吶。」

【成長祕鑰】

女人生了孩子以後，在孩子幼年時母親基本上三句不離「屎尿屁」。那麼願意和她們交流的人只有同樣是成為母親的女人了，選擇範圍是很小的。如果帶上幼小的孩子去見尚未成家的友人，是非常不合適的，孩子在一旁哭鬧，很顯然是無法好好交談的，也會讓朋友不知所措。所以剛成為母親的前幾年，如果處理不當，基本上失去了擁有社交的可能。

孩子可以託父母或者丈夫帶一下，自己偶爾去找朋友當作小休假，是人之常情。許多母親將帶孩子全權當作自己的責任，而忘記了丈夫也是孩子的父親，也有義務分擔。當然，這對沒有經濟收入的主婦來說是難以開口的，但需要嘗試，獲得自己的主動權。

1. 每個人都需要朋友，無關於是否結婚

每個人都需要朋友，結婚後的夫妻更是。夫妻之間很難出現既是親人、又是戀人、朋友、同事的情況。因為彼此的熟悉程度，很難為對方的一些事情做出客觀評價，這個時候便需要友誼。而許多女人在結婚之後便捨去友誼，內心認為我結婚了，朋友們一定不願意跟我做朋友吧，按照自己的想法，開始疏離朋友。

若夫妻一直和諧美滿當然很好，如果偶爾有一兩次吵架心中委屈卻沒處傾訴，可就痛苦了。我認為婚後以健康的心態保持友誼是十分重要的。據我了解，許多未婚的朋友在抱怨：「她結婚之後就不再跟我們聯繫，好像我們只是她結婚之前打發時間、無關緊要的朋友一般。」

2. 婚前婚後，友人大不同

很多女人婚後會設定了：我的朋友們一定會因為我結婚而不再願意跟我做朋友。然後開始疏離自己的朋友，最後導致：被疏離的朋友覺得她不

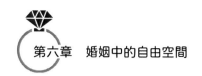

再需要朋友而離去。這個時候已婚女人會想：看啊，果然，朋友們不需要我。這其實是因為設定了結果而把事情的經過往自己想像的結果上去靠攏，結果真的發生了。

還有另外一種情況是，已婚女人對婚姻沒有信心，會擔心自己的好朋友吸引走了自己的老公，讓自己淪為雙重背叛的可憐女人。我想說的是，其實大可不必擔心。若真是不忠誠的丈夫，在哪都不忠誠，擔心也沒用。若是忠誠的丈夫，你何必擔心？

3. 不把心事藏心底

我有一位女性朋友的做法，我認為十分可取。她性格率真，不喜歡把心事藏在心底。當未婚夫和自己的閨蜜見面以後，她直接在飯桌上問：「你們不會背叛我吧？如果你們互相喜歡，你們就在一起，我祝福你們，但你們千萬不能騙我。」丈夫嚇得當場就跟妻子求了婚，以明心志。

她的做法好在哪兒？直接將可能會有曖昧的火捻滅了。因為曖昧是需要神祕作為土壤的，當她直接拿到桌面上說，曖昧的感覺便難以發生，即便是動了念頭，也會內疚不堪。而一份感情建立在無畏之上，內疚往往難以發展。

為什麼說我不懂她？

　　婚姻裡最大的代溝莫過於「你以為他不懂你」，「他以為你不愛她」。

　　很多人認為，結了婚便是生活過日子，柴米油鹽，老人孩子。無形中忽略了和對方之間架一座「心橋」。甚至懶得揣摩對方的小心思，本該有的儀式感變成了可以將就。直到對方遇到事情時明明只是需要對方一句安慰的話語，不料卻等來一盆冷水。愛情之火就這麼被澆滅，最終只剩無盡的冷落、猜疑與遺憾。

　　所以，不妨仔細想一想，另一邊為什麼會說你不懂她？

　　P：男，29 歲，插畫師，與未婚妻的婚禮正在籌劃中。

　　在雨後的晴空裡，麻雀在樹上吱叫使人略感單調。P 拿著本書坐在楊樹下看，等著即將來赴約的女友，心中也不算枯燥。P 與未婚妻 S 交往 4 年，仍是濃情蜜意，雖偶爾有些許小矛盾，但並不影響感情。

　　近來這個月裡，他們的矛盾似乎有些升級，而這些升級的問題常常由「你不懂我！」產生。這話縈繞在 P 心中，一直使 P 頗為害怕。P 本不是懦弱的男性，但是 P 這人真的就是天不怕地不怕，唯獨怕女人說「你不懂我」。

　　為什麼？

　　原因有二。

　　一是此前的一段失敗戀情也是敗於「不懂她」；二是 P 十分珍惜來之不易的感情。

　　於是 P 去學習了一番，重點了解為什麼她總說不懂她。其實原因大概有以下幾點：

　　首先，P 壓根就沒理解她的意思。她需要多表達一些自己的想法意思，讓 P 清楚地知道她的真實感受。

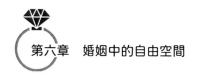

其次，她可能有什麼礙於情面不好說的事情，難以啟齒，所以故意不想讓 P 明白。

再次，她對自己的了解還有限，需要更多發現自己。但是這是個漫長的過程，很多人需要一生的時間去了解自己。

最後，P 比她更懂她，她卻還為 P 不懂而火大。這往往就是誤會產生的源頭。

思緒被從身後輕拍逗 P 的未婚妻拉回來，她今天似乎心情不錯。P 問她想去哪裡，有什麼建議嗎？她很樂意說了一些。現在的他們雖然沒有熱戀時的你儂我儂，卻多了一些和諧舒適的狀態。

只因為，P 把他所了解的「關於懂不懂對方」的心得體會都全盤告訴她。同時開始多問問她的意見，她也問問他的。一來二往，也倒成了良性循環。慢慢也就更懂對方了。

【成長祕鑰】

過分在乎別人的理解本身就會帶來困擾。理解這種東西是不能強求的，「強扭的瓜不甜」在理解這件事上也是一樣的道理。如果我們能接受別人不理解我們，本身就是對不理解的一種理解。除了給予充分的理解，學會換位思考、多為對方著想，就會少一點自怨自艾，多一片陽光明媚。

1. 換位思考是一把解決問題的利刃。

夫妻在一起生活，會遇到各種事情，如果只是一直站在自己的位置上看待問題，很可能會因為關係到自己的切身利益而做出錯誤的判斷，總是會覺得對方欠了自己什麼東西，對方必須得償還。可是對方真的欠自己什麼嗎？顯然不是，只是因為考慮自己的事情太多，才導致出現這樣的「邏輯混亂」。

在遇到事情的時候不妨站在對方的角度去考慮一下問題，想想如果自己處在他的位置上，自己又會做出什麼不一樣的決定。那樣很多事情都可以迎刃而解，也就不會產生那麼多的誤會。

2. 多講情少講理，事事不要分的那麼清楚

婚姻中不需要太多的理由，兩個人生活在一起最終要的是情感，當情感消失殆盡你用什麼來維持你的婚姻？金錢、事業這些只能是我們的婚姻生活更加豐富多彩，卻不能給與婚姻內在的幸福，如果把在社會中為人處世的一套理論拿到婚姻上來應用，我想會是你的婚姻加劇破碎。

簡簡單單的愛，才是最不平凡的愛。女人喜歡在老公面前嘮叨，這事往往是她需要幫助，最脆弱的時候這事應該學會去傾聽，用你的愛來構起安全的屏障。

第七章
當愛即將消失

　　在婚姻中，兩個人的愛情就像是雲霄飛車，有平坦地開始，也有起伏的山巔，而有時又會瞬間回到平地。而一段平靜過後，你可能會覺得少了點在山巔時的那種熱情，沒有了對婚姻的期待。往往熱情過後，便是愛情慢慢在消失。很多夫妻走著走著就忘記了愛情剛萌芽時彼此的初心。其實，無論是婚姻中的男女，都應該用智慧來面對和維護熱情過後，漸漸消失的愛情。

換偶夫妻

「換偶」，是指兩對或以上夫婦互相交換配偶進行性交。這種非同尋常的性交易關係，其實早已存在。但從文化的角度解讀，換妻又不僅僅是性交易，它具有相當的社會含義。近幾年，「換偶」在義大利等一些開放度較高的歐美國家愈來愈盛行。而在傳統觀念根深蒂固的華人圈，現代社會並不認可也不盛行這種違背道德倫理的行為。對於「換偶」，大多數人感到不齒和無法接受，這種行為更是違背了中華傳統道德理論。當然，我個人也不推崇這種維繫愛情的方式，除非兩個人是像下面這對藝術家夫妻那樣，首先在思維和道德上能接受這種方式。

L 和 W 夫妻，藝術家，結婚 10 年。

在三年前，他們曾鬧過一次離婚，似乎無可挽回。他們感覺每一天的生活都非常漫長、難熬。他們倆對婚姻失去了熱情，創作上也都遇到了瓶頸。回憶當初他們相愛的時刻，那時候一切都顯得奇幻、美妙。

他們沒日沒夜地做愛，醉得天昏地暗也不忘熱情地談論彼此的夢想。他們很清楚，彼此是自己的靈魂伴侶，直到三年前，哪怕生活缺乏熱情的時候，他們依然努力相信彼此是此生最愛。

他們不願分開，但也很清楚彼此不再為自己帶來熱情。他們需要改變這個處境，但他們又不想背叛對方。撒謊對他們而言是一件痛苦得要命的事情。他們陷入了兩難。一次偶然的機會他們加入了換偶俱樂部，挽救他們情感。在俱樂部中 L 妒忌別的男人與妻子曖昧，L 的妻子也妒忌別的女人與 L 親密。他們彼此在純粹的肉體釋放之後，回到了生活，重新燃起了熱情，發現對方如此迷人，有種重新陷入愛河的感覺。

他講出他的故事並不是鼓勵大家換偶，因為這是挑戰習俗的做法，就

好像許多人選擇不結婚，也是挑戰習俗的做法一樣。但應該尊重每個人的意願。也許他們這對夫妻有些不可思議，但是他們寧可選擇誠實，也不願意欺騙對方去找尋熱情。他們寧可經過對方的同意，這才是尊重。

這對夫妻是一對藝術家，他們的觀點相對來說較普通人超前。換偶活動實際上是一種夫妻雙方同意的肉體出軌，精神不出軌的行為。換種說法，夫妻雙方同意，是換偶；一方不同意，是出軌。

【成長祕鑰】

換偶的人的心理一般是三種：審美疲勞、好奇心、體驗新經驗。在天主教國家，換偶的比例高達 30%，因為天主教離婚是不被允許的。

1. 客觀評價「換偶」

有人這麼評價夫妻換偶，認為將自己的妻子換出去是賠了，將丈夫換出去是賺了？我認為這個觀點十分可笑。因為這種說法仍舊將女性享受性生活放在從屬地位。女性和男性同樣擁有平等享受性生活的權力。

現在的婚姻出軌率很高，出軌伴隨著撒謊、欺騙、冷暴力都十分破壞情感。如果實在按捺不住想出軌的妻子或者丈夫們，不如溝通一下換偶，也比出軌來得好。據調查，換偶的夫妻恰巧都是感情非常好的夫妻，才能接受彼此偶然的肉體出軌。

當然，如果你們恰好是萬裡挑一的那一對，你們彼此終生充滿熱情，熱情不減，那麼恭喜你們，你們是這世上最幸運的夫妻。

2. 凡事尊重為先，想想自己是否能接受這種道德淪喪的行為

在很多人看來，所謂的「換偶」實際上是人性道德的淪喪。從側面也折射出了現代社會人性的弱點和精神世界的醜陋，以及無止境的慾望。就算「換偶」過程中的性和愛是分離的，但是感覺確實貫通的。凡事都有兩

面性，近幾年，外來文化不斷流入中國，很多人的傳統思想也開始受到衝擊，人心也越來越浮躁。所以，我們必須要正視這一行為，並深刻認識到，夫妻雙方不是彼此的玩物，禁不起更不值得去交換。婚姻生活裡，關愛自己，也尊重他人。

結婚後的女人

　　隨著時代發展，女人的生兒育女從「上天賦予的使命」變成「我自己的選擇」。婚姻從服務於男性變成追求自己的意願。即便如此，女人結婚之後追求精神獨立比男人要面臨更大的考驗。

　　因為初為人母，一切都在摸著石頭過河，當感到迷茫時，往往容易參考父母和其他母親的行為，來教育孩子。以至於忽略了每個孩子的差異化，也忽略了自己真正想做的決定。這些問題都是作為一位母親會面臨的考驗。從一個女人成為一位母親，並不比蓋一棟大樓容易。

　　隨著孩子長大，孩子的學習和教育成為母親最感到焦慮的話題。是讓孩子自在地享受童年呢？還是不讓孩子輸在起跑線上？如果選擇前者讓孩子多一些玩樂的時間，卻看到別的母親都在給孩子報各種補習班，自己有種不負責的感覺。選擇後者讓孩子不停學習，卻十分心疼孩子，尤其當孩子抗拒學習的時候，會更加懷疑自己是不是太殘忍了，剝奪了孩子無憂無慮的童年？

　　據我所知的一個故事，一位母親在懷孕期間，因為辭職的緣故去學習新的知識，重新追求自己初入職場時的理想事業。在帶孩子的幾年時間裡，她基本上每天思索，後來一旦有機會，她就開始實踐。似乎她懷孕生子的幾年並沒有耽誤自己的事業，反而是一次新生。相對地，也有些女人無論在思想還是行為上，婚後與婚前都有很大的偏差，也正因為這種理想與現實的偏差，往往令婚後的女人措手不及。

　　例如，E，33 歲，剛準備好懷孕，卻還沒準備好退出職場。若不是為了打拚事業，恐怕被家人無數次催生的她早已「乖乖就範」了。她從未想過，原來婚前婚後生活的差距是這樣大。

33 歲生日那天，她在一本健康手冊上看到說女人 30 幾歲還不想著生產，再往後就算想生也是危險的「高齡產婦」了，對自己的寶寶的健康都不利。從那開始，E 許下了「盡快生產」的願望。

沒想到的是，願望實現如此之快，三個月後，E 發現自己懷孕了，一邊驚喜，一邊苦惱，因為雖然如願以償地懷上寶寶，但向來以事業為重的她還沒做好全身而退的準備。

目前，E 是企劃部的主管，手下管理 7 名員工，如果此時退出，很可能再回來就不是這個位置了。而企業一直是 E 最喜歡的職業，如果讓她重新找工作，她真的不情願、也不甘心。雖不缺奶粉錢，但也不想因此放棄事業，能否回到原來職位，繼續享受不縮水的薪資等福利待遇是個問題。

因此，寶寶的到來之於 E，既是份驚喜，也是個意外。

後來，E 找到了人事經理進行了深度交談，最後經理給了她兩個選擇：一是找一個得力的助手暫時接替她的所有工作，幫其占坑，復出後依然可以坐在原來的職位；二是什麼都不管，一切由公司安排，至於產後能否回到原來的職位則不能保證。

說得容易，想要在短時間內找一個「接班人」並非易事，E 這才感覺到，不管自己對工作、對公司有多麼忠誠，遇到生孩子這等事就意味著妥協或讓步，否則難兩全。

或許，很多女人禁不住感嘆：想突然從職場中全身而退太難了，既要考慮未來發展，又要顧慮小荷包是否羞澀，還要看領導的眼色。

不可否認，婚後，孩子往往成了女人們通往幸福的「阻力」。

【成長祕鑰】

女人當然先是自己，再是一位妻子，然後是一位母親。

1. 婚後撫養孩子只是女人一生的一個階段。

當女人往往會因為一次或兩次的這個階段就放棄找尋自己，只留下母親的身分，或者只留下母親和妻子的身分。她們對丈夫和孩子嚴格要求，只是因為將自己失去的那部分補償回來。讓丈夫或者孩子成功，都只是對自己不可能成為有成就的女人而反抗某種絕望的行動。

夫妻情感和性的方面，生完孩子的母親會將大部分注意力都給孩子，丈夫會感到被冷落，會有一些情感被疏離的感受。而初為父親的丈夫內心也正在適應成為父親的事實，女人也在適應成為母親，這段時期的夫妻基本上很難有性慾。

婚後的女人對丈夫的情感敏感多疑。尤其在彼此沒有性慾的時期，會時常懷疑兩個人之間的愛是否逝去，以至於在生完孩子之後感到憂鬱不安，都是十分正常的。心態調整會有個週期，等意識到成為母親會使自己更完整之後，精神上的成熟會打消對生理上的疑慮。

2. 認清自己婚後的角色

撫養孩子方面，無論從義務角度還是天然的母性，照顧孩子，分散極大的注意力都是必然的事情。如果感到自己沒有周全地照顧孩子，心中升起的內疚感是很難熬的，不去花時間照顧孩子並不比忽略孩子的成長好受。女人需要哺乳、對孩子積極關注，花去了大量時間。因為積極關注對孩子的成長是十分重要的，讓孩子明白自己是值得被愛的，從而獲得安全感和自信。

帶孩子的期間，女人往往會在孩子睡著之後感到無聊。因為孩子醒來的時候一直處於需要自己的狀態，當孩子睡著以後，對自己現在的角色開始模糊不清。我還是自己嗎？還是只是一位母親？如果我還是自己，那為什麼我現在生活全部被孩子和家務占據？這段時期的女人可能會透過補充睡眠、看電視劇讓自己停止思考，暫時逃避對自我的尋找。

性愛分離夫妻

什麼是性愛分離？

顧名思義，就是性愛和情愛互相抽離，成為獨立的可以分別存在的一種體驗。

很多人懷疑，「性愛分離」真的存在嗎？還是只是某種程度上的動物性機制而已？就像有些男人可以接受和不同女人發生性關係，但他們深知自己並不會愛上這個女人。「性」在他們眼中好比路邊的野花，等到花落之時，便把花朵輕易地丟棄在風中。

M，男，31 歲，結婚 2 年。

M 說：「我想找一個讓我有安全感的妻子。她高尚、忠誠，不會出軌。事實上我也找到了。她是一位老師，對孩子十分用心負責。經常看她研究課件到很晚，也不覺得疲倦。

我的母親也是一位非常高尚的女人，她無私地照料著我。關心我的任何不愉快，一直想要哄我開心。高尚的女人總讓我想到母親，倫理一樣的東西抑制著我，因為這層聯想，使我無法真正對妻子有性慾，所以我選擇出軌地位低下的女人。

在妻子發現我肉體出軌之前，她一直處在自我懷疑的階段，以至於現在有些神經質。但她不知道，她是我不自信擇偶選擇。我對她欣賞，敬佩，但是沒有完整的情愛，或者是說我對她有愛，但無性。我鍾情於放蕩性感的女人，和她們做愛的時候總能讓我忘記生活的一切煩惱。但是如果真正生活在一起，她們本身就能成為煩惱。放蕩的女人讓我總是被嫉妒的火灼傷，我時刻在可能被『綠』的想像中備受折磨。

而我的妻子不同，和她在一起雖然沒有激動心跳的感覺，但是很踏

實。當然，若是真有一天發現她也會背叛我，那可能會是我的末日。我直到現在都弄不清楚我對妻子的感情。除了沒有性，我似乎是愛她的。我的性與愛分離了，這當然對她不公平。她想要的我明白，她希望和我性與愛都結合在一起，但是我很難做到。」

對於這位丈夫，我們可以先不要急著道德評判。當 2020 年大法官宣告「通姦除罪化」，其實出軌、一夜情這樣的事情就意味著難以控制了。法不責眾，正是這個道理。總不能把這些人全都抓起來對嗎？許多小三小四也出現了，也帶來了家庭破裂的危險。

M 與妻子結婚以後，依然出軌。是因為無法對妻子燃起熱情。因為覺得妻子是「高尚的人」，有些像母親，所以不允許自己和妻子做愛。為什麼去找放蕩的女人做愛了呢？因為後者給他們感覺是和母親不是一類人，所以可以沒有禁忌，沒有任何心理上的壓力。去找和母親完全相反的女人本身是一種尋求角色差異化自我成長的辦法，去區分母親、妻子、小姐，和社會上其他職業的女性角色。能短時期幫助自己客觀地對待性和生活，但是往往會失敗。

【成長祕鑰】

婚前或者婚後，夫妻在情感穩定的階段去談論「性愛分離」的話題是十分有必要的。它像一個預防疾病的疫苗，能幫助對方更加了解自己對性的態度，弄清楚出軌深層次的性目的，是更加牢固塑造婚姻的基石。

1. 婚姻不是在他人身上找答案，而是保持理性

先把離婚率放在一邊，只談性與愛分離這件事。我們從社會現象來看，現在的出軌基本上只會受到道德的譴責，而非法律的制裁，所以出軌的代價變低了。又因為中國「任務式」結婚的情況仍然普遍存在，許多人

到婚齡被催婚，為了不顯得「與眾不同」，急於找到一個合適的人結婚。

尤其在發現一些自認為放蕩的女人脫下假面，「不再演繹」後，會讓男性更加不知所措。比如小姐約出來一起吃飯的時候，看著她們似乎也是普通人，以至於加重懷疑母親和妻子出軌的可能。因為母親、妻子都是生活中看起來的普通人，是不是也有不為人知的一面？在這種念頭的驅使下，男性的角色區分更加混亂。於是開始不停止向外界尋找能讓自己停下角色混亂的女性，所以會出現頻繁出軌的情況。許多男性的出軌，不僅僅是為了逃離「任務式」的婚姻，更多的是找尋答案。

找尋答案的情況也不僅僅出現在男性身上，女性也會發生。據調查，女性在消費男色時出手闊綽，遠遠超過男性在消費女色的花費。

2. 相互交流，理清混亂的角色

真正好的做法是，婚前夫妻相互交流，了解性背後的角色混亂，並且理順它。

關於妻子，要弄清楚丈夫、父親、兄長、男妓、還有其他職業的男性都是不同的角色，無法取代丈夫的位置，丈夫和自己的性愛是被祝福和允許的，是美麗的結合。關於丈夫，要弄清楚妻子、母親、姐妹、妓女、以及社會上其他職業的女性都是不同的角色，無法取代妻子的位置，妻子和自己的性愛是被祝福和允許的，是幸福的象徵。

合適的人並非一定是愛的人，在婚後因為相處的時候變多，生活變得無聊，也沒有父母和社會監督，這些完成任務的人慢下來「品味」生活，開始想要尋找「愛情」，哪怕是像「愛情」的熱情，也能拯救自己陷入無聊生活的絕望。我們很清楚，正確的做法是在結婚前尋找愛情。但是這些仍未成熟的人，在婚姻的掩護下，用破碎婚姻的代價去尋找。

他能陪你一輩子嗎？

　　今天是個離婚率高發的時代，很多人，無論男女都或多或少地恐婚。

　　尤其大部分女性較男性更善於表達，所以我們多數聽到的是女性在婚姻裡的牢騷和不滿。其實男性在離婚後也並不會因為離婚感到快樂。畢竟，面對一次感情的決裂和割捨都需要莫大的勇氣，鏡子被打碎的那一刻，誰都不會好過。

　　Q，女，一位努力上進的 90 後，準備離婚。

　　「離婚以後，我不會再結婚了。」Q 說，「最終不過是來來去去一場空。相愛—厭倦—背叛—傷害—離開，我何必找虐讓這個輪回再次上演？」Q 是一位努力上進的 90 後，心型的臉蛋讓她看起來十分甜美，除了那雙被淚水長期浸泡的雙眼，依然會透出憂愁。

　　雖然尚未辦理離婚手續，但她在我們這群朋友心裡，早就已經是單親媽媽了，因為丈夫對孩子的關愛與照顧少之又少，她和光棍沒兩樣。丈夫的多次背叛，讓她精疲力盡。

　　「你知道嗎？他出軌三年的對象是一個土氣的鄉下妹子。更可笑的是告訴我這個訊息的人是他的新歡，一個已婚的女強人，一個他說事業上能幫助他的人。如果說之前出軌的那個女人是因為愛情，那麼這個新歡就是利用關係了。我也不想深入分析了，沒想到這麼狗血的事情會發生在自己身上。我現在已經不難過了，就是覺得很想笑。」

　　很顯然，她對婚姻已經不抱希望，對這個男人也恨不起來。只是恨結婚時兩個人都太年輕。

　　什麼是責任？

　　什麼是夫妻情誼？

什麼是共同成長？

這一切都沒有想明白，就一頭紮進婚姻裡。

她的故事，可能每天都在世界的不同角落裡上演著。無助、悲傷，擦乾血淚往前走。迷惘，卻不得不需要堅強活著，為照顧孩子、敬仰老人。她沒有足夠多的時間和勇氣去頹廢，導致創傷期更長，雖然表面已經風平浪靜，其實心如死灰。

最絕望的時候，看到他人的笑容，都是刺眼的。因為自己早已不知道放肆大笑是什麼感覺了。「男人沒一個好東西」、「女人都是水性楊花的」。被離婚的人總會這麼說。

事實上呢？我們的爸爸、兄長都是男人，孔子、周杰倫很好，不是嗎？我們的媽媽、姐妹都是女人，聖母瑪利亞、花木蘭都很好，不是嗎？所以不能因為失敗，就去絕對化地看待一個群體，認為糟糕至極。

「絕對化」和「糟糕至極」是心理學家艾利斯的 ABC 理論中提出的不合理信念之一，是一種把事物的可能後果想像、推論到非常可怕、非常糟糕，甚至是災難性結果的非理性信念。如高考考試失敗後就斷言「自己的人生已經失去了意義」；一次離婚後就認為「自己再沒有幸福可言了」；求職失敗後就恐慌「自己今後再也找不到工作了」，等等。

【成長祕鑰】

他，是愛情裡面與你相濡以沫、白頭偕老的「那個人」，是所有活在滾滾紅塵之中的人們夢想。如何知道對方是不是他，避免重大的情感傷害發生在自己身上？也許以下幾個標準可以參考：

△ 他是否能幫助自己持續成長，從品格、修養、能力、見識等方面。

△ 他是否能讓自己產生持續的興趣，是否能從相處中找到樂趣。

△ 他是否能喚起你存在的意義，換而言之，是否能讓你有價值感。

如果都能，那麼加上以下幾點達標就算得上是真愛無疑：

1. 熱情期（1 年內）

熱情期，也被稱作為假的浪漫期。剛在一起的時候，是否一日不見如隔三秋？思之如狂？整天想著對方？連體嬰一般的出入各個生活場所？如果是，恭喜你，你們之間熱情四射。

2. 親密期（3 年內）

從熱情順利過渡到親密關係，是十分重要的。兩個人是否能對對方坦露一切的祕密和缺點？如果能，恭喜你，你們之間已經成功過渡到親密關係，並且可以持續發展一段時間。

3. 戰鬥期（7 年內，所謂的七年之癢）

在一起一段時間之後，必然會因為生活習慣、文化、思維方式的不同，有所摩擦。會拌嘴、會爭吵甚至產生念頭想揮拳相向，這都是十分正常的。你們能不能做到因為愛而去包容？不能？那麼很可能關係終結於此。能？那麼恭喜你，你們已經成功適應戰鬥期，並準備進入下一個浪漫期。

4. 真的浪漫期（一造成白頭）

你們已經渡過了假的浪漫期（熱情期）、親密期、戰鬥期、到真的浪漫期。恭喜你們，你們確實是命中注定的真愛。

第八章
婚姻中的性

今天早已不是「談性色變」的年代。「愛」與「性」是婚姻中躲不掉、離不開的兩個關鍵詞。婚姻的幸福指數也幾乎由這兩個字決定。

很多人說，婚姻的幸福狀態是相似的，而婚姻中的不幸則各有各的版本。在我看來，一段幸福的婚姻，其中的「愛」與「性」必定是和諧一致的。而不幸的婚姻或多或少都能在這兩反面找到「悲劇」的影子。

出軌，到底該不該原諒

　　我曾經在一檔節目中聽聞這樣一個問題：你比較能接受自己的另一半在精神上出軌還是在肉體上出軌？

　　也許如馬伊琍所說：婚姻不易，且行且珍惜。但實際上，無論你是從精神上的出軌還是從肉體上的出軌，首先都要思考兩個問題：其一，你認為婚姻中出軌的人，究竟該不該原諒；其二，如果原諒了對方，你能否接受婚姻的這份不忠誠所帶來的一切後果。

　　V，女，38 歲，女企業家，孩子 6 歲。（肉體出軌）

　　J，男，26 歲，建築師。（精神出軌）

　　女企業家 V 和建築師 J 在一次合作專案上認識，酒會過後繼續轉場續杯，發生了一夜情。

　　V 發現自己的 45 歲的丈夫已經對自己的身體失去熱情。一位 37 歲的成熟女性，風韻猶存，隨著對自己身體的了解，性熱情不斷高漲，而丈夫的性熱情逐漸衰退。這種對性熱衷度的落差，使得她一直想在性上尋求彌補。

　　J 作為合作方的代表與她的助理洽談，她一直在旁看著，這位年輕充滿活力的他正好滿足她對壓抑過後性的全部想像。

　　J 說：「我是 J，我從小對成熟的女人著迷。我寫過情書給我的小學老師，也暗戀過鄰居家的阿姨。成熟的女人讓我覺得特別溫暖，她們總是善解人意，風趣、神祕。」

　　今天是我替企業談下專案的日子，也是遇見她的日子。她是一位成功的企業家，卻一點架子也沒有。她與我握手，我離她那麼近，聞到了她身體散發的成熟女人的氣息。她充滿魅力，舉手投足皆是女王的風範。我被她的氣質所折服，願意臣服在她的腳下。酒會上我故意接近她，想多欣賞

她的一顰一笑。不知道她會怎麼想我，會覺得我是一個初出茅廬不知道天高地厚的小子吧。」

V 說：「我是 V，是的，我感覺我被壓抑太久了。一直以來我忙於事業和家庭，忽略自己身體的渴望。而當我明白它的渴望時，我的丈夫竟然對我置之不理。我愛我的丈夫，但是驕傲的我，不允許我成為一個可悲的女人。

酒會上他對我頗為殷勤。當然了，我想著，他是一位在社會上尋求機會的年輕男人，而我能幫到他。我很清楚我不會愛上一個思想層次低於我丈夫的男人，這個毛頭小子，只能是我肉體出軌的對象。酒會結束後，我們去了一家名叫「忘記」的酒館，我喜歡這個名字。我知道接下來會發生什麼，能忘記正和我的心意。」

J 說：「她在酒館裡，與我聊天。她每一句話都那麼有趣，細細回憶起來也充滿深意。天吶，我快愛上她了。」

V 說：「他痴痴的看著我，就像一個求知若渴的小孩。讓我想到了我以前在我丈夫面前的模樣。」

J 說：「酒精的作用，我和她上床了，我喜歡她的身體。」

V 說：「久違的雲雨，我想我該回到我的家庭了。」

J 說：「她留我一個人在酒店房間，我很失落。」

這是 V 和 J 的出軌故事。出軌當然不好，V 違背了結婚時忠誠的誓言。雖然出軌從頭至尾她都只是想發洩性慾，而他是想找一位成熟的精神伴侶，甚至是愛情。

【成長祕鑰】

現在的人出軌「太方便了」，不僅有許許多多的「約炮神器」，還有沒人監督的便利。以至於出軌越來越普遍，離婚率越來越高。

1. 出軌不離婚的人是怎麼想的？

　　而那部分因為出軌不離婚的人是怎麼想的呢：我知道人性是什麼樣的，我和他離婚了，下一個難道就一定不會出軌嗎？連我自己都不能保證我不出軌，又怎麼能相信對方不出軌呢？在這樣的念頭驅使下，雙方過著怨氣滿滿、敏感多疑的生活，被出軌者找到機會想到報復，出軌者找到機會要出去透透氣。

2. 若看透了人性依然想要攜手生活，那就好好溝通。

　　在婚姻中，想要白頭偕老是每個人的願望，就好像一個學生也渴望自己成績好一樣。願望是有的，但是過程的難易程度，大家心知肚明。這個過程中要面臨審美疲勞、麻木單調、慾望、誘惑等等。

　　如果看透了人性，感情又依然還在，想要繼續一起生活下去，我覺得還是得好好溝通。我認為，溝通主要是以感情至上為首要宗旨。如果出軌了，感情依然還在，偶然的過錯，我看是可以寬容的。出軌的一方好好認錯，約束自己的行為絕不再犯；被出軌的一方讓對方做一切使自己消氣的事情；一起做一些婚姻成長，共同慢慢修復感情。

　　3.「出軌到底要不要原諒」這個問題沒有標準答案。

　　關於出軌，到底要不要原諒，沒有一致的標準。有人說，如果只是肉體出軌，是可以原諒的；也有人說，肉體要絕對的忠誠，精神出軌可以原諒的，眾說紛紜。

　　我認為得具體看夫妻雙方的溝通，每對夫妻的模式都不盡相同。有的夫妻換偶，也可以生活得很美滿；有的夫妻相互監視，也能相安無事。當然「監視」的情況不提倡，但這種情況是普遍存在的。

　　據我所知，有的夫妻會查對方的手機聊天記錄，弄得彼此透不過氣來，最後扼殺了情感，導致了比離婚更消極的局面 —— 失去了愛和情感中的自由。

妻子自慰，我想離婚

　　現在仍有許多人認為女性是為男性服務的。這個觀點是將女性「物化」的展現，對女性十分不公平。我非常同意一句話：「我享受自己的身體，並沒有錯。」每個人都是如此，享受自己的身體是天經地義。男性很早就懂得使用自己的身體，並享受它。女性性啟蒙較晚，不善於使用自己身體的女性比比皆是。

　　M，男，餐廳老闆，31 歲，孩子 2 歲。

　　M 說：「我那天很早回家，推開房門，我感覺呼吸靜止了 ── 我的妻子正在床上自慰，看起來十分滿足。我是一名非常非常傳統的男人，妻子的行為嚴重傷害了我的自尊，我覺得我滿足不了她，而她對我也不滿意，我的生活出現了天大的危機。

　　我重重的將門關上，她這才發現我回家了。過了一會兒，她穿著睡衣出來了，坐在我的身邊看著我。我氣憤極了，看著她帶著歉意而尷尬的表情，丟了句：不知羞恥。我知道這四個字能傷害她，而我當時只是先報復她踐踏我的尊嚴。

　　等我冷靜下來，我心中的難受是被欺騙的感覺。我從來不知道我的妻子自慰，而她也隱藏得很好。我明白我很受傷的原因在於她的身體是自由的，不完全屬於我，我對她失去了控制感。

　　等我回到家，妻子留了一封信給我：

　　既然事情已經發生，我想不如就將我的真實想法告訴你。

　　我知道你是非常傳統的男人，認為女人在床上是為男人服務的。但是你知道嗎？女人也有權利享受性，男女在性的方面應平等。

　　對我而言，和你做愛像一種無償服務，你是主要的，我是次要的。

而你常常也是例行公事般與我做愛，我很多時候和你做完之後感到空虛。但自慰不同，自慰是我自己和自己做愛，我能盡情地探索我的身體，那時候我感到我的身體是自由的，我的身體屬於我自己。

在我心裡，女人自慰和男人自慰並沒有什麼不同。你很早就開始自慰，了解性高潮的滋味，你覺得自己自慰是理所應當，那我自慰為什麼不行？我一直礙於你思想守舊，所以不曾告訴你。我多想跟你分享我的感受啊，可是我很清楚換來的也許就只有打壓和責罵。

我沒有受過正式的性啟蒙，我在自慰之前根本不懂什麼是性高潮。我享受我自己的身體，有什麼錯？怎麼就『不知羞恥』了？你傷害到了我。

如果你仍堅持你的意見，我會選擇與你分開一段時間，直到你接受我的喜好，如果你不接受，我尊重你的意見，可以嘗試先分居。」

【成長祕鑰】

據調查，自慰的女性更少出軌。因為對女性而言自慰能達到性快感占50%，而性交的性快感僅占25%。

妻子因為一直照顧思想守舊的丈夫，將自己的自慰習慣隱藏起來，是不得已。但是我們其實有更好的做法，在結婚之前溝通好，坦露彼此的性習慣，也讓對方熟悉了解，避免婚後的矛盾。

1. 尊重伴侶的喜好，而非用道德綁架對方

關於自慰，我個人認為可以將它當作一種個人的習慣、喜好。就好像和有的人喜歡唱歌，有的人喜歡跳舞，有的人喜歡看書，並沒有什麼不同。我們尊重伴侶的喜好，不做道德綁架，才是保持婚姻長久的訣竅。

2. 真正的愛，是鼓勵對方成長，找到自己。

丈夫的擔憂是妻子善於使用自己的身體會不會出軌？會不會不再崇拜自己？這是丈夫不自信的展現，也是男性霸權的另一種形式。對婚姻有信心，對伴侶忠誠有信心的人，不會因為這份恐懼而阻礙伴侶成長。真正的愛，是鼓勵對方成長，找到自己。

丈夫的「戀物癖」

狹義的「戀物」（英文：Sexual fetishism），是性慾倒錯的一種，是指以某些特定的無生命物體或人體部位作為戀愛對象（由該物體或部位獲得性激勵）。而戀物癖是一種非正常的宣洩性慾的途徑，如透過對女性某件衣服的偏好而滿足自我心理，這種行為具有成癮性，屬於心理障礙疾病之一，需要及時糾正。至於引起的具體原因則通常與個人的性觀念，以及周圍環境、情緒的刺激有關。

L，女，醫生，30 歲，結婚 1 年。

L 說：「結婚前，我發現了現在的丈夫對我的腳特別喜歡。他和我做愛的時候會尤其喜歡撫摸我的腳，親吻它，有時候甚至會忽視我才是這雙腳的主人，我看出他對腳有種迷戀的感覺。

作為一名醫生，我了解不同的人因為生理情況不同，性喚起的機制不同，但是我屬於大多數的那一類。很顯然我的丈夫屬於小眾。雖然我理解他，但我並不是一開始就接受他的特別的性喚起模式，最開始他試圖隱藏，擔心我發現自己會抗拒。他的猜想沒有錯，他過度迷戀腳而忽略我，確實讓我心中不悅。

在做愛之前我對他說：「你可以愛我的腳，但這雙腳的主人也需要感受到你的愛。」丈夫了解到我的感受之後，會在做愛的過程中與我眼神交流，傳遞愛意。我從抗拒到接受，最後開始享受這不一樣的新體驗。」

根據統計，多數戀足的是男性。導致戀足可能有許多原因，性學界眾說紛紜。有的說戀足是心理的原因，性心理發展在童年遇到了障礙；有的說戀足的生理原因，由於曾腦部受損所致。

L 的丈夫屬於心理創傷所造成的。他在童年的時候無意中看到父母在

做愛，父母親喝斥了他，警告他不要告訴任何人，並威脅他如果說出去爸媽就不要他了。從那個時候開始，他就留下了一種錯誤的觀點：性是危險的，是爸媽可能會不要自己的壞事情。

後來，在青春期，他對性有了認識，但是依然難以抹去童年留下的心理包袱，因為撞見裸體的母親，所以認為女性的乳房、性器官是不可觸碰的。慢慢發展成將性喚起機制投向女性的腳。以回避內心不可觸碰的傷痛。

如今他成年，但是這個性喚起的機制已經成型，於是出現他在最初對妻子的腳的迷戀勝過妻子本身的情況。所幸妻子與丈夫積極溝通，一起探索，將感情昇華。

關於父母做愛被孩子看見這個問題是存在隱患，但是不能因噎廢食。夫妻感情離不開和諧的性生活，如果因為有了孩子的壓力而捨棄性生活是一件犧牲很大的事情。

夫妻同房盡量不在孩子可能來打擾的前提下進行，如果真的被撞見了該怎麼辦？我的意見是趁此機會給孩子上一堂性教育課。告訴孩子他就是父母做這件事情而來的。讓孩子了解做愛是正常的，是相愛男女雙方自然而然的事情，幫助孩子客觀地理解性。對孩子而言，從小了解性就跟了解科學沒有什麼不同。現在小學也都有關於性啟蒙的課程。學校和家裡可以相互配合，幫助孩子成長。

話題回到戀足。許多人對戀足不接受，因為心理存在著認為腳是骯髒的觀點。但是對於戀足者，腳是神聖的。戀足者在古代詩人中也並不少見，將美女足比作「玉足」，描寫雪白的腳踏在枝頭，讓人浮想聯翩。

所以，在我看來，戀足也許少眾，但如果你的伴侶恰巧喜歡，而你們感情又很深厚，不如一起探索原因，一起嘗試。

依然是我最喜歡提到的那句話：如果愛，都好說。

【成長祕鑰】

　　每個人都有脆弱的一面，男人也一樣。但是為了正常的婚姻生活考慮，我還是要建議各位盡可能去克服這種心理頑疾，以下方法可以嘗試：

1. 不讓這種心理依賴成為習慣

　　心理依賴也會成為一種習慣，克服「戀物癖」首先要從心理上戰勝自己，不要將自己的條件反射投射到任何讓自己感到「興奮」的特殊物品上。一次「興奮」上癮後，如果反覆重複，久而久之就可能成為一種戒不掉的行為習慣。

2. 及時糾正自己的性心理

　　行為異常通常源自心理異常，而心理異常往往源自潛意識中的「心理陰影」，從而透過其他物品尋找心理上的安全感，緩解內心的不安因素。糾正這種異常心理，不如從提高科學的性意識，加強性知識的學習開始。

4. 及時透過心理諮詢師疏導

　　當自己無法戒除戀物癖，糾正非正常心理時，可以透過心理諮詢師來疏導自己的病態心理。在提升自己治療的信心和克服戀物癖決心的同時，達到治療的目的。

5. 認知與厭惡療法

　　所謂認知療法，是指透過回憶病情產生的過程，和諮詢師共同研討，找出問題形成的根源，正確認識這種行為的危害，從而制定切實可行的方法去克服這種病態行為；所謂厭惡療法，是指當患者有了「戀物」的想法後，給自己一個有效的「刺激」。例如，用手指掐住自己的手臂，用鋒利的東西扎一下自己的手指，讓自己感覺到疼痛，從而把「戀物」的慾望抑制住，直到病態行為完全消除。

妻子性冷淡的「眞相」

對於大部分夫妻而言，「性」和「愛」都是婚姻中不可或缺的東西。可靠的愛情能讓兩個人的心靈更加默契，讓彼此的心越靠越近，而「性」則能讓兩個人的靈魂昇華到一定高度，是能讓彼此更加親密無間的東西。

試問，一對夫妻之間只有愛而沒有「性」，這樣的婚姻能走到最後嗎？在現實中，我遇到過一個向我做心理諮詢的學員，他抱怨自己的妻子怎麼看都像是「性冷淡」，似乎另一半對性的慾望基本等於無。但在生活上對方給丈夫的感覺又是很愛對方的。

如果所謂的「性冷淡」真的發生在妻子身上，男人該怎麼處理呢，如果是你，會有想要離婚的念頭嗎？

X，女，餐廳經理，結婚 1 年。

X 說：「我和丈夫結婚之後沒有同房了。他說我做愛是因為做而做，並沒有享受和他的結合，他甚至開始懷疑我是否愛他，對此我感到十分難受。

只有我自己知道，我其實並不是不喜歡和他做愛，我從有性生活開始，就從來沒有享受過。並不是我不愛他，我知道我很在乎他。我現在也很想讓我在性生活中熱情起來，但是我做不到，就是做不到。

我在農村長大，在 4 歲的時候曾被隔壁鄰居變態性侵。當時我不知道那是什麼，家人也想辦法透過搬家讓我遺忘。後來，我果然忘記了，但是連同童年的美好的那部分時光一併忘卻了。因為如果我記得美好的那部分，那麼可怕的那部分記憶也會勾起。所以我把童年的一切記憶都切除了，當朋友們談論童年時，我腦子裡面是空白。

長大以後，我交往過幾個男朋友，我似乎不曾愛過任何一個人。我只

是覺得，大家都戀愛了，我也該去戀愛。性關係也只是我覺得應該發生才發生的，並不是我渴望才發生的。

後來我心智逐漸成熟，才知道我沒有辦法愛一個人、無法享受性愛的根本原因是因為童年的陰影根本沒有被抹去，它一直藏在我的潛意識裡面。我在欺騙自己，但是身體還是很誠實。

我討厭陰莖，發展到討厭男性，再泛化到排斥性生活。所以，結婚之後老公對此十分難過，懷疑我不愛他。他的自尊心也受到很大的傷害。因為性生活，婚姻出現危機，我覺得是時候面對過去了。

我告訴了丈夫真相，丈夫心疼地擁抱著我，紅著眼眶告訴我：『這輩子不會再有人敢傷害你了。』

關於那個變態的老頭，丈夫氣呼呼地問：『死老頭現在怎麼樣了，死沒死？我真的想揍那個老頭一頓。』

『他已經死了，』我告訴丈夫。『車禍，身首異處。當時全村的人都過去看，很血腥的場面。不過很奇怪，那個村子很少通車，不知道怎麼他就被撞死了。』」

面對自己的創傷，它才會癒合。X 做得很對，我為她高興。據我所知，有那麼一部分女孩、男孩在幼年的時候遭到了「魔爪」，留下了一生的陰影。他們嫌棄自己，不接受自己的身體，給自己的感情之路造成了很大的挫折。甚至有許多人因此不婚，去抗拒這一生的痛。

【成長祕鑰】

站在醫學的角度講，無論男女，沒有絕對的「性冷淡」。現實生活中，絕大部分的「性冷淡」源自心理因素。例如，精神創傷的後遺症（PTSD），心理焦慮、壓力大等原因。來自方方面面的「性冷淡」原因非常多，我在此主要總結最主要的三點原因：

1. 精神原因

很多女性受傳統觀念的影響，對「性」沒有正確的認識，本能地認為婚姻中的「性生活」是對丈夫的一種貢獻。經過長期的性壓抑，就會在精神上降低對性生活的興趣。

此外，有些人是由於與另一半相處過程中心理不放鬆、感情不融洽造成；還有些人是由於本身因為某事件在精神上受過傷害，這些不良因素都會抑制大腦皮層的性慾中樞興奮神經。如果是精神上的原因，如果另一半肯接受治療，雙方要加強溝通、彼此互相體諒，以幫助另一半順利扭轉被動消極的心態。

2. 疾病原因

現代人壓力大，工作中過度疲勞會引發許多慢性疾病，從而導致性慾降低。如肝硬化、心衰、甲狀腺機能減退等等。如果是由疾病引起，那麼首先應該找到病發原，找到了根源，才有可能從根本上改善症狀。

需要注意的是，如果有長期服用降壓藥、安眠藥、避孕藥的習慣，許多藥品中的中藥成分大多偏涼性，也會引發性慾減退，但通常患者停藥後就會恢復，那麼這一特殊情況則不屬於性冷淡。

3. 不和諧的性生活

很多妻子存在性冷淡，主要原因卻在男方。例如，男方總是缺乏性知識導致在性生活過程中使女方感到痛苦不堪。因此，想要治癒妻子的性冷淡，男方要更加溫柔、體貼。還有些夫妻不了解彼此的喜好，準備不足，以至於女方在沒有達到高潮之前，男方已先達到高潮。妻子在長期得不到滿足後，就會慢慢變得對性生活不再感興趣，甚至會當做是一種負擔。

　　除了以上三點原因，性冷淡也常常發生在女性孕期、哺乳期及產後憂鬱期和更年期。不管是哪一種原因，我們都要正確認識到，這個「傷疤」並不是單方面某一個人的錯，想要徹底治癒也需要夫妻雙方共同努力，與自己，也與彼此和解。

妻子不為人知的祕密

　　在所有夫妻關係問題中,「能否接受對方的過去」是很常見的一類問題。例如,倘若對方是性感影星,恐怕許多人都難以消受,當然這是所有問題中較為極端的例子。但在極端的問題中,人們的選擇也是千差萬別的。再比如,如果你無意中發現了妻子的祕密,你會怎麼辦?

　　W,男,34 歲,律師,孩子 6 歲。和妻子相戀 2 年,結婚 8 年。

　　W 說:一直以來,我以為我對她無所不知。

　　我的妻子,今年 36 歲,大我兩歲。我們當年學校圖書館認識的,一見鍾情。在我印象裡,她是一位可愛的乖乖女、學霸、甚至有些書呆子,這些都是她吸引我的理由。沒想到從戀愛到結婚,我從未真正了解過她,尤其在性方面。

　　要不是我在堆滿貨物的儲物間找尋我多年前的檔案,也不會翻出她放在角落的相簿。

　　相簿裡面有許多讓我吃驚的照片,尺度非常大。裡面的女孩年輕、性感。她們穿著緊身的制服,相互親吻、擁抱,照片裡面滿滿性慾望的感覺,好不撩人。我在一群女孩之中一眼認出了我的妻子。那個時候的她像一隻野貓,當然不是後來我所知的乖乖女形象。

　　緊接著更讓我昏頭轉向的照片出現了,她是一個 SM 愛好者,有許多 SM 時拍的照片,我看了不知所措。要知道,她和我做愛的這麼多年,從來都沒有提過 SM 的要求,而照片裡她分明十分享受 SM。我來不及思考,繼續將相簿往後翻,找出了結婚後她和她的「女朋友」們拍的照片,合照中她穿著我送給她的連衣裙。她們的笑容看起來像親密的戀人,眼中充滿愛意。

　　我不斷往後翻，頭腦發脹。我的妻子是女同性戀嗎？還是雙性戀？是SM者嗎？我該怎麼辦？要拿出相簿質問她嗎？這一天，我已經沒有心思做任何事情。我愛的妻子還有另外一面，而我卻毫不知情。

　　我腦海裡不斷回憶著她曾經說愛我的畫面，去推敲每一個表情是否真誠。我開始擔心我只是她為了正常結婚生子的工具，而不是真心選擇的伴侶。我開始想，如果我拆穿了，她要離開這個家庭，孩子怎麼辦？

　　要弄清真相，我已經不僅僅是關心家庭了。好奇心推著我，將布滿灰塵的相簿扔到廚房的桌子上，正在做飯的妻子轉過身，笑容在看到相簿之後凝固。

　　我盯著她，不知道問些什麼。是你是同性戀嗎？還是你愛我嗎？還是你為什麼不告訴我實話？你喜歡虐戀？你為什麼要裝成淑女？我不知道從哪句問起，所以乾脆什麼也問不出口，每一個問題背後都有我不願意聽到的答案。

　　『每個人都有過去。』她取下圍裙，倚在櫥櫃邊上，手上端起一杯水雲淡風輕地說。

　　『連 SM 也是過去嗎？還是你現在揹著我在外面享受？』我惡狠狠地說。

　　『沒有。但是如果你願意的話我們倆可以現在試試。』她這麼說顯然是在逗我，瞬間讓我氣消了一大半，也許我更會喜歡完整的她，我想。

　　『你愛我嗎？你喜歡女人還是男人？還是都喜歡？』

　　『我愛你。』」

　　『就這樣？』

　　『恩，我希望我們能尊重彼此的過去。就好像我從不會多問你以前喜歡過老闆妻子的事情。』她看著我，將我的祕密這般平常地說出來，我亂

了方寸。作為一名律師，我最擅長的就是剋制自己的情緒，但是在她面前，我完全失控了，我知道我不願意失去她。

『你是怎麼知道這件事的？』我問。

『和你戀愛的時候，不小心看到你的手機，和你糾結的眼神。』她說。

『那你為什麼還願意嫁給我？』我急了。

『那是你遇到我之前發生的情感，我們在一起之後你不是放下了嗎？』她靠近我，給我倒了杯水，親吻了我。

是的，都是過去了。她還是那個與我相愛著的妻子。這次風浪加固了我們的婚姻，而不是葬送。我的確更愛完整、真實的她。」

這篇關於 W 的婚姻故事，是為了鼓勵大家，接受伴侶的過去，才能一起走向未來。每個人都有年輕的時候，每個人都有過好奇心，每個人都有自己喜歡的性愛模式，我們不能要求所有人都按照自己的想像來生活。但是可以相互交流彼此的願望，尊重彼此的感受，一起探索婚姻中更多的可能與美好。

【成長祕鑰】

現實中，大部分人都有自己的「過去式」。既然已經是過去式，無論是曾經的幸福或不堪，都只能代表著過去。隨著時間的流逝，這段過去已經不再重要，並且與你無關，最重要的是已經不可逆。你知道或不知道都是已經發生的事情，你需要思考的是，能否接受眼前這個愛人。如果是真愛就沒必要去糾結，否則只是自討苦吃，影響了彼此的感情，當你「介意」的時候，不妨想清楚，這值得嗎？這又是你想要的結果嗎？

1. 過去只能代表過去

過去的事情無法代表以後的生活。若是彼此相愛、感情和睦，一切

就都不重要。過去只能代表著「過去式」，你們的現在和未來才是值得彼此用一生去守護的。畢竟，你愛的也是現在的他（她），而不是過去的他（她），不是嗎。

2. 活在當下很重要

好的愛情往往需要自己的空間，這一點我們在前文也闡述過。對於過去的「祕密」，如果你確定自己能夠接受，那就用理性的眼光去看待和處理，而不是一邊說著「沒關係」，一邊卻做著「介意」的事情。愛人的好與不好，我們都不應該摻雜過去的事情來評判，更不要試圖把另一半改造成你理想中的樣子，活在當下，享受當下真實的感覺最重要。

生完孩子以後，他不再碰我

　　女人從結婚到生子，她的生活也會隨之發生翻天覆地的變化。心理學家溫尼科特曾這樣形容過：女性好不容易從自己的家庭獨立，按自己的方式生活。她們深知自己不願意生孩子，因為一旦生了孩子，自主控制的感覺又將消失。

　　我所認識的很多女性友人裡，很多人在生完孩子以後，自控力好些的會順利完成為人母后的成長與蛻變。還有很多人因為生活上的種種改變，變得憂鬱、不知所措，不只沒有迅速成長，反而給以後的婚姻生活埋下了隱患。細數女人生完孩子後最大的改變，莫過於「性生活」方面的變化，比如下面故事中的主角。

　　Y，32 歲，女，甜品店老闆，孩子 1 歲。

　　Y 說：「我的丈夫和我熱戀半年後結婚了，那個時候我們像連體嬰兒一般。

　　他是一名健身教練，身材很好，顏值也高。在我懷孕的時候，經常會有女學員半夜發簡訊給他。懷孕期間，我最希望的是他能多關心我，可他卻總是忙到很晚才回家，然後抱著手機給熱愛健身的「客戶們」回訊息。

　　我為此跟他激烈地爭吵，我說：『您有必要服務得這麼好嗎？還有半夜陪聊這一說？』因為嫉妒和懷孕內分泌失調，我說過許多類似的話，比這更過分的也沒少說。他拿起手機就出門了，我不知道他去了哪裡。我整個人感到一片淒涼。

　　吵架之後，他對我態度冷淡，也不願意與我交流。他對他的朋友說：「我很煩她，不想再碰她了。」這對我打擊很大。先是感到很受傷，感覺他是不是不愛我了。然後開始憤怒，想著他是不是出軌女學員了，再後

來，感到自卑，是不是生完孩子之後，我失去魅力了？

從孩子出生之後，他沒有和我做愛，連親吻都沒有。我想和他離婚，我感覺到他不愛我了。」

女性生產前後，夫妻雙方的性會遇到很大的考驗，男女的內心存在很大的差異。

懷孕前丈夫對妻子的任何情緒、情感都可以感同身受，但在懷孕期間，妻子深深地認為丈夫無法理解自己懷孕的感覺，畢竟男性無法產子。

因為剛生產完，身體消耗了不少力量，提不起來性慾也情有可原。由於經歷了人生特別重要的經歷，體驗了生理上激素的變化，體內有過胎兒，心中震盪不已。一方面心中充滿成就感，一方面承受失去自由的巨大痛苦。說來說去，女性在生產以後更需要另一半更多的理解與包容。

【成長祕鑰】

女性在生產後，生理和心理上都發生了巨大的變化。很多寶媽在產後由於身材走形而變得沮喪，形成了巨大的心理落差。但只要一想到孩子的存在，就會甘願為寶寶做出犧牲，認為自己已經身為人母，想著應該如何將孩子撫養大。

1. 生產後女性的普遍性心理

女性深層心理對初生嬰兒的不接納是不被自己意識層面允許的，所以只好將一部分怨恨轉移到了丈夫身上。因而對丈夫的情感也變得複雜，小心翼翼將怨恨放在無意識層面。這個時候，女性如果怨恨不被接納、整合，會影響對丈夫的性感覺。

許多人都認為女性懷孕內分泌紊亂，需要被照顧。其實，這段時期的男性也是非常不容易的，也經歷著許多痛苦，也經歷著必須成長的過程。

2. 生產後男性的普遍性心理

男性的心理則是：我的妻子有了新身分 —— 母親。雖然不是我的母親，但是我孩子的母親。作為男性，跟母親的性是被禁止的。因為母親的身分是神聖的，不可侵犯的。男性會在意識層面說「她整天忙孩子」，其實是因為妻子變成了母親，他要保持性的距離。這是男性在妻子生產後，要面對的首要困難。

其次，男性看到妻子在生產過程中經歷了痛苦，或多或少會有內疚感，覺得自己應該對此負責。大家都知道，無意識是不理性的，總是顯得不那麼有邏輯，但是帶給男性的感覺是沒有慾望的，刻意與妻子保持距離的感覺是真實的。

在意識層面，他面臨著責任變大，養育後代的壓力。在發現妻子眼裡只有孩子以後，不可避免地產生被拋棄的感覺，觸發童年的被拋棄的悲傷記憶。

以上這幾種心理機制讓男性對妻子不願有性的想法。

3. 針對不同心理機制的調節

如果我們心中的矛盾和衝突沒有得到整合，那麼我們體會不到深層的情緒、情感，會展現在軀體上。該如何整合呢？

妻子不妨這麼調整：我愛這個人，雖然也有一部分恨。但我不會把他當作一個完美的神，也不會把他想成一個魔鬼。他有優點，也有缺點，但是這些缺點也並不影響我和他在一起的整體感覺。

丈夫不妨這麼調整：她雖然是一名母親，她也是我的妻子，我與她的性愛不僅不會傷害母親，反而會促進我們的感情；我的妻子所遭受的生產之苦，雖說是大自然賜予的使命，但是我也會加倍用心陪著她恢復身體；我的妻子並沒有因為孩子不愛我，就好像我也不會因為孩子不愛她一樣。

我是一個不值得原諒的丈夫

性，是雙方共同精神世界的歡愉。從某種意義上說，性是連結夫妻感情的重要紐帶。倘若性生活不和諧，女性會在心理上表現為情緒不穩定、煩躁、鬱悶等情緒化問題。相對地，男性在心理上往往會出現憂鬱、無助、自卑等心理，甚至有些人情緒變化無常，甚至會出現極端的心理或行為，如暴力傾向，或者在失去理性後做出越軌行為，並認為自己不值得同情和原諒。

L，男，37歲，正在與妻子辦理離婚手續。

L說：我的妻子想與我離婚，她現在恨透了我，因為她發現了我的祕密。

每次出差，我都會找小姐，我一直以為不會被妻子發現。因為我一直隱藏得很好。回到家裡，當妻子要求看我手機的時候，我會竊喜，因為我手機上不該讓妻子看見的資訊和照片早就被我安全地處理掉了。按現在社會上說的，我是一名老司機了。

我的妻子很漂亮，性格也很好，除了對我有一些占有慾，但是能在我的接受範圍之內。換言之，我很愛我的妻子。可能你們會說我話裡存在矛盾。既然愛，為什麼還會找小姐？男人會懂我的心思，但是女人們會覺得我虛偽，覺得我該去死。

男人找小姐的原因，80%是因為她們願意口交。因為妻子不願意，或是覺得要求妻子這麼做是一件不尊重的事情，所以不敢提出來，其實是怕影響感情。

而我的原因是因為我不想讓我的妻子變成壞女人，所以我很少和她做，能避免盡量避免。成為今天的局面，我當然後悔。因為我的私心和占

有慾，弄得婚姻走不下去，我當然後悔。但是我當時的想法可不是這樣。我擔心她享受性愛，會出軌，我會戴上綠帽子，被嘲笑。想到這些，我就害怕，哪裡還有什麼性慾？即便有，我都硬生生壓下去。

現在想想這是十分愚蠢的。因為我對她不公平，扼殺了她追求幸福的權力，我是一個獨裁者。同時我也是一個被恐懼驅使的膽小鬼，因為害怕妻子的背叛而先背叛妻子，以免自己受到傷害，而那份傷害還是我因為害怕而想像出來的。現在她想要離開我，我感到很痛苦，但是又覺得自己活該。

被發現的那次，是因為妻子一時興起查了我的手機。因為我前幾年讓她很放心，所以她久而久之也就不查了，我也就開始疏忽清理手機。當然我不是說自己沒清理手機是錯誤的，錯誤的是我不該欺騙，不該阻礙她體驗性。

我後來才發現，妻子是無法忍受我長期冷落她，拒絕與她做愛，而懷疑我有外遇查我的。然後查出來的是我找小姐的記錄，我為此感到羞愧。更加悔恨因此失去了妻子，失去了幸福。我希望看到這篇文章的男效能客觀認識性，能尊重妻子的喜好，不要變成自以為是的獨裁者。

如果妻子願意給我一次機會，我會尊重她的一切，因為我愛她，但是已經晚了。」

L 的做法是維多利亞時代的男人做法。他們將性想成骯髒的，不願意讓性玷汙妻子，而去嫖娼。現在的時代，性除了生育，早就是一種男女都可以享受的事情了，L 為自己的迂腐付出了代價。

【成長祕鑰】

其實有的女人喜歡性，有的女人不喜歡性，這裡面沒有好壞之分，只有個性之分。按好壞劃分是不客觀的，我們應該以現代人的思想和眼光來正確看待婚姻中的性。

1. 保持精力

對於現代男女而言，無論是來自工作的壓力還是經濟生活的壓力，總會令自己感到疲憊不已。無力招架之時很難再有精力去做其他事情。這也成了很多夫妻拒絕親密的理由。若想改變現狀，保持足夠的精力很重要，避免在日常社交中把自己弄得筋疲力盡才回家。有意識地去經營和維護婚姻關係，才能為彼此創造更加和諧的性生活。

2. 求同存異

男女之間天然的性別差異，也會導致性需要的不同。例如，很多女性心思細膩、敏感多疑，常常因為某些情緒化的事件出於心情的低谷。此刻，如果另一半沒有洞察到女性的脆弱心理，還一味地要求女性滿足自己的性慾，恐怕就會引起女性心理上的反抗和不滿。同樣地，如果女性不能及時了解男方的性需求，同樣容易出現不必要的誤會。當誤會發生時，正確的做法是求同存異，給予彼此更多地理解、包容和信任，而不是找各種藉口敷衍對方。

3. 協同共贏

性生活不是一門功課，尤其對女性而言，不妨多些「隨心所欲」，少一些「墨守成規」，性愛的過程理應是享受的過程而不是彼此做功課那樣敷衍。

而男性則要懂得主動體貼，關心妻子的性愛心理，多一些情話和甜言蜜語，而不是默默地發洩自己的慾望，讓對方體驗不到被愛的感覺。總之，和諧的性愛需要以和諧的夫妻關係為基礎，摒除一切雜念，全身心投入，用心感受來自彼此身體和靈魂深處的愛。

性愛，人類的悲愁與歡歌

這一節，會有些不同，我們會拋開夫妻關係，直接談談性的科學。

某天，幾位心理師聚在一起探討關於性動機的話題。一位心理師將8位匿去姓名的來訪者的案例分享出來，供大家探討研究。尤其我對性動機做過專門的研究，加上又是旁觀者，所以可以做出以下的客觀分析。

基本上，這8個人，5女3男，他們的問題都出在對性的強迫性妄念上面。在他們發生性關係史中，經常會更換性對象，並且不會產生明顯的羞恥感和負罪感。

5 名女性坦言在性過程中並沒有體會到明顯的快感。

其中2名女性上床的動機只是為了迷住男人，她們的性目的僅僅是因為 —— 她們認為性是到了一定年紀，大多數人都會去做而已。

第3、4名女性認為上床是對男性的一種恩賜。而這份恩賜的回報是希望與她上床的男效能照顧好她。

第5名女性是相對其他3名女性來說有體會到快感的。她對男性的動機是，性是一種恩賜加怨恨的結合物，她會強迫男性給她快感。

其中2位男性都曾經失去過性能力，雖然後來已經恢復了，但是還是會偶爾遇到一些麻煩。讓我震驚的是，他們很坦誠在性交的過程中並沒有享受到多少快感。他們的主要動機只不過是想要證明自己，表現自己的男性氣魄而已。最後1名男性會在第二天與朋友交流昨夜的成績，以恢復自信心，但他本身對性沒有多大的興趣。

我們當時根據這些訊息，做出了更深層次探索：這類人動機如何？到底是什麼東西驅使現代人對性持著一種強迫性的妄念呢？

我突然想到，關於這個思考，存在心理學家弗洛梅教授也曾經有過，他的結論是：做愛的另外一個動機是，他們希望克服自身的孤獨感。為了證明自身的存在，是根本的中心動機。他們忽略了情感是性行為樂趣的源泉，以至於淪為性愛的機器。盡量讓自己感覺少一點，表現好一點，以獲得被需要的錯覺，正是扼殺性樂趣的惡循環。

【成長祕鑰】

性愛，離不開人的行為，並且必須由男女雙方共同來完成。這種行為既然有幸福的歡歌，就會有不幸的悲愁。

曾有讀者朋友留言給我，問：「一夜情後為什麼會更加孤獨？」結合上述案例，我認為是這樣的：

1. 沒有情感的性愛，對心靈而言是「酷刑」

因為你們之間沒有情感做橋樑，所以你們並沒有真正的結合。孤獨是因為你潛意識認為你們僅僅肉體結合是沒有意義的，你為此感到沮喪和懊悔，卻不明所以。

他們如此賣力的另一個原因是希望藉此逃避空虛感和冷漠的威脅。床上的英雄們之所以氣喘如牛，全身顫動，乃是為了希望看到另一個人也表現出回應動作，以證明自己不是死的；他們企圖從另一個人身上發現回應與渴求，以證明自己的感覺並沒有死掉。

這種心理狀態也同樣能解釋為什麼許多人一夜情以後，想要馬上逃離現場，因為結束後的沮喪和空虛感，對心靈而言，是一種酷刑。

2. 關愛心靈，遠離機械式性生活

在床上功夫表現上，一般人往往認為，男性應該好好地鍛鍊，以便成為一名出色的床上健將。但是，這種運動究竟有什麼獎勵呢？不僅是男

人，就是女人也賣命地在這方面表現 —— 她們在這方面必須盡量表現出她們的激動，表現出誇大的高潮。就動態性質而言，個人對「效能力」的過於關切，往往是性無能感的一種補償。與其這樣，不如多關愛心靈，感受來自彼此心靈的溫度，遠離機械式性生活。

夫妻性生活怎麼樣才算和諧？

　　性是婚姻中的基礎。全世界夫妻真正離婚的原因中有 70% 是因為性。這其中也許是因為情感導致性不和諧，也許是因為生理本身的原因。婚姻中的性，往往不僅僅是生理需要，也是彼此滿足心理親密的需要，是情感流動的紐帶。

　　如果夫妻還處於把性當作閉口不談的禁忌話題，不僅很難促進和諧的性生活，也難以順利為下一代做性啟蒙工作。

　　S 和 V 夫妻，他們是因為相親結婚，不善溝通。

　　這對夫妻，丈夫長期出差，到家之後與妻子性愛模式比較激烈，不容抗拒。妻子因家務繁瑣，要分散精力照顧老人、孩子，比較疲憊，有時提不起來興趣，不想與丈夫發生性關係。

　　多次，因為丈夫強行發生性關係，妻子感到十分受屈辱。雖然現在法律已經對婚內強姦有制裁，但是妻子因為顧忌孩子而繼續隱忍。丈夫弄不明白妻子，自己對妻子如此忠誠，從不在外面尋找其他宣洩途徑，而妻子竟然死活不同意。

　　妻子更弄不明白，自己明明不願意，丈夫為什麼要強人所難，難道不懂得尊重彼此意願嗎？就這樣，因為夫妻雙方彼此不願意溝通，不了解對方的內在世界，兩人已辦理離婚手續。

　　這對夫妻雖然離婚，在我看來，彼此的下一段感情仍存在隱患。因為下一段感情中，如果不多做溝通，不積極了解對方的真實意圖，依然會出現不同的感情危機。

　　一直以來，在中國「性」話題似乎都是禁忌，其實這是一個天大的失誤。在沒有性啟蒙的環境下，許多孩子沒有性安全意識，性病、早孕，不

知道怎麼防範、處理。若染上疾病，終身活在陰影之中。若導致流產或者棄嬰，傷害自身也傷害了生命。

【成長祕鑰】

性，男女存在差異，個體與個體之間也存在差異。男性的性感覺來得快；而女性的性感覺來得慢、去的慢。

那麼，夫妻怎麼樣才能獲得和諧的性生活？

1. 關於「性」的話題多溝通

雙方需要多做溝通：什麼樣彼此會舒服？什麼樣彼此會排斥？什麼時候願意？什麼時候不願意？這些問題都需要經過溝通才能了解的。有了打破禁忌勇於溝通的魄力，生活中的許多關於性的問題大部分都會迎刃而解。

2. 注入新鮮感，嘗試改變性生活的方式

人都是視覺性動物，容易產生審美疲勞。在性生活的方式上，夫妻雙方應該不斷創新，例如，不同時間、環境、地點、姿勢等等。性生活中的快樂是源自雙方的，我們都應該對自己的性快感負責。

3. 避免將不滿情緒帶進夫妻生活中

例如，短暫的吵架、生悶氣、發牢騷、爭吵等等，一方帶著情緒很難從心理上配合對方，如果不和諧或者就此中止夫妻生活，都會為今後兩個人的感情埋下隱患。出現情緒上的問題要注意自我調節或及時請教心理諮詢師。

靈與肉的結合

　　真正的愛不是靈與肉的分割，而是二者的巧妙結合。夫妻兩個人這是在結合的過程中尋找到自己的價值。

　　為什麼說靈與肉需要結合？

　　簡單來說，人的肉身都是相似的，依照人類同樣的生物學法則，由相同的物質組成。但每個人的靈魂都不同，這也是人和人之間最大的差異。

　　X，男，36 歲，工程師，未婚。

　　X 說：「在國內性教育是很閉塞的，在 15 歲時，我對性有著非常強烈的渴望，所以不斷看片，想了解自己怎麼了。但是現在回想起來，看 A 片不如去看情愛小說。裡面除了性還有愛可以教，但是那個年齡哪裡懂得分辨這些。

　　那個時候我學會了性，也知道怎麼去做，但是卻不知道怎麼去愛。我不清楚愛是什麼，被愛是一種什麼感受。我的愛總會被性搞砸。在二十幾歲的時候，有一個很可愛的女孩，她一心愛我，真心待我，卻被我處理成了性伴侶。最後她悲傷地離開了，當時只覺得失落，但很快把這件事甩在腦後，直到現在回憶起來才感到莫大的後悔。當時明明我心中也喜歡她，卻弄不懂那種感覺。反而被她的真心所嚇倒，想要逃避，無情拒絕她情感的付出，只要性。

　　現在我渴望婚姻了，經常會感到孤獨，尤其在深夜。回憶起以前的種種，覺得自己從未真正成熟過。我看不清楚愛，只擅長自己熟悉的東西。現在偶爾也會有性伴侶，慾望也沒有當年那麼強烈。做完之後更多的是寂寞，偶爾想要對方留下來聊聊天，她們總會十分驚訝地看著我，然後帶著嘲笑摔門而去。

　　我現在需要心靈的慰藉，而不僅僅是肉體的。但是現在的性伴是當初

的我，又怎麼會珍惜此刻需要愛的我呢？她們現在需要的性，她們遲早也會需要愛，我這麼想。但是時間不在一個軌道上，跟她們聊這些會笑我是一個多愁善感的大叔，但卻不曾想到我曾經是那樣的不羈。」

【成長祕鑰】

真正相愛的伴侶，一定不只是單方面肉體的結合。怎樣才能獲得真正愉悅的性愛？

1. 從性初期到中期的過渡

在了解性的初期，在荷爾蒙的主導下，許多人會接受了性愛分離的觀點，那個時候多數人在清楚自己不是被壓抑的那一部分群體之後，會為自己性自由的觀點感到高興。隨著年齡增長，心智成熟，會接觸了「靈肉結合」的觀點，會帶來很大的震撼，發現靈與肉結合的性愛才是高等的，純粹的只是肉體碰撞是低階的，是動物性的。

2. 正確認識「靈」與「肉」

純粹的肉慾，能瞬間喚起熱情，能讓自己那一刻沒有心思去做任何事，腦袋裡面只想著性，身體受肉慾驅使著，無法做其他的事情。在熱情的驅使下，去做了之後那莫大的空虛感，會將人扔進深淵。讓人不禁要想，純肉慾的性，難道是一種懲罰不成？許多人後來對性厭倦，就好像貪辣的人，中間過程很享受，回頭胃難受的厲害，發誓再也不要這樣下去一樣。雖然偶爾也會再犯，但是也絕不會將辣到胃痛當作享受了。

3. 將熱情昇華為親密才會獲得真正的愉悅

以情感為主導下的心靈與肉體的結合，才會帶來真正美好的性體驗。這需要男女雙方花更長的時間，將熱情昇華為親密，性過程中需要有柔情蜜意才能達到。否則，僅僅肉體結合後，給自己留下的只有無盡的空虛與折磨。

第九章
婚姻中的情感

　　今天，婚姻、情感等兩性問題已經成為現代人最大的問題之一。有一條報告顯示，2019-2020 網際網路使用者調查：結婚率降至 7‰，這個數據足以說明現代人的情感問題已經成了社會矛盾中的主要問題。而婚姻中的夫妻倆，如果不能妥善處理情感問題，婚姻就很容易出現裂痕。最常見的就是婚姻中的各種衝突以及看似無法化解的矛盾，足以令兩個人手足無措並且也在不斷考驗著彼此的感情。這時，就需要其中一方用理性解決問題，更需要兩個人共同面對婚姻中最真實的自己和情感。

一起吃個「巨辣」的火鍋吧

影響婚姻情感的第一要素是什麼？可能大部分人首先會想到：錢。

有人說，有錢能使鬼推磨，有了錢，就能住寬敞的房子，開豪華的車，買各種名牌。只有有了錢，才能過上無憂無慮的生活，才不用為下一頓飯吃什麼而發愁；也有人說，錢有什麼好，金錢是萬惡之源。有了錢，愛人就容易出軌，家庭就容易產生糾紛，有了錢，人就會飄飄忽忽不肯腳踏實地。

身邊很多朋友都說，我們現在這麼努力，就是為了將來自己的孩子能夠不再這麼辛苦。當你看到朋友時常出入於高檔會所，而自己只能粗茶淡飯、穿地攤貨的時候，內心能好受嗎？當你的朋友紛紛把孩子送到國際學校甚至送出國，而你的孩子只能在普通學校裡接受應試教育，你的心裡能不難過嗎？這也就是為什麼，許多人在結婚前就把金錢看得很重。

話又說回來，有了錢，就能萬事順利了嗎？未必！

很多法律案件的發生都是因為財產糾紛。金錢，成就了不少夫妻，也拆散了不少夫妻。

R，男，42 歲，網際網路企業高管，孩子 15 歲。

R 下班的之後，堵在街道上。看見街旁的玻璃窗裡頭的火鍋店人滿為患，這家新開的火鍋店人氣很旺，都排隊排到街上來了。這讓他回想起，自從結婚有孩子之後，夫妻倆都沒來外面加菜了。於是撥通家中妻子電話：「老婆，我公司附近新開了一家火鍋店，要不你今晚別做飯了，咱一起吃個『巨辣』的火鍋吧。你不是最喜歡吃辣嗎？」

「得了，你快回來吧，吃一頓夠我買一禮拜的菜了！」妻子在電話裡面冷言冷語，掛了電話。不知怎麼的，R 心中十分堵得慌，煩透了妻子的

這句話和冷不丁地掛自己電話，回撥了過去。

「怎麼了？」妻子問。

「能不能別只知道省！除了省，你還會做什麼？」R對著電話怒吼。

電話那頭沒有聲音了。

妻子十分委屈，妻子深知丈夫的工作壓力有多重，才會經常將職場焦慮轉移到自己身上。她只要一想到丈夫工作辛勞，就不忍心花錢。別人的妻子都喜歡奢侈品，而自己省吃儉用居然錯了？想到心酸處，大哭起來。

R發完脾氣後，心中十分愧疚，但又不知道如何勸住妻子的眼淚。心中苦悶，找到我傾訴。

「你知道的，我並不是想指責她節儉錯了。」R說。

「我明白，你是想表達，不要一味節省而失去了生活樂趣。」我說。

「對啊。你說我們的孩子也大了，在學校寄宿。我們倆再不發掘一些我們自己的活動，生活每天日復一日，真的太枯燥了。我又不是一個想去尋找刺激的人，我只希望我的妻子能主動約我看場電影、吃頓飯。調劑一下生活，僅此而已，過分嗎？」

「如果她是一個奢侈的妻子，每天都要有生活情趣的人，你會如何？」我問。

「那我也受不了。結婚這麼多年，哪能做到每天都有新花樣。況且我還有這麼大的工作壓力。一個浪費的女人，會讓我壓力更大。」

「所以，現在的情況是，如果太奢侈，你會難以承受。太節儉，你覺得沒有生活情趣。」

「是的，是不是有些難伺候？討人嫌了吧？」R有些不好意思。

「不會，是正常的。其實適度的經濟模式是讓人最舒服的。既不鋪張浪費，也不因為過分節儉壞了生活樂趣。」

「還是你懂。」R 向我投來感謝的目光。

「不，我還沒說完呢。其實女人也一樣，也渴望適度的家庭模式。她既希望做一個節儉的妻子，又希望能充滿生活樂趣。你該不會以為有女人不期待生活浪漫多彩吧？」

「這，我倒是沒想到。但是我這麼回憶起來，倒是真的。我以前追求她的時候，她可喜歡每天都驚喜了。我們也常常去旅行、滑冰、看電影，吃火鍋。」

「那你認為是什麼原因導致她變了？」

「哎，慚愧。她沒變，是生活壓力讓她精打細算，她肯定也還是更喜歡我倆沒結婚之前的輕鬆生活。」

「是的。相信你知道接下來該怎麼做了。」

「哈，買束花回家哄哄她，對她說辛苦了。希望她不會說買花還不如買顆大白菜。」

「就算說也沒關係，不是嗎？」

「哈哈哈，是的。也怪可愛的。」R 歪著腦袋摸著頭。

「你可以告訴你的妻子，你內心真實的想法。該節儉的節儉，該花的花，這就是生活。讓她不要太緊繃了，她不是一個人在經營婚姻。放鬆下來，這不還有你嗎？」

對節儉和浪費的尺度，大家各有標準，夫妻需要溝通和磨合才能達成一致，生活中必要的儀式感是調節生活的「調味劑」，是否浪費需要夫妻達成共識。

【成長祕鑰】

婚姻生活不是兒戲，勤儉持家更是華人的傳統美德。節儉是一種生活的態度，無關財富的多少。我們都知道世界上最有錢的「股神」巴菲特

(Warren Buffett)，已經八九十歲的人了，按理說理應盡情享受晚年時光，可他依然數十年如一日過著最節儉的生活。住普通的房子，出門自己開普通的車，並幾乎捐出了個人所有財富。雖然無論是經營現實婚姻，還是養育子女都需要龐大的開支，日常開銷不可避免。但是我們可以從態度上保持一顆節儉的心，並從生活點滴細節上去勤儉持家。以下幾點需要注意：

1. 注意區別節儉和小氣

節儉是該省的省，該花的也要花在刀刃上，而小氣則是該花的錢也不捨得花，一毛不拔。

2. 有思考、有智慧地去節儉

懂得節儉的人其實都是有智慧、會使用金錢的人，他們雖然把錢看得重要，但是使用起來並不愚昧，知道應該高效地使用好每一分錢，甚至如何用錢去生更多的財。節儉不只利於品德的修煉、習慣的養成，更讓我們有能力去承載更多的財富。

「處女情結」撕裂了情感

　　在男人的觀念裡，有很多的情感失誤，例如，女人的「第一次」——第一次「價值不菲」，如果是第二次、第三次就變得一文不值。倘若真是這樣，恐怕現代多半女性都要單身了。畢竟時代在進步，人們的思想也越來越開放。其實，女人出現婚前性行為沒有太大的關係，但重點是要自愛、自重，不能濫交。而男人，也不要把「處女情結」看得那麼重，如果你真愛她，那麼你是更想要她的第一次，還是一輩子呢。與其讓「處女情結」撕裂了情感，不如用彼此對婚姻的忠誠挽回一段真愛。

　　F，女，33歲，人事主管，有兩段婚姻。

　　F說：「我的第一任丈夫婚前有處女情結，而我在婚前曾有過三段情感經歷，早就有了性生活。

　　最開始我以為我們是兩個世界的人，都抱著不要認真的心態相處著。但我們並沒有正式戀愛多久，他向我求婚，我以為他想娶我，是因為我的緣故他已經不在乎『處女情結』這種東西了。直到某次吵架，他竟然拿這件事出來說事，我氣壞了。

　　他跟我結婚的原因是，當時他父母逼婚逼得緊，而又找不到合適的『處女』，才娶的我。我感到人格受到了侮辱，我莫名其妙成了他暫時找不到處女做老婆的降低要求的物品。

　　但是怎麼辦？當時我懷著孕，前進後退都難極了，出現了嚴重脫髮、失眠的問題。我恨透了他，也恨自己不夠成熟就結了婚。

　　在我不捨得離婚的日子裡，我嘗試過幫他扭轉觀點，但是他卻罵我婚前不知檢點。我逐漸意識到這個男人我實在無法和他渡過一生。我決心和他離婚，生下孩子。再重新出發，尋找屬於我的幸福。

但孩子沒過多久意外流產了，我懷疑和我的那段時間心情有很大的關係，因為我整日活在憤怒、悲傷之中，肚子裡的孩子怎麼會健康呢？終於，我的孩子選擇離開了我，在那天凌晨 12 點流產了，我為此難受了半年才走出悲傷。

第二任丈夫是離婚後在一次旅行途中認識的。

他睿智、風趣。在了解我的一切經歷之後，對我說：「我很同情你前一段婚姻的遭遇，這類男人不懂尊重女人，將女人物化。想不到現在的社會還有他這類人，如果都像他這樣，時代可能要倒退。哈哈哈，如果換做是我，對方沒有性經驗，我還擔心她不夠成熟，不適合走進婚姻呢。」

我知道他是我要找的人。他懂婚姻，也懂愛。婚後，我們過得很幸福，在各自休假的時候一起旅行，在旅途中有了現在的孩子。現在我們一家三口，其樂融融，非常美滿。」

所謂「處女情結」，其實是男性不自信的表現。因為處女沒有情感經驗和性經驗，一片空白。尤其是對男性的床上互動沒有要求，男性能獲得自己為自己打造的「自信城堡」，是一種自欺欺人的表現。

【成長祕鑰】

在我看來，處女情結是一個十分老舊的觀點。據調查，現在中國 90% 左右的成年女性已經不是處女了，剩下的 10% 其中還有些是做過處女膜修復的。

1. 因循守舊的觀念已經過時

處女膜修復是一件十分可笑的事情。女性對男性的欺騙，男性卻傻傻樂在其中。兩個不誠實的愚蠢之人的遊戲，是十分諷刺的。老舊的貞操觀念早已經過時了，隨著時代的程式，會越來越沒有所謂的「處女情結」。

而到了現在這個社會，其實大部分男人的處女情結並不普遍，有這種情結的男人，通常是感情經歷不豐富，對感情和性認知單純的男生。猶豫沒有什麼戀愛經歷，所以對女人的感情經歷要求伸高，而實際上這是一種追求情感上相對公平的心理。但同時也需要正確的認知，這才是戀愛中正確且可貴的態度。

2. 女性更要正確認識「處女情結」

如果現在這個年代，我們還在用有色眼鏡看待處女情結，那不只是男人的不自信，更是對女性的不尊重，是一種迂腐的思想。性經驗豐富，同時也意味著女性更了解自己，是完整的女人。當然，這也不能和女人不自重劃上等號。與其糾結著是不是處女，不如問問彼此的心是否真正愛對方，想要珍惜一段感情。

所以，我其實很高興這篇故事中的 F 能有勇氣找尋自己的幸福。我們走向幸福的路，布滿荊棘，但一定會到達。

娶了愛情，為什麼還是會「孤獨」？

由西班牙作家伊德方索·法孔內斯創作的《海上大教堂》一書裡，海事法官艾爾諾有一個並不愛的妻子 —— 連當時的國王自己都無法忍受的潑辣的女兒。後來，艾爾諾的父親去世，母親淪為妓女，就連自己的義女也被人玷汙了，他覺得苦不堪言，孤獨無人懂。身邊只剩下一個貪圖他財富的妻子，有一天，妻子安慰艾爾諾說：「別怕，至少還有我在你身邊！」但艾爾諾只是淡淡地說了句：「這讓我感覺更加糟糕！」

是啊！現實中，有時明明兩個人並肩坐在一起，中間卻像是相隔著銀河。有時候我們寧願一個人享受著孤獨，也不願意讓另外一個人讓我們更加孤獨。有句話說的好：有些人是害怕孤獨，所以選擇了婚姻；而有的人則是結了婚以後反而變得更加孤獨。這究竟是怎麼一回事呢？

K，男，結婚三年，設計師，29歲。

K說：「在這個的城市裡，一切似乎都與我無關。我不斷嘗試逃離孤獨，想了許多辦法。

『hi，你最近在忙什麼呢？有空一起喝杯咖啡。』

『喂，啥時候一起吃頓火鍋。』

『我們一起去出去逛逛吧？一起看場電影怎麼樣？』

『這個週末晚上要不要一起唱歌？』

『晚上下班以後烤肉，不見不散！』

沒結婚之前，在感到孤獨的時候，總以為是因為生活的無聊，於是我迫切地約朋友吃飯，找朋友喝酒聚會。後來我發現，看起來這些隔絕孤獨的辦法只是外界資訊堆砌起來的壁壘，是暫時讓我逃避孤獨的麻藥，沒有什麼實質性的幫助。

與朋友分別以後，只會加重孤獨感，陷入更深的孤獨。我感覺自己不停往下墜，好像靈魂被鎖在了小黑屋，苦不堪言。孤單感，快要將我的靈魂都掏空了。

領悟孤獨的路程是漫長而坎坷的。

我開始閱讀，希望先哲們能給我一些啟示，但是發現，沉浸在書中的時候，我好像已經脫離孤獨，然而等關上書本以後，狀態依舊；我去旅行，旅行過程中似乎得到解脫，回到家中，狀態依舊；我去拜師，希望高深智慧的人，能幫助自己找到答案。然後卻發現，他們並不能幫助到我，因為他們其實更加孤獨。但與自己不同的是，他們能在孤獨裡自得其樂。

直到遇見了現在的妻子，一切的孤獨感似乎得到了緩解，甚至有時候會忘記它。原本以為找到愛情，孤獨感會消失。不料它似乎越來越強大，我深陷其中，眼看它暗流湧動將我淹沒。因為它，我差點誤以為孤獨的感受是因為我不愛我的妻子了。但是答案無疑是否定的。

和她在一起，我很安心，想與她白頭偕老。我知道那是愛情。後來，孤獨感蔓延上來的時候，我選擇接受孤獨，把它當作是一種自己與自己相處的機會。人們所說的在孤獨中成長正是這個意思吧。直到現在，我明白了。能幫助我的只有我。當我陪伴著我，我便不再覺得孤單了。

慢慢的，我發現孤獨也不過如此，並不會把我怎麼樣。」

了解 K 的內心世界之後，我感慨萬分。愛情，它本來就是一種能讓你在她身邊更加安心孤獨的東西，並不是被利用擺脫孤獨的工具。

K 很幸運，有一個在他孤獨時不打擾、靜靜陪伴的妻子，才有時間懂得「孤獨」是什麼。

【成長祕鑰】

　　婚姻，是能讓我們更安心地去孤獨的後盾。其實婚後每個人都會時不時感到孤獨。哪怕身邊有愛人，人也無法避免孤獨感的偷襲。知道孤獨狀態的本質之後，我們對伴侶突然襲來的落寞之感，會多一份理解和心疼。

1. 再親密的兩個人也要有自己的空間

　　很多人在婚後都渴望對方為自己掏心掏肺、付出全部，全然不顧對方的感受，殊不知對方也許更希望有自己的空間和時間。

　　一段好的婚姻並不是時時刻刻親密無間，而是需要適度的匱乏感。即再要好的兩個人也要適度保持距離，這樣雙方才會相處得更加輕鬆和隨性。

2. 要有「我敢在你懷裡孤獨」的智慧

　　知名歌手「奶茶」劉若英在經歷了十幾年與音樂人陳昇的單戀後，終於在她 41 歲時遇見了現在的先生鍾石，兩個人迅速組建家庭過起了幸福的小日子。

　　在一次訪談中，劉若英說她婚後正常拍戲、唱歌、寫作，每樣都不耽誤，她問先生：「娶一個有很多興趣愛好的老婆回來，會不會覺得很虧啊？」

　　但她的先生鍾石卻說：「就是因為你這麼豐富這麼有趣，我才娶你的；如果把你娶回來，你就不幹那些事情了，只在家裡洗衣做飯，我才覺得虧了呢。」

　　據劉若英所述，他們夫妻二人的生活狀態常常是兩個人一起出門，去不同的電影院、看不同的電影。兩個人一起回到家，一個向左走，一個向右走。因為他們彼此有獨立的書房和臥室，一起公用餐廳和廚房。這種看

起來和平常夫妻不一樣的生活方式，並不是因為他們多麼有錢才可以這樣「隨心所欲」，而是因為彼此都肯為對方保留一個獨立的空間。

正如劉若英在《我敢在你懷裡孤獨》的自序中說：「因為保有你，我感覺幸福，同時保有自己，所以能安心自由。」

3. 夫妻之間的「豪豬理論」

心理學上有個著名的「豪豬理論」，意思是說在一個寒冷的冬日，為了避免凍僵，一群「箭豬」相擁在一起，互相取暖。可是它們很快就被彼此身上鋒利的硬刺扎得很痛。如此以來它們為了避免疼痛，只能被迫分開。但是為了取暖，它們的身體又會再次靠近，結果又被彼此身上的硬刺扎痛。

於是，這些箭豬反反覆覆被痛苦折磨，直到它們彼此找到一個恰好能容忍對方但是又不至於彼此刺痛的距離。

「豪豬理論」同樣適用於夫妻之間。夫妻兩個人就像是剛好交叉在一起的同心圓，既有重合的部分，也有相互獨立的地方。這說明彼此之間既有共同的空間，也有彼此的私人空間。夫妻之間只有尊重彼此的這種關係才能融洽長久。

嫁入豪門之後

豪門的婚姻往往並不像我們想像的那樣完美，也許豪門生活能滿足女人對物質生活的一切幻想，但當物慾習以為常，或者說倘若有一天女人突然對物質生活有了正確的認識，甚至她發現自己已經不僅僅再滿足於物質上的享受，她開始想要更有趣的靈魂、更豐盈的精神世界了。可同時她也發現，豪門雖然能滿足她的物質生活，卻無法填補她精神世界的空白。

如果你是這個女人，接下來你會怎麼辦呢？

E，女，35 歲，家庭主婦，孩子 7 歲。

E 說「我的丈夫 55 歲，整整大我 20 歲。我們以前一起出門的時候，人家以為他是我爸，現在以為我的孩子的爺爺。我覺得很尷尬，所以現在盡量避免跟他一起出門。

我很宅，基本上在家看電視劇。孩子也有保母接，因為每天很無聊，總是不斷回想我和他的過去。當時我還是大學生，因為家裡很窮，需要打工賺學費，去他公司實習。他當時已經結婚了，有自己的家庭，但是並不幸福，至少在當時他的描述是這樣。

我不可救藥地崇拜他的知識、能力、財富。心甘情願地做他的情人，直到過了幾年他與妻子正式離婚。他的妻子在離婚之後很快再婚了，嫁給了她的國中同學。我現在想，他的妻子似乎是為了擺脫他才離開的吧？但是為什麼呢？當時我想不明白，這麼優秀的男人，為什麼說不要就不要？他可是許多女孩的豪門願望啊。

現在的我自然知道真相，他說不愛妻子，並不是真的。因為他長期出軌，欺騙前妻，所以前妻寧可不要這豪門生活而去追求愛情。而將自己形

容得多麼不幸，只不過是哄我這個無知大學生的伎倆罷了，為的是博取我的同情。

我原本以為我們之間是愛情，但是隨著我對他為人的了解，自私、花心、不尊重女人等等這些毛病，就算是有感情，現在也將近磨沒了。剛嫁給他的那幾年，他經常不回家，錢不少給，但是態度卻十分冷淡。彷彿我是家裡的一件擺設似的，我慢慢發現，我竟然走了她前妻的老路，去忍受他在外面習慣性出軌。但是不同的是，她前妻有勇氣離開，而我卻沒有。

從前，在我崇拜金錢的時候，我以和他在一起為榮。現在我要感情了，我以和他在一起為恥。我不知道該何去何從，畢竟我35歲了，我對自己的信心所剩無幾，況且聽說離婚對小孩的傷害也很大，我迷茫。」

這位妻子提到這位丈夫「不尊重女性」，我認為這是導致現在越來越多夫妻離婚的原因。因為真摯的情感，只會在平等的人格之間產生。金錢或許對我們能造成很大的吸引力，但是也是暫時的。這位妻子在獲得一切的物質滿足之後，開始對愛、尊重產生強烈的要求，這是人格的必然發展趨勢。

【成長祕鑰】

當一段婚姻無法挽回和繼續的時候，無論最終兩個人選擇哪一種相處方式，好聚好散，這是結束婚姻最體面的方式！畢竟，每個人都有選擇人生的權利。

1. 糾正自己的價值觀，成為真正的自己

如果在一段沒有感情，也沒有尊重的婚姻裡，我是贊成妻子離開的。剩下的人生去成為真正的自己，獲得屬於自己的價值感仍然來得及。如果離開，涉及到離婚。那麼值得一說的是，好的離婚跟好的結婚一樣重要。

當然，我們先要滿足物質需要，這是最急迫的。但是隨之，我們的精神需要會更加渴望得到滿足。物質不滿足也許會產生痛苦，尚可以憑自己努力而達到；但精神不滿足會產生無價值、無意義感，陷入更深的痛苦。人隨著年齡增長，對精神世界的需要越來越強烈。我們需要伴侶的關心和尊重，需要自己是一個有價值感的人，而不是像上述案例中這位妻子所提到的「物」。

2. 即便離婚，也要用一種最體面、最成熟的方式去處理

也許我們結婚的時候選擇錯誤，但是我們離婚的時候一定要處理好。許多人也許需要透過離婚來擺脫已經破裂的感情，但是可能忘了，如果兩個人之間有孩子，這份牽扯是一輩子都難以擺脫的。

很多夫妻離婚以後，彼此為了在孩子心目中留下好印象，在孩子面前指責對方，將對方詆譭得一無是處，這對孩子的成長而言是嚴重的傷害。最好的辦法是，讓孩子接受父母是因為不愛對方而離婚，而不是因為不愛孩子而離婚。父母離婚了，但是依然會愛孩子，孩子的愛是不會改變的，只是換了一種形式。只有這樣，才能在婚姻破裂之後，不傷害孩子，或將傷害降到最低。一定不可以將孩子當作報復對方的工具，這是非常自私且危險的行為。離婚，好聚好散，依然能分別好好愛孩子，才是好的離婚。

對年齡的焦慮，我險些崩潰

　　心思細膩、敏感的女性一旦在婚姻中缺乏安全感，就容易變得焦慮。情緒時常崩潰，脾氣暴躁，對事情容易過度擔心，變得更注重他人對自己的看法，漸漸缺乏了自信，時間久了會對周圍的人和事持懷疑態度……如不及時解決這一問題，這些負面情緒的影響會逐步滲透到女人的家庭生活中。

　　Y，女，42 歲，美容院老闆，結婚 14 年，孩子 9 歲。

　　Y 說：「最近我嚇到了，我竟然長了幾根白頭髮。我多麼會保養啊，為了保養我花了很大的代價，無論是精力還是金錢。雖然我身邊的朋友許多在前幾年就長白頭髮了，但是我依然不敢相信這事會發生在我身上。

　　我為許多女性服務過，幫助她們保持魅力。我是她們心中的美麗專家，我不允許年齡在我身上留下痕跡，這對我打擊太大了，我會失去我用心經營的美麗事業，那樣我就成了無用的老女人了。

　　我已經許多晚上失眠了，也忍不住對丈夫和孩子發脾氣。因為他們不知道我心裡的苦，尤其是我的丈夫。我老了該怎麼辦？他會拋棄我嗎？我身邊的姐妹們好多都是因為老了才被拋棄的，我不能讓這種事發生在我身上，我現在感到十分難受，不敢面對他。怕他看出我的擔憂，傷害我。」

　　在一次課後，Y 專門等到學員都離去之後，找我聊到心中的苦悶。我意識到她給自己的心理負擔很重，許多「可怕的後果」都是她心中想像出來的。她過分追求完美，過分在乎他人的評價，弄得自己喘不過氣來。

【成長祕鑰】

　　後來，我在與 Y 的交流中，捕捉到了關於她丈夫、孩子對她關心的許多小細節，但是她因為處於嚴重的擔憂中，遮蔽了來自家人的關心。

　　以下是我當時了解她內心擔憂之後的想法：

為什麼會害怕老去？

本質在於我們對年齡有著很深的焦慮。

1. 從生理角度的焦慮

從生理的角度來講，因為老去，青春美貌不在，顏值和身材的變形走樣，使我們害怕自己失去性吸引力；

同時我們擔心因為衰老所產生各種疾病，我們恐懼死亡，從心理角度來講，我們無法再像年輕的時候，能充分利用自己年齡的優勢，去獲得更多的機會，實現自我價值，我們惶恐時日不多，夢想難以觸及。

但是，我們大可不必害怕。對年齡焦慮的人大多數都是恐懼未知。我們不知道隨著年齡增長，歲月會對我們做出什麼事情來，過往的經驗告訴我們，別想得太美了，盡量不做期待，好不讓自己的希望落空。當然，這是很悲觀的。我們不需要處處異想天開，但也不需要把自己趕進小黑屋。

我們不妨換一個角度去看待年齡。年齡越大，我們越有智慧，因為我們累積了大把人生經歷，足以對抗未知的風風雨雨。是的，歲月賜予我們勇氣。只要我們細細發現，勇氣就藏在我們的身體裡面。

2. 在心理層面的預防

生老病死，自然規律。對於疾病的預防，在心理層面只需要保持輕鬆愉快，對人寬容有愛，心平氣和；在生理層面注意平時多鍛鍊、多步行，增強身體活力，疾病自然遠離我們。

關於死亡，沒有人能與之抗衡。包括秦始皇，包括亞力山大。他們豐功偉業，也和普通人一樣面對死亡，何況我們一個普通人？我們倒不如放下，對年齡、對分離、對死亡的恐懼。它們該來便會來，我們強行將它們關在門外，自己在門內抓狂痛苦，不是比死還難受麼？

　　下面是我曾經為自己設計的年齡清單，有些粗略，是因為我想留一些時間給不可預知，畢竟，計劃之外的事情也可以很美妙。

△ 18、19 歲，去探險，去犯錯。

△ 23、24 歲，去愛、去沉醉、去漂泊。

△ 26、27 歲，去悲傷、去反思、去覺察。

△ 30、31 歲，去大膽綻放自己成熟的魅力。

△ 40、45 歲，求心安、去承擔。

△ 50、60 歲，思考生命、回顧大半輩子的喜樂悲愁。

△ 60、70 歲，去旅行，去與老友聚會。

△ 80、90 歲，聽曲、養花、享受孩子們來看望自己。

△ 100 歲，準備去死了，這輩子已經值了。

　　想著老去的生活，覺得變老也是美好的事情。活到 100 是不敢想的，如果可以，便可以。不可以，也沒關係。怎麼樣都是我們的一生。管它愛恨情仇，管它風花雪月，管它天涯海角。

　　回頭看，只要是屬於自己的一生，都是美的。

3. 關於年齡越大越會失去性吸引力的焦慮

　　這是無可避免的，最漂亮最帥氣的明星也是如此。只要我們有機會近距離看看他們，在無濾鏡無 P 圖的鏡頭下，也能窺見他（她）們臉上的雀斑和皺紋。

　　智慧的明星們，在合適的機會開始轉型，不再僅僅靠臉吃飯。他們變成了魅力十足的實力派。享受年齡增長所帶來的豁達，更加享受歲月在自身造成的美妙反應。他們舉手投足，皆是風範，散發魅力。

而對年齡執念很深的那一群明星呢？他（她）們看到，娛樂圈的新人們一個個更加青春無敵，焦急萬分。急忙透過裝嫩賣萌來證明自己是值得被關注的，害怕粉絲拋棄他（她）。多大年齡做多大年齡該做的事，何必將自己的命運捆綁在青春上，可悲地交由他人來定奪。

長期家暴，我身心俱憊

　　家庭暴力，簡稱家暴，是指發生在家庭成員之間的，以毆打、捆綁、禁閉、殘害或者其他手段對家庭成員從身體、心理、性等方面進行傷害和摧殘的行為。

　　家庭暴力直接作用於受害者（通常是女人）的身體，使受害者身體上或心靈上感到萬分痛苦，受害者往往同時損害了身體健康和人格尊嚴。.

　　M，女，26 歲，職員，結婚 3 年，孩子 2 歲。

　　M 說：「在女兒還是嬰兒的時候，他就打了孩子一耳光，然後重重地把孩子放進搖籃裡，只因為孩子的啼哭吵到他了。在孩子一歲的時候，他喝醉了酒，拿著刀在後面追趕我，我跑了一條街，才算躲過盛怒的他。

　　這些我都能忍，只因為我是一個收入微薄的女人，並不能為家裡的經濟提供幫助。所以他責罵我，或者毆打我的時候我都能忍受。

　　直到三個月前，他突然回家。我之所以說突然，是因為他很久不回家，而我從來也不知道他什麼時候會回來。

　　那天，我和同事們吃完宵夜，帶了酒味回到家裡。他一臉鄙視看著我，事實上在我發現他出軌之後，他為了證明自己沒錯，為了讓我自己覺得是我配不上他，一直對我更加凶惡。

　　在我到家後不久，一位愛慕我的男同事打電話給我，說我的外套掉在餐桌上，要給我送過來。這位男同事我曾多次拒絕他的愛意，但他清楚我受虐的婚姻狀況，想急於幫我擺脫似的，但我對他並沒有其他意思。

　　也許是酒精的作用，這位男同事向另外一位女同事打聽到我的住所之後，將我的外套送到我的家門口。而我去洗澡了，開門的正是我的丈夫。等我從洗手間出來，看到他像一頭發瘋的野獸對那位男同事大打出手，我

愣在原地不知如何是好。直到那位男同事好不容易才趁隙脫逃。

男同事逃走後，他轉頭看到從洗手間出來的我，雙眼通紅，瞪得眼珠子都快掉下來了，朝我撲過來，將我按在地上拳腳相加，我險些喪命。接下來的一星期時間我都被反鎖在家裡，直到我的母親與我失去聯繫，來我家找人才解救了我。

母親將鼻青臉腫的我帶回娘家，她不停地勸我離婚，而我什麼都聽不進去。

為什麼有人會家暴？

拿故事中M的前夫來說，從小他的父親會在喝醉酒後打母親也打他，為他做了「壞榜樣」，對當時還是孩子的他產生了很壞的影響，成年以後不知道怎麼做一位好父親和丈夫。

M是一位性格溫順的妻子，在不夠成熟的時候進入婚姻，接受了丈夫一切扭曲的觀念，如「收入不高在家庭中低人一等」，「我出軌是因為你不夠好」，這些不健康的觀點在她沒有獨立思想下，全盤接受，不懂反抗。

【成長祕鑰】

有暴力傾向的人，在一次施暴中，暴力因子被喚起，一逮住機會就想發洩自己的暴力，去摧毀身邊的人或事。暴力傾向的人往往是個人修養低，不懂平等、互愛的人，他們道德底線低，自我控制力差，也容易衝動用暴力解決問題。

1. 造成家暴的重要原因之一：觀念錯位。

中國有著一千多年的男尊女卑的思想，在男主外女主內的男權制度下，女性沒有收入來源，在過去一直是扮演著男性附屬品的角色。男人想打就打，想罵就罵。男權社會下的女人地位極其卑微。

經過時代變遷，在現代，男女平等是時代的重要變革，女性進入社會為社會創造價值，是必不可少的主力。但仍有許多男性思想腐舊，尤其在鄉下，依舊是男性當家作主。在城市的調查數據顯示，當家作主的家庭模式已經不受性別影響。60% 以上的家庭是男女平等，另外 40% 是一半男性一半女性。

2. 現實中的家暴不分男女，必要時用法律武器保護自己。

如今家暴，不僅僅是男性打女性，也有許多女性打男性的例子，這其中互毆的情況也不少。不管如何，動手打人的人一定是不對的，不分男女。

面對冷酷無情殘忍的伴侶，我們要做的是第一時間逃離。在家暴後尋求法律的幫助。受虐待的一方可以申請保護。在心理和肉體受到威脅的我們，不要顧及面子、丟人這種無關緊要的外界壓力，保護自己才是第一位重要的。

我是一個入贅女婿

　　「入贅」，也就是大家通常所說的上門女婿，女婿男嫁。這種婚姻方式也叫入贅婚姻。存在即合理，在中國，入贅婚姻已經有兩千多年的歷史，無論男娶女嫁，還是女娶男嫁，都是合法而正常的婚姻方式。從古至今，這種婚姻方式解決了獨生女兒家無人養老以及家中沒有勞動力的社會性問題。但是，受封建思想觀念影響，大多數人總是習慣戴上有色眼鏡來看待「入贅女婿」，這讓一些男人從心理上產生了畏懼感。尤其在思想相對保守、落後的地區，「入贅女婿」的日子似乎就更難過。

　　P男，32歲，網際網路公司職員，孩子4歲。

　　P說：我是人們口中所謂的入贅女婿，我的孩子隨老婆姓。關於我自己的感受？其實我和妻子的想法一樣，孩子跟我們倆誰姓都沒關係，反正都是自己的孩子。既然如此，還不如依了妻子父母的意願。討丈母娘高興，我的妻子也高興，家和萬事興，我這麼想。雖說是如此，但是還是對遠在老家的父母心中虧欠，總覺得自己沒有遵從傳統是不孝。

　　孩子隨老婆姓這件事當時跟老家的父母僵持了很久，以至於家裡現在還有牴觸情緒。我們夫妻倆回老家，每當老人喊孩子的名字都故意還是依照我的姓氏，目的是為了在妻子的面前表示不滿。

　　妻子因此很不願意跟我一起回老家，覺得我家裡人都不喜歡她，而事實上家裡人也確實挺排斥她，也沒給過她好臉色。所以妻子連過年都要求留在北京，這個問題一直沒有得到解決。為了自己的現家庭和諧，卻犧牲了原生家庭的和睦。一邊父母，一邊妻子，我在中間一直調節但反而兩方關係越來越緊張。每當快臨近過年，都是我心中最難受的時候。

　　我們之間的觸發真正矛盾是由一件很小的事情所引起的。

今年過年本來沒有回去老家，因為擔心妻子受委屈，所以留在北京過年。經過我的軟磨硬泡，妻子答應在五一節的時候，一家三口回一趟老家，我滿心期待著。

在五一前一晚，我準備回家收拾行李，準備第二天清早出發。但是回到家發現妻子不但不在家，行李也並沒有收拾，只有歪著倒在地上半開的行李箱。我當時很受傷，覺得妻子並不關心我們回去的事情，緊接著是憤怒，想著妻子一定是回娘家去了，不想跟我回老家。

我撥通號碼，妻子果然在娘家，我一頓怒吼：「你怎麼只知道往娘家跑？你自己沒家沒丈夫嗎？」我將壓抑著的對父母的愧疚轉成憤怒一併朝妻子發洩了出來。

電話那頭的妻子先是委屈，隨之也憤怒起來：「我回家怎麼了？我就是喜歡回我自己的家，你的家我就是不願意去，怎麼啦？」而事實上，妻子並不是不願意回老家，是記起丈夫長途坐車，腰會痠痛的毛病，特意帶著孩子去娘家拿藥膏。因為老丈人是一位中醫，家裡的中藥貼布很多，跑一趟回家再繼續收拾行李也來得及。」

這對夫妻的溝通模式是很常見的「無效溝通」。夫妻倆各執一詞，不管自己內心的真正訴求，也不管對方正處在什麼樣的情感之下，說出來的「帶刺」的話。

其實，丈夫更希望看到高高興興準備和自己一起回老家的妻子。是希望妻子能真正融入自己的原生家庭裡，對家庭和睦有著很大渴望。但是回到家，發現家裡的情況和自己期待的完全不一樣，會產生很大的落差感，先是很受傷，因為希望自己被妻子重視，自己的家人被妻子重視。

【成長祕鑰】

其實，婚姻中很多問題並不像想像中那麼嚴重。而無效溝通就像是一根刺，容易中傷彼此脆弱的心。上述案例故事中的問題若不能及時解決，恐怕便是「破鏡難重圓」、「傷口難癒合」的結局。

1. 理性看待憤怒的情緒

憤怒，是受傷後的防禦。人的深層心理會認為，為了讓自己受到重視，使用憤怒的情緒比受傷有力量。當然，這是一個失誤，因為妻子也由受傷轉為憤怒。當一個人用憤怒的模式對我們，我們會很「擅長」用憤怒進行反擊。這一來一去，雙方產生了很大的裂痕。只因為沒有表裡如一地溝通。

2. 怎樣才算表裡如一地溝通呢？

心中體會到什麼，就說出來，讓對方知道。如這位丈夫可以說：「你是不想和我一起回老家嗎？我感到很難受，覺得你不重視我。」而妻子會回答：「沒有啊，我是過來替你拿藥膏的，我擔心你在路上會犯腰痛。」

瞧！誤會解除，情感增進，多麼簡單。

面對問題多溝通，想辦法解決問題。

遇到了問題，不要一味的祖護，要把問題暴露出來，然後找出解決的辦法。在生活中總是會遇到各式各樣的問題，解決一個問題，我們的生活就會向前跨一步。在婚姻中，雙方難免會有一些摩擦，在問題出現時，夫妻間要多溝通，找到問題的根源所在，然後互相幫助，將問題解決掉。

3. 撕掉面具，坦誠相對

只有卸下彼此的防備心理，坦誠相對，在溝通中彼此之間建立起一

座互相信任的「心橋」。兩個人生活在一起，朝夕相處，就要坦誠相對。夫妻間沒有什麼可以隱瞞的，既然相愛走到一起，有什麼事情是說不開的呢？

摘掉那些面具，面對愛人敞開自己的心扉，在溝通中建立起一份信任，在交流中架起一座心的橋樑，連線夫妻之間的心靈。那樣，我們的婚姻才會更加美滿，更加幸福！

因為偏見導致的「戰爭」

俗話說，夫妻之間「床頭打架床尾和」。在日常生活中，夫妻二人往往為了這樣或那樣的小摩擦發生矛盾，若是誰也不甘示弱，抓住對方的錯誤爭吵不休，很可能使矛盾激化、夫妻關係更加不和諧。現實生活中遇到這些問題的時候就要適時放對方一馬，不要揪住小辮子不放，引發更激烈的「戰爭」。

善莫大焉，對於犯錯的另一半，要給他改過自新的機會，同時也展現自己的大度和寬容。

H，女，35 歲，樂器廠主管，孩子 9 歲。

H 說：最近我與丈夫正在鬧離婚，親友紛紛勸阻也不見有和解的意思，導火線在於夫妻都有各自的偏見。

最近因為丈夫忙於打理自己的生意，工廠裡面工作也較忙，我拜託鄉下的母親來照顧 9 歲的孩子。因為母親保持著鄉下的習慣，所以總是讓丈夫感到頭疼。

比如，母親洗碗捨不得用洗潔劑，抹布上總是油嗒嗒的，丈夫對此總有抱怨：「你媽碗都洗不乾淨，你能不能叫媽別洗了。」再比如，母親洗澡的時候會用桶把水接起來，裡面放個杯子，沖廁所的時候往裡一杯一杯舀水。丈夫看見也十分不喜歡：「洗澡和沖廁所用不了多少水，你媽這是幹什麼啊！鄉下人就是奇葩。」

雖然我理解丈夫在城裡長大，對母親的許多習慣不接受，但是作為女兒，哪裡經得起丈夫整天抱怨自己的母親？母親是自己的『生產廠家』，指責母親，不就是指責自己是『不合格產品』嗎？我感覺丈夫把母親和自己都一同否定了。如果說之前的抱怨，我都能忍，但這句『鄉下人就是奇

葩』使我在忍耐了許多之後終於爆發了。

「『你能別總是你媽、你媽、你媽的行嗎？你到底有沒有把我媽當成你媽？沒有我媽哪來的我？我媽這麼節省一輩子了，到老了還要強迫她改嗎？還有！什麼叫鄉下人都是奇葩？你們城裡人好，自己沒多大本事，倒是很會利用一些地理優越感打壓別人。你要去更大的城市，人家也把你當鄉下人。』」

當 H 轉述吵架的內容給我聽後，我在想，似乎每一對夫妻在吵架時，會將每一句話變成刀子直插對方的心臟，恨不得將對方置於死地。

在我勸 H 冷靜下來之後，連續問了幾個問題。

「你們是因為什麼原因結婚的？結婚的時候你的丈夫有嫌棄過你的出身嗎？丈夫最近工作有什麼壓力嗎？他以前是一個帶有偏見的人嗎？」

「我們是因為愛情結婚，當時異地戀了 3 年，我回到老家看我媽時，他跟了過去，絲毫沒有嫌棄我老家破舊的小屋。他以前不是一個帶有偏見的人，處處寬容有愛，也不知道最近怎麼了。哦，我媽來之前大概聽他提起，合夥人要撤資另起門戶。我媽媽來之後我因為忙，把這事給弄忘了，難不成是因為這個事他開始口不擇言？」她說完拍了拍額頭繼續說。

「我為了維護立場，也反擊了他，用的也是帶偏見的話語。說的那些話好像是已經忘了他的為人似的，其實他是什麼人我最清楚不過了，我當初就是看中他的品行嫁給他的。我現在趕緊給他打個電話問一下公司的情況，安慰一下他，看能不能幫上忙。」

其實，我發現，許多來找我交流婚姻困擾的夫妻們，自身都有將婚姻經營好的能量，而我只需要做一面把她們內心想法呈現出來的鏡子就好了。兩天之後，H 打電話給我，說與丈夫和解了。夫妻倆都清楚自己因為工作的壓力而忘了靜下心來溝通，導致誤會越來越多。

【成長祕鑰】

其實在夫妻生活中，經常會因為對方藉由小事攻擊自己而加倍反擊。弄得雙方都苦不堪言，遍體鱗傷。很多時候我們需要了解對方為何突然變得「不可理喻」了，而不是將戰火越燒越旺，以至於不可收拾。

我相信沒有一對相愛的夫妻，不是滿懷對未來的憧憬而結合的。只要能化解矛盾，都不願意撕裂這份來之不易的感情。H 的故事中，將丈夫想成了一個帶有偏見的人，以至於以「其人之道，還治其人之身」。雖然後來矛盾化解，了解是一場誤會。但是讓我不禁回憶起另一對夫妻因為偏見而徹底破裂的故事。

一對再恩愛的模範夫妻，結婚之後也難免因為一些柴米油鹽的雞毛蒜皮事而吵架，心理學家認為，當一個人失去理智、在氣頭上的時候，說出的話常常不經慎重思考，很容易說一些難聽刺耳的話中傷對方。雖然過後仔細想想並非大事，可那些刺耳的話卻再也收不回來，成為對方心中的小疙瘩，長久下去，發展成為夫妻關係越來越不融洽的癥結。

若想讓幸福婚姻重新上路，就必須學會及時「踩剎車」。我的建議是：

1. 不要追究絕對的對錯輸贏

夫妻之間拌嘴吵架，沒有誰是誰非誰書誰贏之說，適當地做出讓步和妥協才能讓「戰爭」停止。如果彼此都拒絕讓步，越吵越厲害，傷害的言語也會越說越多，結果只會令彼此的心漸行漸遠，婚姻亮起紅燈。

婚姻是愛情的延續，彼此都愛著對方就不需要為了一些小事來說出個對與錯。有時因為太愛了，為了守住這份情，才會對另一半的言行太過敏感。面對婚姻，我們應該充滿信心，對彼此放心，打消對另一半的不安。記住，多用你的敏感體會點滴的美好生活，而不是一味地把你的敏感發揮

到最大，也許他的言語讓你感到他不愛你了，也許他的行為讓你感到他在遠離你，這是我們需要做的不是把事態擴大，而是用你溫暖的心，點亮生活中點點滴滴的美好。

2. 另一半犯了大錯，如果誠心悔改，也可以考慮接受

婚姻過程中一些大點的錯誤，對方可能為了自己的一時享受和私利，忘記了自己已經有了家庭，幹出了一些超越理智的事情，必定會使你大發怒火。當對方翻然醒悟請求你原諒時，你不妨考慮一下，因為婚姻生活不只是平平淡淡，有時也會有電閃雷鳴，暴風驟雨。我們是選擇彼此在挫折中心灰意冷，還是給彼此溫暖撐起愛情的大傘走出陰霾？請冷靜思考後再做決定。

3. 用一顆理解包容的心化解夫妻矛盾

「前世修來同船渡，百世修來共枕眠」。夫妻間鬧矛盾也是很正常的事，有什麼問題應該心平氣和地談一下，夫妻之間應該互相體諒，化解矛盾包容對方，會發現對彼此了解更深。彼此是陪伴自己一輩子的人，在包容理解下多體諒對方，會使他感覺到婚姻的幸福，哪還有理由和心情來破壞這麼幸福美滿的婚姻呢？

第十章
父母對孩子的影響

　　照看孩子是一件需要耗費大量時間和精力的事情，不光是人類如此，絕大多數生物都是這樣。想成為合格的父母是一件非常辛苦的事情。

　　父母之間的感情對孩子所產生的影響非常巨大。孩子在今後的擇偶以及婚姻過程中都會受到幼年時期自己父母之間關係的影響。這些都是對孩子的無意識行為影響，而這些潛移默化的影響要比很多言行教育更為更重要。

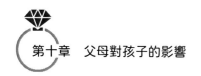

被嫉妒心所吞噬的孩子

當孩子出現嫉妒心理，就會表現出悶悶不樂、不高興的情緒。甚至會產生對抗、攻擊父母的行為，如果家長不好好進行引導教育，可能就會影響孩子的心理健康！

有句話說得好：一棵樹嫉妒另一棵樹時，恨不能自己變成斧頭。

當孩子內心的嫉妒心達到某個極限值時，就會產生破壞性心理甚至自我毀滅的消極想法。

L 和 G 住在一個公司宿舍裡。

他們的父親都是一個公司同事，曾經為了競爭一個晉升的職位鬧過糾紛，後來是 G 爸爸升官了。所以 L、G 兩家現在基本上是貌合神離，仍是一直在暗地裡較著勁。

L 和 G 從小是同學，L 媽媽經常對 L 的教育是：「你一定要超過 G，給我們家長臉。」從那以後和 G 較勁的種子就在 L 心中生根發芽了。因為孩子從小沒啥辨別能力，通常母親的指示就是真理，不管那真理是否正確。

從此以後，G 做什麼，L 都要趕超他。老師們喜歡 G，L 一定要想方設法表現去討老師喜歡。倘若哪一次老師批評了 G，L 可以為此高興好幾天。畢竟在嫉妒中的人是痛苦的，G 的不順對 L 的苦難是一種補償。G 暗戀班上一位女孩，就算 L 不喜歡這位女孩，也要暗中寫信去破壞一番。L 總想在一切事情上勝過 G，不惜變得惡毒。

是的，L 的世界只有和 G 較勁，失去了自己。後來，G 去學了單簧管，L 也去學了。在一次演出的時候，隨著音樂跌宕起伏，曲罷觀眾拍手叫好，L 卻突然哭了，因為他根本高興不起來。G 在演奏的過程中去享受，而自己又是在做什麼呢？

L 開始憂鬱起來，不知道自己人生的意義到底是什麼？是一直和 G 比較嗎？那自己的人生還有什麼意思？

L，因為 L 媽媽的比較心，把嫉妒從黑暗中放出來，並且啟用了。可不是麼？我們常聽到就是「你看別人家的孩子」，這樣的話是把純真的孩子往嫉妒上推。L 的心理發展是源於不斷與 G 比較，而愈演愈烈的嫉妒心矇蔽了雙眼。忘了自身所具備的優勢，而陷入了盲目與無知。

【成長祕鑰】

人為什麼會產生嫉妒心理？

1. 和家庭環境有關

嫉妒心和我們所處的家庭有很大的關係。也許嫉妒心暗藏在每個人的心底，但在一個充滿智慧的家庭裡，父母會善於將在嫉妒之前的比較心轉化為孩子健康前進的動力，而不是阻礙身心發展的絆腳石。

2. 人們總是習慣性地比較

哲學家弗蘭西斯·培根曾說過：嫉妒總是與一個人的自我意識所做的比較交織在一起，沒有比較，也就沒有所謂嫉妒。沒有美德的人總會嫉妒別人身上的美德。當其他人沒有希望獲得美德時，就會捕食美德者的不幸，以獲得平衡。

一個看著身邊的飛黃騰達的同輩人。這種嫉妒是因為事業有成的人，與我們從小一起長大，環境都一樣，但對方事業蒸蒸日上。他們的成就等於譴責我們的運氣不好。這讓我們難以釋懷。

如果父母告訴我們：「你已經做得很好了，你只需要完善你自己，不需要與他人作比較。」我想，是沒有一個孩子會被嫉妒所控制，活得失去自己的。

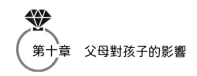
3. 孩子是父母的縮影

有強烈嫉妒心的孩子，必然會有一位強烈嫉妒心的父親或者母親，最糟的情況是雙親都如此。如果此刻的你正被嫉妒之火灼燒著，請記住：樸素而坦率，是我們避免被嫉妒最好的祕訣。

最後獻上莎士比亞的《奧賽羅》中關於嫉妒的幾行話：

哦！當心我的嫉妒之主，

那是一個綠眼的妖魔，

誰做了它的犧牲，

就要受它的玩弄。

4. 讓孩子擺脫嫉妒心理的方法

嫉妒心通常源自負面評價和比較。其實在父母眼中，每個孩子都是寶，適當給予孩子鼓勵和讚美，而不是拿孩子與「別人家的小孩」作比較，更不要用自己孩子的短處去和其他孩子的長處作比較。父母「恨鐵不成鋼」的態度往往是孩子產生嫉妒心的源頭。父母應該教育孩子，競爭中總有輸贏，不要因為一時的輸贏和不如意就妄自菲薄，無論什麼境遇，努力成為更好的自己才是最重要的。這樣才能讓孩子感受到被重視，擺脫嫉妒心理。

人生輸贏不重要

教育是一門大學問。如何才能讓孩子在物慾橫流、適者生存的殘酷世界裡，梳理正確的價值觀、人生觀，是每個父母的必修課。

當然，在教養、品行、學識方面，我們要讓孩子不斷修煉。但是也別忘了告訴孩子，人生的輸贏不重要，努力的過程才最重要。

D，女，一個生活的旁觀者。

這是一個關於教育影響孩子一生的故事，D作為觀察者看到自己表姐人生轉折，內心波瀾震顫。

「我捨不得吃，捨不得穿，加班加點工作，供你讀書。你難道不該聽我的話嗎？」D小時候住在姨媽家，最常聽到的就是她對表姐說這句話。每當表姐表現出「忤逆」姨媽的時候，她就會說這句話來使表姐沉默。

表姐前一刻還咋咋呼呼，聽到這話就像按了暫停鍵一般愣在原地，姨媽對此十分滿意，屢試不爽。表姐回到房間，看到D，無奈地聳聳肩，那神情用現在的話來說就是：「我能怎麼辦呢？我也很絕望啊。」

後來表姐大學畢業，遠嫁她鄉，甚是匆忙。D記得表姐在大學的時候有本地的同學追求過他，她也十分喜歡，臨結婚的時候卻嫁給了另外一個外地的同學。這峰回路轉的，D有點搞不懂。

「其實，說喜歡，兩個同學我都喜歡。但是愛呢？其實都沒有。」表姐說。

「那你為什麼還要那麼早結婚？不等愛情呢？」D問。

「因為嫁人之後我就可以遠離我媽了。還沒畢業她就安排我在家附近的公司工作，忙著介紹領導家的孩子給我。而且，我實在不想再聽到『我捨不得吃，捨不得穿，加班加點工作，供你讀書。你難道不該聽我的話

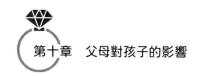

嗎』這種話了。我只希望不被她逼瘋。」

當時的 D 在讀國中，忙著準備會考。姨媽整天勸誡 D 不考出好成績這輩子就完了，所以 D 也沒有功夫細想表姐到底為什麼會那麼想。

直到昨天聽說表姐突然離婚了，D 才細想明白。

姨媽犯了三個作為母親不該犯的錯：

△ 用犧牲來控制孩子；

△ 用道德約束孩子孝順；

△ 幫孩子做選擇。

這三個錯誤，讓表姐急著逃離家，哪怕冒著尚未成熟的風險去嫁給一個不愛的人。

姨媽在表姐還沒畢業時就為表姐安排好一切，其實十分自私。相當於姨媽為了自己享受了兩輩子的選擇，犧牲表姐的選擇權。人生在世，如果一切事情都是父母安排好，那還有什麼意思？

【成長祕鑰】

人生輸贏不重要，重要的是自己在下棋。可是，在現實中，又有多少父母能真正認識到這一點？

1. 父母為何要把自己弄得很慘？

我認識的許多父母總是把自己弄得很慘，整天在講「我吃不好、喝不好，就是為了孩子」這樣的話來控制孩子，其實就是想讓孩子喪失自主能力和道德勇氣。表姐當年的一番話的潛意識裡的念頭是「我不能忤逆你，那樣會顯得我不孝，那我逃離你身邊總可以吧？」

2. 給孩子高品質的愛

孩子如果在家庭裡獲得高品質的愛：被肯定、被尊重、被關愛，孝順是自然而然的。不需要父母一而再再而三強調，你要孝順，不然多麼差勁。一個心中有愛的孩子，會愛自己的愛情、親情、友情。

做出選擇之後也許會成功，也許會失敗，但都是自己做出的選擇。如果我們感到痛苦，只需要父母做我們的港灣就好，外面的風雨彩虹，我們要自己經歷。

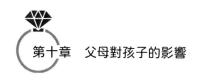

不想上學的孩子

有一天，朋友在她的朋友圈分享了一段小影片：

女兒不想上幼稚園，父母無奈之下，將孩子裝在一個蛇皮袋裡，直接強制性地送到了校車上。

相信現實中很多父母都沒見過這種操作，就連負責接孩子的幼稚園老師也是一臉錯愕，哭笑不得。說實話，當時看到這個小影片時，我並不相信。因為在我的印象中，她的孩子始終是成績很好、做事乖巧的「模範學生」。至少，應該不是個讓人操心甚至不想上學的孩子。

後來，朋友隔三岔五打來電話，向我訴說自己的無助。我仔細想了想，勸說道：「孩子成長到某個階段以後，逐漸開始有了自己的想法，這其實是件好事。」的確，與其用強制性的手段把孩子送去學校，不如先弄清楚，孩子到底怎麼想的，究竟為何不想去上學。

J，男孩，13 歲。

J 媽媽說，J 已經 1 個月不去學校了。奶奶哭了，爸爸也勸了，媽媽好壞話也說盡了，J 就是不去上學。原因是 J 的父母長期冷戰，不和對方說話。

我問 J：「為什麼不想去上學？」

J 告訴我：「我的爸爸經常出差不回家，好不容易見他一次，媽媽卻把我關在書房裡。媽媽整天只希望我讀書，從來不讓我去玩一會。我以前還有禮拜天可以去找同學玩，現在連禮拜天也沒有了，最近更過分，連週一到週五下課放學回家之後都得去補習。」

「補習之後你的成績有提升嗎？」我問。

「沒有，反而變差了。本來就沒有時間玩，只好在補習班和同學一起

玩。」J聳聳肩。

「補習班老師不管你們嗎？」我問。

「管啊，但不會真管。如果我們不願意去了，他怎麼賺補習費呢？」

我吃驚浩浩的現實，繼續問：「你既然不想去，為什麼還要讓媽媽花錢補習呢？」

「哎，這不是敷衍她嗎？我去補習她反而高興一點。而且再說我去補習了，也不用聽到我不想聽的話了。」

「什麼話？」

「說我爸爸這不好，那不好，哪哪都不好的話。我很愛我的爸爸，媽媽說爸爸不好，我心裡不舒服。」

「既然你這麼想，為什麼最近連學校都不去了？不擔心了嗎？」

「還不是因為他們不讓我省心。現在爸爸好不容易回家，卻整天吵架，有一次還打起來了。當時我在場，攔在中間，他們才沒把對方掐死。您說，如果我去學校，家裡出事了怎麼辦？」J說。

我突然開始很心疼這個孩子。原來他是因為不放心這個家，才不去上學的：「你怎麼不把你的這些話告訴你的父母？」

「他們會說這是大人的事。叫我別管。但是您說，我能不管嗎？」J氣憤地錘了一下胸口。

成長期孩子們的心理世界：對孩子而言，家庭吵架，就像世界大戰一樣可怕。

【成長祕鑰】

孩子往往是對家庭最為忠心的，如果家庭出問題，孩子會替家庭生病。他們深層想法是：我不能走向社會，我不能去學校，也不能去交朋友。我需要盯著這個家，不然它會毀掉。

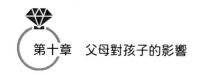

1. 多留意孩子的心理健康和情緒情感問題。

在一個健康的家庭裡面，母親的功能是給孩子安全感：你無論遇到什麼挫折，媽媽都會陪在你身邊；父親的功能是給孩子價值感、能力感：你可以像爸爸一樣，有勇氣探索世界，實現屬於你的價值。

過度關心孩子的學業以及是否爭氣（如僅僅是一切和成績有關的話題），而不在乎孩子的情緒情感（如學校有沒有遇到不開心的事？有沒有什麼困擾？發生了什麼好玩的事情？父母的感情傷害到你了嗎？），單方面的重能力而不重情感，會讓孩子抗拒父母的關心，從而排斥學習。只有家庭和睦有愛的氛圍，孩子才能安全去學校探索學習和友誼，成為一個自信、寬愛的人。

2. 多給孩子一些善意的提醒和價值觀的正確引導。

如果孩子某一天真的不想去學校，不妨嘗試性地引導：

首先，給予孩子理解：「你有了自己的想法，說明你已經長大了。媽媽很理解，以後我就不用太為你操心了。但媽媽必須告訴你一個殘酷的現實是，那些耳熟能詳的成功人士，除了機遇的垂青，大部分都是靠腳踏實地的努力去實現理想的。而完成學業則是最基礎的一步。」總之，用正確的思維和方法糾正孩子的「上學無用論」，引導孩子相信知識的力量。

無法戀愛的 32 歲的男孩

很多男孩不知不覺到了試婚年齡，至少他覺得自己應該有個女朋友了。有一天，他真的遇見了「命中注定」的那個女孩，可是另一個聲音卻對他說：「你不能戀愛！你戀愛了，你媽媽怎麼辦？」

我想，其實很多父母在養兒育女的過程中都忽略了一點：孩子的確是你們生養的，但孩子並不屬於你們任何人。孩子只屬於他們自己。你把他們帶到這個世界上，但是這並不意味著孩子就從此成了你們的私有物品。

只有明白了這一點，父母才能擺對自己的位置。

N，32 歲，國營事業公務員，未婚。

N 所在的國營事業是一家營利事業，一般人是很難考進去的。所以 J 在工作能力和學習能力這一塊，是毋庸置疑的。同時他的顏值也是很高的，因為遺傳漂亮媽媽的基因。

他無法戀愛的原因不在於他的外在條件，而在於他的內在原因。這幾年他被安排了許多次相親，卻沒有一次成功的。並不是他看不上對方，而是女方在和他接觸之後，會果斷選擇不來往。

到底是什麼原因呢？

這要從他的家庭模式說起。他的父親是一位當年有名的企業家，生意做得紅火，為人也仗義。母親是當地出名的美人，出挑迷人。他的父母親在當年是一段佳話。

因為父親的經濟實力，母親做起了全職太太。我在這裡宣告一下，並不是說全職太太都會出現以下的情況，而是一個角色單一的全職太太很容易出現以下情況。

全職太太的母親捨棄了其他社會角色，將自己全心全意放在妻子、母

親的角色上，將所有的注意力都投入在父子倆身上。從心理學上講，一個健康的個體，要在家庭角色之前先是一個獨立的個體，如一個有自己興趣愛好的人，一個從事某種社會生產價值的人，然後再是一名妻子、一位母親。但是她的母親並不是，她的角色變得很單一。

接下來的歲月裡，他的父親受不了母親的過度管控，而透過繁忙的生意逃離這個家，而他卻不行。母親將一切從父親那裡得不到的回饋都要從他這裡得到。

比如母親做了一頓飯，父親可能無法讚美母親，而作為兒子的他察覺到母親的失落，便會讚揚。母親對此歡欣雀躍，加強了他這麼做的動力。若哪一次他沒有讚美母親的廚藝，母親簡直會崩潰。久而久之，他每一件事都要在乎母親的感受，包括長大以後的戀愛。

那麼問題出現了。一個女孩想要交往一個男朋友，但這個男朋友事事都要遵循母親的意見，恐怕是沒有哪一位女孩能同意的。而反過來，習慣控制兒子的母親，也對他選擇的女孩評頭論足，哪裡好哪裡不好，都需要母子倆商量之後再做決定。

這不僅讓女孩兒們覺得這個男人沒有主見，也讓女孩們覺得自己不受尊重，更擔心今後的婆媳關係。所以，這就成為他一直不能成功開啟一段感情的原因。

【成長祕鑰】

這一節的話題又涉及到我們在前文中討論過的「媽寶男」話題。其實，男人以母親唯有拒絕戀愛也是「媽寶男」的一種。這種做法不等於孝心，只會讓妻子無法忍受，而當事人又不知道該怎麼辦。

1. 母親不要試圖用控制慾展現自己的價值

作為母親要解決這個困擾，需要意識到孩子有他們自己的人生，不要試圖透過控制孩子來完成自己的價值感。而作為已經被控制的孩子，需要明白自己已經長大成人，有自己的家庭，不要將原生家庭和自己的核心家庭混在一起，需要有一定的界限，父母有父母自己的人生，有屬於他們的生活。

2. 注重孩子青春期教育

預防以上情況的發生可能要在青春期時父母就開始做工作。青春期的孩子通常會憤怒，因為父母理想化形象的坍塌，如父親無所不能，充滿力量的兒時印象，回頭一看，爸爸就是普通人，於是第二個反抗期來了。他（她）們暫時會忽略父親身上很多優點，產生憤怒的情緒。但適當的憤怒是有必要的，可以幫助孩子去探索外界。因為離開父母會心生愧疚，很難邁開步伐。沒有憤怒情緒推動的這個原因，孩子會過度黏在家庭裡面，不利於成長為一個社會化的人。

3. 尊重孩子的選擇，不把孩子當做私有物。

對待孩子，第一不可冒犯他們，第二不可輕視他們 —— 這是世界家庭教育之母夏洛克一個風靡全球的理念。

何為冒犯？做了不該對孩子做的事情，這就是冒犯。例如，明明不需要發怒，卻用語言中傷了孩子敏感脆弱的神經。

何為輕視？沒有為孩子健康成長做該做的事，這就是輕視。為人父母，我們要找到一種適合與孩子融洽相處的模式，和孩子一起成長，但是孩子永遠是自由的，他們不是任何人的私有物。

第十一章
夫妻攜手成長

　　現代這回中，不管是男人還是女人，即便結婚以後，也希望自己能和另一半始終熱度不減，讓愛情保鮮。那麼，夫妻之間的「共同成長」就需要夫妻兩個人共同努力攜手完成。倘若只有一個人單方面的付出，恐怕夫妻之間的感情好不到哪兒去，也不會長久。嚴重的話還會因此亮起紅燈。如何才算是「攜手成長」便是我們本章要討論的話題。

為什麼說過分理智是在麻痺自己的感受？

過於理性有時也代表著「錯過」。譬如有些很寶貴的感情經歷，往往會因為理性地剋制而讓彼此失去機會。當你走到人生的某個階段機會發現，比起他人多彩爛漫的人生，似乎自己的人生好像因為過於理性而失去了美麗的畫卷。也許你感受不到有多麼悲傷，但就是覺得自己的心是空的，時間久了，自己最真實的感受也被麻痺了。

W，女，30歲，培訓機構主管，戀愛3年，結婚1年。

W說：「我先生從小很愛出汗，無論夏天還是冬天，只不過夏天出得更嚴重罷了。求醫無果，為此他心中會十分介意別人嫌棄他出汗體質。

去年12月，他感冒了，挺嚴重的，一直咳嗽。他依然要堅持開窗戶，導致感冒一直好不了。我明白，開窗的原因之一確實是因為他真的很熱，其二是先生介意一直冒汗引起我的不滿，想要開窗讓風吹乾汗液。但是，大家都明白，在重感冒的時候吹冷風無疑使病情加重。

我意識到了愛流汗的毛病是他的心結，我們急需要開啟這個心結。因此，我們展開了討論。

我：『你會因為自己出汗，而害怕別人嫌棄你嗎？』

他：『會啊，這是實話，我挺介意別人嫌我出汗這事的。』

我：『其實，你不是害怕他人嫌棄你，而是你自己沒有接受自己。一個人如果沒有真正接受自己，就會永遠活在介意他人嫌棄自己的心境裡。事實上，每個人無論是身體還是精神都會有不足之處，人無完人。我問你兩個問題吧：

1. 一個殘疾的人如果介意別人嫌棄他身體不健全，他要怎麼開心起來？

2. 霍金只有眼珠和手指能動的時候，他是怎麼完成著作的？』

他：『第一個問題，需要這個殘疾的人調整好心態，不在乎他人看法；第二個問題，需要霍金的毅力和決心，忽略身體的不足，他很有勇氣。恩，親愛的。我明白你問題背後的意義，但是你沒找到我心中的重點。』

我：『那麼請問你心中的重點在哪裡？我的問題有什麼不妥嗎？我這不是想啟發你過好自己，不要過分關注外界的看法麼？』

他：『是啊，我明白你的心意，但是你不需要分析那麼多，你實在太理智了。你其實只需要告訴我，不管別人介不介意，你是不會嫌棄我的，就好了。你看，其實，就是這麼簡單，我就會很開心了。』

我：『我當然不會嫌棄你。我愛你。』

他：『我也愛你，是的，我其實只要聽這簡單的一句，就心滿意足了。』」

這個故事給我很大的啟發。自從我開始做培訓老師以來，常常過分喜歡引經據典，大量地用邏輯分析周圍的人與事。而忽略了情感使理智完整。過分地關注理智，只在乎邏輯，而不管人的情緒，恰巧是最不理智的。

【成長祕鑰】

人們通常很容易弄混超理智和智慧。因為超理智者的言行都要求自己盡善盡美，不要有些許的瑕疵。喜歡運用複雜的術語和理論依據，從而獲得知識富足的優越感。

1. 超理智者往往被疾病困擾。

超理智者往往會受到心臟病、背痛的青睞，原因在於超理智限制了腺體分泌。過分的理智，是指人常常僅僅關注環境背景，溝通僅限於數據和邏輯水準。滔滔不絕地發表看似絕對正確的意見，顯得明智而能言善辯。

2. 超理智往往是才智過人，卻孤立的

　　這類型的人絕不允許自己表達任何的情感感受，這其實是超理智型的一種防禦機制，因為我們堅信情感會讓我們暴露脆弱的一面。所以我們會近乎強迫地使自己顯得智商優於常人。

討好型伴侶十分危險

「討好型」，即為了得到對方喜歡，能夠讓對方滿意，故意做出相應的、迎合對方的行為。

就算自己明明不喜歡，心理上是拒絕的也會無底線退讓、付出。例如，有些女人結婚後只知道圍著老公轉，她的世界裡只有老公一個人，無形中迷失了自我。似乎活著的意義就是為另一半奉獻自己的一切。這種類型的伴侶，無論男女，都是十分危險的。

A，日本主婦，一個典型的討好型妻子。

A 在婚後的 7 年裡，把家裡照顧得井然有序。經常會指責在她眼中其他「不夠賢惠」的女人們，直到有一天她離家出走，走的時候留下紙條：「我不願意終身獻身於家務。」但在此前，一點徵兆都沒有，她沒有顯得不開心，也沒有抱怨，甚至對丈夫說：「和你在一起的生活，我感到很滿意。」

只是突然的，她離開了，留下原地懵圈了的丈夫，壓抑後的討好型會做出很多激烈的反應。如電影《末路狂花》中主角塞爾瑪意識到長期壓抑自己後人格巨大的轉變。原因在於從不在乎自己內心的真實感受，把壓抑當節制。

節制是美德，壓抑是無知。

為什麼說討好型的人十分危險？因為他可能有一天會炸，在前一刻還是人們心中的好好先生 or 好好女士的狀態下。為什麼隨時會炸？因為他時刻處在壓抑的狀態下，而他本人卻不知情。

什麼是討好型的人？真正討好型的人不是大家誤以為的諂媚、奉承的人。而是那些樂於助人的人，不懂拒絕的人。他們尋求人們的認可，認為愛是有條件的，條件就是「我要足夠好」。

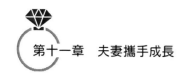
　　討好型足夠好的信念還包括：我足夠有本事、我足夠美麗、我足夠有才華等等。只要對自己要求足夠好是為了展示給外界，而非為了內在完善，都是一種討好。他們總會想：「只要我足夠好，大家一定會喜歡我。」於是他們不停地去奉獻，一旦長期得不到應有的回報，於是悲傷，進而憤怒。

【成長祕鑰】

　　在討好型人的世界裡，示弱代表自己輸了。表裡如一對討好型而言是極需要勇氣的。但只要做到了面對內心，討好型的人焦慮和壓抑會慢慢得到舒緩，有助於心理健康和家庭幸福。

　　那麼，討好型應該怎麼調整到安全型人格？

1. 討好型

　　常常以犧牲自我價值為代價，和顏悅色，否定自尊，從不冒犯任何人，甚至不去爭取該爭取的。出了錯會往自己身上攬，覺得都是自己不夠好造成的。

2. 安全型

　　表裡如一。尊重內心的真實感受，把渴望表達出來，而非壓抑著。如生氣、憤怒、害羞、難過、高興等情緒，都可以直言不諱。無需掩飾自己，讓自己顯得更「好」。

　　如，今天收到上司的批評很不開心，和伴侶溝通的時間，可以坦白說：「上司對我的評價，讓我很不開心。我努力去調整情緒了，但也避免不了我今天的不愉快。」這是事實，事實無需包裝成：「我知道我做得不夠好，老闆才罵我。」前者是抒發情感，後者是壓抑情緒。

為什麼說指責型的伴侶讓人反感？

　　指責，是指一方透過言語、動作、行為等表達對對方的不滿，背後的隱藏含義則代表著對對方的否定。例如，有些男人總是喜歡給老婆灌輸大道理，「過什麼情人節，怎麼過，這一天不是過」，「哪個女人不生孩子，我也沒看見別人怎麼著，你怎麼這麼多事」，「買什麼花，能當飯吃啊」……指責的背後其實很容易令對方理解為「我是對的，你是錯的」、「我認為你不夠好」。顯然，在任何一段關係中，討好和指最終的結果都是負面的。

　　K：家庭主婦，結婚 5 年，剛生完二胎。

　　K 說：最近我一直與丈夫吵架。

　　今晚凌晨 2 點，二寶發燒，夫妻倆連夜把孩子送去醫院。

　　在醫院折騰了一宿，將二寶帶回來的時候，大寶還在沉睡。但是不知道是不是因為洗手間的水龍頭出門時是否忘了關上，現在家裡已經水漫金山了，丈夫連忙去將水閥關上。本想抱著退燒的二寶到家倒頭就睡，沒想到此刻要清理地上的積水，我崩潰了。在將二寶放回床上之後，我關上了門，蹲在地上清理積水，哭了起來。

　　『要不是因為你，我就不會放棄我的理想。你看我們現在的生活過成了什麼樣？』為了婚姻放棄出國深造的我聲淚俱下埋怨丈夫，丈夫無可奈何，在客廳埋著頭抽菸。

　　『你難道不知道在裝修的時候為洗手間買一個品質好的水龍頭嗎？這樣它就不會壞了，而我們也不用在這個倒楣的時候做這件倒楣的事情了！』

　　『你為什麼關門的時候不檢查洗手間有沒有水聲？如果檢查了，就沒這回事了。』

　　接下來的幾天，無論丈夫做什麼，我都可以瞬間憤怒起來指責丈夫的一無是處。丈夫因為我的態度，決定去公司打地鋪。這惹得我更加抓狂，有時甚至會謾罵，極盡潑婦之能事。

　　我原本以為丈夫會忍受我的歇斯底里，卻不料一直以來沉默的丈夫爆發了：『是不是我做什麼都是錯的？是不是做什麼都不能讓你滿意？我願意看到孩子發燒嗎？我願意家裡被水淹嗎？為什麼什麼都是我的錯？早知道我就不結婚了，這日子我跟你過不下去了。』」

　　當 K 來找我傾訴的時候，已經是夫妻倆瀕臨離婚的邊緣了。

　　很顯然，K 是一位責備型伴侶。

【成長祕鑰】

　　指責在現實婚姻生活中太常見了。而在一方的指責中，另一方感受到的則是不被尊重、不被理解，以及強烈的挫敗感。

1. 指責型伴侶容易盲目暴怒

　　指責型伴侶激烈地維護自己的權力，不接受任何藉口和麻煩；指責型伴侶的內心感受是：我決不能表現出軟弱；指責型伴侶的形象在他人眼中是苛刻的、挑剔的，喜歡拒絕他人的請求，一有機會，就會對別人的建議提出反對；指責型伴侶不願意承認自己的錯誤，如果暴露出自己不夠強大，會感到生不如死。指責型伴侶不斷地尋找他人的錯誤，進行指責。

　　因此指責型伴侶的面部表情往往是嚴肅且冷漠的，這讓指責型伴侶看起來很難親近。由於這種狀態的不斷持續，所以指責型伴侶容易陷入盲目的暴怒之中。

2. 指責和高血壓、哮喘、關節炎是非常好的朋友

　　當指責型伴侶提高音量指責他人時；當一手扶腰，一手指著他人時；

指責型伴侶身體緊張，腎上腺素急速上升，傾吐憤怒。

其實指責他人的時候，指責型伴侶是在從內心呼喊，渴望尋求幫助。是希望自己的生存是有價值，而且值得尊重的。這一點與討好型並沒有什麼不同。只是外在的表達方式不一樣而已。

3. 指責型的伴侶，自信且孤獨。

按家庭治療室薩提亞女士的觀點來說，指責型的伴侶，是非常有自信的人，但是非常孤獨。

當我們感到憤怒，不滿意他人的時候，我們需要冷靜觀察自己的情緒。想想我們為什麼要攻擊他人，用我們的憤怒情緒去懲罰他人？我們是渴望受到尊重，讓自己顯得成功，不是嗎？然而，想用喝斥他人而獲得尊重只能離這一目的更加遙遠。因為哪裡有打壓，哪裡就有反抗。指責他人往往只能讓我們更惹人厭，不會因此獲得尊重。

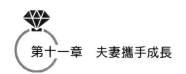

什麼樣的人可以在婚姻中享受自由？

追求自由是每個人心中的嚮往。即便是結了婚，每個人也都有渴望自由、享受自由的權利，無拘無束去做自己想做的事情。只是婚姻中的自由應以自律為前提，因為婚姻不僅代表著一個人的歸宿，同時也意味著婚姻裡的人都有共同守護家庭的責任和義務。

W：女，小說家，戀愛 2 年，結婚 3 年。

W 說：「我目前就是在做自己喜歡的事情 —— 寫小說。找到自己喜歡的行業，這個過程非常曲折。我經歷了：自我否定 —— 盲目膨脹 —— 悲觀厭世 —— 重燃希望 —— 再次學習 —— 實踐探索 —— 夢想初露曙光 —— 牢牢抓緊熱情 —— 堅持。

大概講一些這個發現過程吧。但是每個人發現「真愛」（終身所愛的事業）的方式不一樣，僅供參考。我從三流大學畢業之後，我在很多家公司幹過。發現自己總是做不長，懷疑自己是不是沒有定性，或者能力水準有限不足以在社會上生存。

在自我懷疑的幾年中，依舊不停地換工作。直到偶然的機會去做了金融，賺了一點錢。領導決定把一個部門給我管理時，我便開始膨脹了 —— 原來我適合做金融，搞不好我是這行的天才呢 —— 女股神巴菲特啥的就是我了吧？

後來，2014~2015 年，在股災中虧了許多錢，債務到今年才算結清。在債務期間經歷了以貸養貸，關燈吃麵的日子是常有的，苦不堪言。那時候所在的金融公司不正規的操作，坑了客戶。我發現之後義憤填膺，實在不想同流合汙，慫恿手下的員工一併離職了。理由是 —— 錢要賺，但要賺得心安理得。

2016 年，在美國。為了當時的男友走天涯，當時他在讀書，每天等待他的日子十分無聊。我開始閱讀，開始去他學校的圖書館，開始寫日記、寫隨筆。

波士頓的郊區風景多美，大家在電影裡頭都見過，每天面對美景，不抒發一下情感，是很難的。行文的水準也漸漸提升了。從「哇，這裡好美」到「海鳥在深藍的天空盤旋，伸出手，它們停留在你的臂膀上，彷彿你是它們最信賴的朋友。再往前走走，看到一片夢幻的翠綠，一足輕踏，遍地生花。」

16 年底，我回台。開了一家書店。想要開始寫作，做一名自由職業者。我感覺我真正的開始接近我的夢了。在 17 年，我再次戀愛了。男朋友在北京，也是我現在的丈夫。我再一次為愛走天涯，來到了北京，放棄書店。

我們計劃以後一起開心理諮詢室。因為我們都結業了，拿到了國際心理諮詢師資格證書。但是經過一段時間的磨合之後，我發現他更喜歡教育，而我更喜歡寫作。

我們似乎沒有那份熱情要把兩個人的事業綁在一起，我們想各幹各喜歡的事情。當我們認識到這一點之後，經過一番溝通，非常釋然地尊重對方的選擇。接下來的日子，他在學校的教育工作越做越好，而我也在家接了不少文字的工作，又開啟了一個新的探索過程。

我想做的是透過文字，給迷茫苦難的人，扔下一條繩索，拉他出泥潭。而這麼做最好的方式就是寫小說 —— 對我而言。我不想把自己說得偉大，因為我從沒給自己賦予什麼使命，只是寫小說這個念頭讓我覺得生活變得有趣了。每天打字也有勁了，一口氣能上五層樓。

不難發現，我是一路摸索，一點點弄清自己想做什麼的，而不是一氣呵成。我一旦發現眼前想做的，就去做了。眼前的那一步做下去，下一步

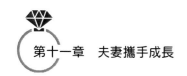

自然會顯現。就跟打遊戲似的，這一關卡透過了，下一關卡自然而然會為你解鎖，最後到達終點 ── 你的「真愛」，你喜歡的事情。

【成長祕鑰】

我在想，W 之所以能將婚姻經營得如此美妙，是因為她不曾在結婚之後失去自己的理想，不曾停止去探索內在的世界。因為不斷堅持前行，所有找到了最愛的人和最愛的事。而能夠找到自己喜歡做的事情，這樣的人最自由。

1. 自律的人更自由

很多人在開始做一件事之後，拖延的毛病就會開始顯現。有些人找到喜歡的工作做起來特別積極？是的，但是當喜歡的工作變成日常，性格中的小毛病該出現還是會出現。

出現小毛病不代表不喜歡自己的選擇。就好像娶到最愛的女人，未來的幾十年，你能每天都保持熱情嗎？自然會趨於平淡，但不代表你不愛了。因為熱情的愛早已變成了親密之愛，已侵入皮骨。但，畢竟這是你想做的事，拖延了之後，會感到深深的自責。覺得自己對不起自己經歷了那麼多惱人的挫折。同時，也感覺自己背叛了自己的理想。

拖延時爽，自責時悔。相信我，如果你找到了自己此生都想做的事情，拖延和自責的感覺經常會跑出來。接下來，你的勤勞會戰勝懶惰。畢竟，是『真愛』，哪能甘心被拖延打敗。你會想盡一切辦法，讓自己克服這個階段，走到下一個階段 ── 自由的規律。

2. 自由是有界限的

自由不是放任，而是有限度的。超過了某個限度，人就不感到自由了。

在我們主動為自己設定的規律中：

例如，一天什麼時候是學習，去思考自己想做的，並有意願做得更好；一天什麼時間是鍛鍊身體，讓自己能一直把自己想做的事更長遠做下去；一天什麼時候去執行，不停地刷經驗值，讓自己精進。慢慢地，你自己會開始做出安排和選擇。

有時候自己的安排沒有完成，心中會不安。再一次覺得自己對不起自己的理想。所以，看吶，找到自己喜歡的事情，也不是滿園鮮花的。也會有一切正常，會有喜怒哀樂，但是確實自由和幸福。

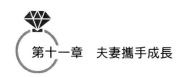

怎麼了解伴侶在想什麼？

你認為你和你的伴侶相互了解嗎？這個問題的答案很有意思。

兩個人在最美的熱戀期時，很容易說：了解。

隨著婚後慢慢相處，互相有了更深的了解，也慢慢有了更多的矛盾以後，恐怕「了解」也變成了「傷害」。而一旦對感情搖擺不定的時候，這個答案就會大不相同，大部分人就會說：我根本不知道對方是怎麼想的。

F 和 G，一對結婚 7 年的夫妻。

在一次聚會上，一對結婚 7 年的夫妻朋友問：「我們怎麼更了解對方呢？」

他們的困擾在於，7 年過去了，婚姻生活日趨平淡，總覺得不了解對方在想什麼。當問起對方「嘿，你最近在想什麼？」對方也說不出個所以然來，他們很著急，很擔心會出現大家所說的「7 年之癢」。

這對夫妻是我多年的朋友，他們的婚姻生活一直經營得很棒。他們是我們生活圈中善於共同進步的恩愛夫妻，想不到如今也遇到了困擾。但依然很好的是，他們是樂於去發現問題並解決的。

我對他們說：「你們不妨試著先了解自己，慢慢地你會發現也能了解對方了。」

這對夫妻朋友，他們擔心越來越不理解對方的最好解決辦法是，先更了解自己。當對自己有一定的了解了，了解對方自然是水到渠成的。

【成長祕鑰】

個人的，也是普遍的。當我們了解自己的內心之後，也了解了他人的內心。心理學家們說一個人的心靈需要經歷從簡單－複雜－簡單的過程後會更容易感到快樂。而這個經歷需要從了解自己開始。

1. 如何了解自己？

　　用元認知去認知在不同情境下，我們的情緒反應和思維模式。什麼是元認知？元認知是對認知的認知。類似於覺察，包含自省功能。例如了解自己是如何思考的？自己是如何對外界發生的事件給出解釋的？

　　當我們捕捉到了我們的情緒變化，和處理事情的辦法，就是元認知在工作了。元認知就像是我們自己的觀察者，而我們本身是被觀察者。我們既是觀察者也是被觀察者。用元認知我們能客觀看待我們的情緒變化，處理事情的方式，以及我們自身的優勢與不足。

2. 為什麼說元認知包含自省功能呢？

　　因為許多我們真實的想法在我們的潛意識裡，沒有遇到特殊的情境，我們無法對自己展開思考。如果恰好此刻生活中發生了一件對我們情緒產生很大影響的事情，我們需要捕捉下來進行分析：為什麼我們會在這件事情上面產生這個情緒？

　　當我們使用元認知去了解自己，我們會越來越敏銳地察覺到自己的情緒變化的原因。雖然我們的出發點僅僅是了解自己，但是會驚喜發現，我們越來越有智慧了。

　　因為我們了解自己為何對不同的事情會做出不同的反應，是因為我們的成長模式、思維模式不同、詮釋的角度不同，所以我們也更能理解其他人對不同事情做出不同的反應，無形之中在品質裡強化了一份寬容。我們懂了自己，也懂了他人。

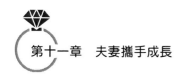

關於結婚

經營婚姻如同經營一家公司，要全身心的投入，為了能夠養家餬口，也為了能夠在事業中證明自己的價值。這就需要我們像對待工作一樣，以一顆認真的心來對待，不能因為哪天高興了，就努力奮鬥，事業飛黃騰達；哪天不高興了，就丟事業，任公司大廈轟然倒塌。

婚姻也是如此，婚姻不是過家家，高興了在一起，不高興了就各奔東西。更不能把婚姻當作是一個遊戲，以此來遊戲人生。婚姻更多的是一份責任，一份拿得起卻永遠不能放下的責任。

F，女，35 歲，小說家

F 說：在去年夏季的一晚，我和丈夫聊到了凌晨三點。當彼此談到婚前的「放蕩史」時，我們兩個人都故作輕鬆。為了證明自己是開明的，並是無條件接納對方的。兩個人都認真傾聽對方的過去，暫時遮蔽被刺痛之後心重重堵塞的感覺。

原因是擔心自己表現抗拒之後，無法再發現伴侶內在的祕密，這將是一個很大的遺憾。雖然說每個人都有屬於自己無法言說的祕密，但說出祕密會讓自己更輕鬆生活也是不可否認的事實。說者輕鬆，聽著負重。我個人對他的情史極度敏感，其實是對傷害的敏感，我對自己經營婚姻沒有信心，經常活在恐懼之中，會將他想像成未來傷害我的惡魔。

在看似輕鬆的對話之後，我輾轉難眠，思索著他是否會在結婚之後背叛我。雖然我在書中塑造了許多瀟灑的女性角色，但是恐懼發生在自己身上，還是灑脫不了。我也會擔心在我懷孕期間男人的背叛。就好像一個睿智的男性學者，也會擔心妻子出軌一樣。好在，面對問題我從來不躲避，我的模式是選擇面對困惑與害怕。面對恐懼，是我戰勝恐懼的辦法。

他的內心最怕自己不夠好，他的生存模式是逃避。他會對出現的問題十分敏感，原因在於他以前發生了太多連自己都不接受的事，一旦發現妻子可能不接受，心中忐忑不安。從前，他內心深處有好的價值觀，卻為了逃避價值觀而去做許多衝擊價值觀的事情。

比如他喜歡誠實，卻會去為了無關緊要的小事撒謊。他喜歡善良，卻經常關注陰暗的事情。在他的成長經歷裡，做了一些模稜兩可的事情，那些不知道是個人自由還是罪惡的事情，自己都心中在打鼓，只能透過認同一些將自己行為合理化的事情，來救贖自己，比如告訴自己「大家都這麼做」。所以一旦有人來質問或者否認，便彈起來防禦，就像一隻被踩到尾巴的貓。

第二天，我們在午餐時，繼續聊了聊昨晚的話題，他明顯感覺有些不適。對於昨晚的話題，他心中焦慮是因為怕我不接受他。莫大的恐懼會讓他反過來用氣憤來制止我，以至於壓抑了我的表達。無非是害怕我並不會真正接受他的過去。

我告訴他，我接受他的過去，同時也希望他接受，我將自己的擔心、恐懼、希望一併告訴他。組成一個幸福的家庭，我希望我們可以一起努力。」

【成長祕鑰】

勇者無畏，有些擔心是沒有意義的，因為擔心的事從不會因為擔心就不會發生。不擔心的事，順其自然發展。發生，就面對。不發生，為自己感到幸運。

1. 在經營婚姻的過程中成為更好的自己

每個人都在年輕的時候會做一些老了回憶起來感覺十分愚蠢的事情。

但正是因為做過傻事，才能有獲得幸福的強烈願望，才會去追求智慧，尋求解脫。正如無私從自私中來，陰暗從光明中來一樣。

　　曾經的我們都在陰暗中迷失過，後來我們選擇了光明。每個人都在創傷中修復自己；每個人都渴望愛的人能完全接受自己；每個人都能透過主動探索、約束、控制而成為更好的自己。

2. 經營婚姻的過程也是兩個人磨平稜角的過程

　　婚姻中兩個再完美的人都難免都有些稜角，就像兩個咬合在一起的新齒輪，開始執行的時候總會有些摩擦，時間長了就能夠執行正常了，我們將這一段時間稱為「磨合期」。正如一輛新車，如果在磨合期不是由好司機駕駛的，恐怕就會出現大問題。同樣，在婚姻的磨合期中，如果夫妻雙方不能正確處理產生的問題，就很可能導致婚姻的破裂。因此，在婚姻的磨合期，夫妻兩人要正確的認識自己的角色，正確處理婚姻中的矛盾。好的婚姻不是 1+1=2，而是 0.5+0.5=1，只有每個人磨平自己一般的稜角，才能共同維護一個完整、幸福的家。

關於離婚

　　現代人的思想越來越開放。離婚早已不是什麼不可原諒的稀奇事。當今夫妻多數都是自由戀愛，經濟也相對獨立，最初可能由於衝動或者一時的愛匆忙邁入了婚姻殿堂。忽略了婚姻其實是開啟一個大家庭的鑰匙，需要兩個人共同面對暴風雨，更需要彼此承擔責任。婚後幾年，雙方愛情的熱度慢慢遞減，曾經轟轟烈烈的愛情慢慢化為可有可無的親情。若是經營得不好，所剩無幾的感情也遲早被消磨殆盡，彼此開始因為生活中各種柴米油鹽的小事情間生嫌隙。尤其是孩子出生後，家庭矛盾就會越發突顯。這時，離婚的念頭漸漸湧上心頭，如果雙方都不肯彌補和妥協，那麼，婚姻往往就此走到盡頭，被判死刑。

　　夫妻 A 和夫妻 B，兩對不一樣的夫妻。

　　關於離婚這個字眼，在婚姻裡面基本上「談離色變」。我們發現有兩種極端的情況對「離婚」這個詞處理得不太恰當。

　　一種是感情不和諧的夫妻，他們每次吵架的時候都會把離婚拿出來說，刺痛對方，以換取在吵架過程中勝利的姿態。這類夫妻沒有界限意識，不知道當重複傷害之後，對方內心已經逐漸開始放棄這段感情了，達到了破壞感情的實質效果。

　　夫妻 A 就是例子，這對夫妻每次吵架都會嚷嚷著離婚，最後鄰居看不下去了，說：「你們到底啥時候離婚？我都聽煩了。」可見這對夫妻講離婚多頻繁。

　　另一種是和睦的夫妻，他們因為感情融洽，把探討離婚的話題當做禁忌，想都不敢想，是打死都不會相信離婚的事情會發生在自己身上的，更別說交流關於「離婚」的話題了。

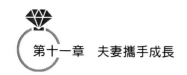

夫妻 B 就是例子，他們眼見身邊的人一對對在辦理離婚。兩個人都小心翼翼地生活著，生怕這事會發生在自己身上。兩個人都變得敏感多疑，但就是不說：「因為身邊的人都在離婚，我感到很害怕，我開始對自己沒有自信，也對你不放心。我們該怎麼解決一下這個問題？」

我認為這兩種情況都不太合適，都不利於婚姻的健康發展。

我見到許多例子是夫妻 B 的情況，其中一方堅信離婚不會發生在自己身上，但身邊一旦有什麼風吹草動，就會感到緊張，會將伴侶控制，或者是先去放縱自己，以免被對方傷害。如果夫妻二人能在交流過離婚這個話題，展開一些想像，趣味戲謔離婚之後自己可能去追求一直被耽誤的夢想，就會知道離婚並不是末日。

【成長祕鑰】

我相信，最初兩個人因為愛情而心甘情願走到一起、建立家庭的時候，沒有人願意，也沒有人回想到結局會是離婚收場。那麼，關於離婚這件事，夫妻二人應該如何面對呢？

1. 不避諱關於離婚的話題討論

真正好的做法是，在結婚之前，或是在婚後感情穩定的階段，一起探討關於離婚的話題。探討關於婚姻破裂的種種原因，如什麼樣的夫妻會離婚；自己最可能在什麼樣的情況下離婚；對方最不能忍受自己的是什麼；如果離婚之後自己會有什麼打算；孩子跟誰會更好；怎麼在離婚之後還能給孩子充足的愛等等。同時，談談關於為什麼有的夫妻會離婚，也能透過對方表達觀點時，弄清楚對方的底線在哪裡，而不去觸碰。相當於畫了一道警戒線。當夫妻其中一方忘記初心而去觸碰時，心中的警報器會響起，達到維護婚姻的作用。

2. 想像「失去」，才懂「珍惜」

在雙方情感飽滿的時候去聊失去，往往會讓人心中不捨。夫妻二人內心都是拒絕出現最糟糕的情況的，兩個人會更加珍惜彼此。這種感覺就好像一位健康的青年，想像著自己如果不珍惜身體得了癌症怎麼辦？光是想像，就可以推動青年更加注意愛惜身體，熱愛運動了。因為誰都不想讓自己「得到」時，去感受最不願意看見的「失去」。所以想像失去，很多時候能幫助我們珍惜。就好像想像死亡，能讓我們現在更珍惜生命一樣。

3. 離婚不是世界末日

離婚之後，你可以去追求理想、學習、健身、旅行。去保持自己精神獨立和個人魅力，不害怕離婚。

當把離婚想明白之後，在婚姻中不再輕易把離婚這個事情拿出來說，因為兩個人對離婚已經了解得足夠清楚了。所以不會將離婚當作威脅對方的武器，而僅僅當作感情真正破裂的離場。我們往往會發現，在結婚之前能敞開心扉聊關於「離婚話題」的夫妻往往情感深厚，內心飽滿。充滿自信的夫妻不會惶恐，導致走到離婚的境地。他們善於一起共同解決問題，對於互相成長的態度是積極的。

一起渡過更年期

　　更年期，也是人類從年輕邁向老年的一個象徵。處於這個時期，我們首先要適應生理上的變化，情緒也會由於身體器官的衰老變得越來越不穩定。如果夫妻兩個人對彼此的生理、心理特點不了解，雙方就容易因為這些變化引發互相猜忌、煩躁、發無名火等表現，造成更多誤解和不可調和的矛盾。如果你不懂得該如何渡過更年期，另一半一旦出現了異常反應，就會疑神疑鬼、大驚小怪、火上澆油，導致雙方感情破裂，夫妻關係不和諧。

　　N，45 歲，公務員，兩個孩子。

　　「我的丈夫最近變得很奇怪。一直說什麼要做自己。我懷疑他在外面有女人了，別的女人刺激了他，他就開始發神經。或者說是我多疑了，他只是男性的更年期發作了？」N 說。

　　「他做自己為什麼會是發神經？」我問。

　　「因為他跟以前不一樣啊，太不一樣了。我其實怕他做自己之後會跟我離婚。好吧，這是關鍵的因素。」N 說。

　　「因為你害怕，所以開始阻礙他成為更好的他嗎？」我問。

　　「有點吧。他生日那天我給忘了，我一直都以為他記得我生日是天經地義，突然發現他生日我一直都沒有用心記住。而他也從沒為此抱怨過，我以為他的個性是不會在乎這些的。所以我就懟了一句，他瞎講究，說完我還挺內疚的。覺得自己太霸道了。」N 有些歉意。

　　「你打算以後怎麼做呢？」我問。

　　「我不知道。一直以來，我們的相處都是他不發表意見，我來做決定。現在這個苗頭出來，我們的模式變得有些陌生。而陌生的東西總是讓

人擔憂。」N說。

「他很少在生活中表現自己的喜怒哀樂嗎？」我問。

「是的，一副不以物喜，不以己悲的樣子。我和孩子們都覺得他是一個無慾無求的人。但是我知道每個人都有自己的情緒，他這麼多年，的確很少讓我們看到他的情緒。似乎一直在努力做一個不引起注意的丈夫和父親。」N說。

「你還是很清楚他的狀態的。」我問。

「是啊，但是我很擔心他做自己之後，會發現我這個妻子並不是她所要的。我們公司夫妻到這個歲數離婚的情況還是有。我問過他們的想法，基本上都是：反正孩子大了，勉強和對方在一起也沒什麼意思，離了算了。」N看了看天花板，心中不安。

「先別擔心，恐懼會矇蔽我們的雙眼。我們不妨一起想想怎麼化解自己的擔憂。我想問你，你愛他嗎？」我問。

「愛吧。畢竟這麼多年的感情。」N說。

「如果他成為更好的他之後，是否還是他？」我問。

「當然還是他，他本質善良、寬容的品質還在。還是他。」N說。

「那麼你知道愛和需要的區別嗎？需要是占有，希望對方能替自己實現自己實現不了的願望；愛是成全，幫助他成為更好的他。」我問。

N沉默了。過了一會兒，她說：「所以，他如果真的因為成長要離開，我需要放手是嗎？」

「我的看法是這樣的。但是如果你們能共同成長，再次相愛，就能避免分離。與其擔憂不安，不如將這份焦慮化作動力，多和對方交流，了解彼此的內心世界，攜手成長，相互鼓勵。」我說。

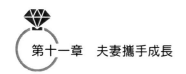

【成長祕鑰】

　　更年期的女性和男性，心理成熟穩定，身體機能退化，是一個兩極走向的特殊時期。這個階段的人習慣自省，頻繁回顧前半生的經歷，為的是開啟走向老年智慧的階段。

1. 每個人，在不同的成長時期都需要關懷。

　　當夫妻在更年期的時候遇到人生這一階段需要成長的命題，也是昇華彼此感情的絕佳時期。許多人因為不了解對方在這段時間的變化，變得不安。採取錯誤的手段將婚姻關係處理得緊張兮兮。

2. 更年期要相互體諒，互敬互愛才能攜手走過。

　　因為每個人都只活過一次，中年過渡到老年沒有經驗，所以內心恐懼膽怯是正常的。而一個有愛的家庭，一對和諧的夫妻會相互鼓勵，一起踏入人生新的階段，順利度過這一特殊的時期。到了更年期，夫妻之間更要相互體諒，互敬互愛，除了啊情感上腰多溝通，還要在日常生活中注意了解對方的脾氣和情緒，尤其當對方心情不佳的時候，就特別需要彼此間的理解和體貼安慰。

成長路上，我落單了

　　大文豪莎士比亞曾說過：「不如意的婚姻好比是座地獄，一輩子雞爭鵝鬥，不得安生，相反，選到一個稱心如意的配偶，就能百年諧如，幸福無比。」

　　每次讀到這段話，我就在想，當兩個人決定一起走向婚姻生活的那一刻，一定是確定自己終於找到了世界上最契合的靈魂，最滿意的另一半。可是走著走著，還有多少人堅信自己的選擇是正確的呢？

　　很多人看到的，只剩下分歧、裂痕、感情變淡甚至是婚姻中的背叛、同床異夢。

　　這其中最重要的一個原因，就是夫妻倆攜手走了一段之後便無法同步，最明顯的表現就是一個飛速在進步，另一個則始終原地踏步，在成長路上落了單。就像兩個人明明一起開始爬樓梯，但是對方已經爬到了 20 層，不願停下，而你卻還在第八層，跟不上，最後你不停抱怨，和對方的差距也越來越大。

　　F，女，28 歲，自由撰稿人，結婚半年。

　　F 說：「我和丈夫戀愛一年之後結婚了，我們是學習心理學認識的。我們善於溝通，支持彼此成長。一切都十分融洽，我們經常會在朋友圈發甜蜜的生活，是所有朋友們眾口交讚的一對。

　　結婚以後，我們都有了為家庭做出更多的願望，我們會給自己壓力，現在不僅僅要提升內在的思想，還要花更多時間去培養工作能力，賺更多的錢，為將來撫養孩子做準備。

　　對於男人來說，養家的壓力總是比女人大一些，這可能是幾千年來傳統的影響，雖然我告訴丈夫，這個家我們共同分擔經濟壓力，讓他不要太

辛苦，但是他根本無法鬆懈下來。戀愛時的慢節奏，現在取而代之的是每天忙碌的工作，我們都在適應這個新的階段。

最近，丈夫的同事推薦他考一個證書，為了將來的職業規劃。他告訴我他需要更多的時間花在學習和工作上，陪我的時間會少很多。我當然鼓勵他追求進步，但是心中不免有些失落。

一直以來我們都是一起學習，就好像兩輛並行的車輛一起前行，但是突然之間他踩了油門，先行一步，我開始恐慌。我明白我的顧慮是擔心他跑得太快，把我甩在後頭了。或者更優秀的他，不再會欣賞現在的我。」

在了解 W 的恐懼之後，我發現她的說法並不完全是客觀的，因為她並沒有被甩在後面。據我所知，她幾年來一直在持續學習，從未停止。焦慮的反而是他的丈夫，只不過男性不願意承認自己的擔憂罷了。

【成長祕鑰】

我發現，學習心理學的人面對自身的問題，依舊難以保持理性。如上述案例中的 W 只是想像自己落後了，但事實並不是如此。需要有個人來告訴她真實的情況，好讓她放下焦慮。

1.只有自己的成就才是值得自己驕傲的。

我還知道一個例子是真實的「落後」：一對夫妻結婚以後，妻子把全部的心思都放在丈夫身上。而丈夫依然像結婚之前一樣把心思主要放在事業上。這也和社會環境的影響有關係，從小我們被教育女人要顧家，男人要有事業。所以這對夫妻婚後的模式也是十分普遍。

這位妻子並不是不想追求事業上的成就，因為婚後職業規劃暫停的原因，把追求成就的希望都轉移到了丈夫身上，她相信他的成就也會是自己的成就。這種念頭從妻子的角色出發並沒有問題。但是從每個人都是獨立

的個體來說，其他任何人的成就都和自己沒有關係。我們能做的僅僅是為他人的成就感到高興而已，並不能將他人的成就霸占成自己的。

只有自己的成就才是值得自己驕傲的。

父母的、丈夫的、妻子的、孩子的成就都屬於他們。自己的成就才是真實的，如你唱出動聽的歌，畫出美麗的景色，寫出震撼的作品，做了一份有貢獻的工作，這些才是屬於自己創造的東西，才能算真正屬於自己。

2. 當對方在進步時，自己也去進步吧。

多學習一點知識來實現共同進步的願望。了解真相之後，才能促使對方不停進步，最後他們兩個人都越來越完善，成為更好的自己。

只有夫妻雙方都是獨立的個體，才能更完美地融合。每天清晨起來，告訴自己：我是我，然後才是妻子、母親、孩子、職員、朋友這些身分。堅持下去，讓自己認識到只有自己是先屬於自己，才能更好地完成其他角色。

哪怕在一天裡，只有一個小時意識到要做自己，以自己的性格出發去做一些事情，也足夠了。日積月累，成為常態之後，我們會顯得越發真實，自己也會更加尊重自己。

第十二章
婚姻美學

　　人生若只如初見，何事秋風悲畫扇。納蘭性德的這一句詩，道出了人們婚姻情感生活中的婚姻美學。

　　每個人都會審美疲勞，兩個人朝夕相處，「看多了」，也就倦怠了，懈怠了，甚至開始彼此傷害。

　　為什麼彼此看多了，婚姻中的美感就容易被打碎了呢？

　　好像很少有夫妻認真地對待這個問題，很多人總是在感情受傷後，才開始感嘆納蘭性德的這首小詩，心裡流露出一聲嘆息。那麼，我們怎樣才能留住婚姻中如兩個人初見時的那種美感呢？

找到了適合自己的衣服

　　被譽為「婚姻教皇」的作家戈特曼在他的《幸福的婚姻》一書中提到：「人們對婚姻有一個最普通的誤解，就是「共同的興趣愛好將你們拉到一起。」

　　這種說法揭示的其實是，兩個人感情是否融洽，僅僅靠興趣愛好是難以維持婚姻的對稱性的。

　　在我看來，婚姻本沒有對錯，只有是否適合。比如，最常見的買衣服，如果兩個人價值觀不一致，就很可能出現一個想買名牌，一個嫌另一半大手大腳的情況，造成不可調和的矛盾，爭吵還來不及，美感全無。

　　T和Y，一對消費觀不同的夫妻。

　　一對夫妻和我聊他們最近爭吵的話題，是關於服裝的。妻子說丈夫沒有品味，生活沒有品質；丈夫說妻子愛慕名牌，不腳踏實地。他們倆爭執不下，好像不說服對方同意自己的觀點，就在家裡沒有地位，會被對方看不起似的。

　　畢竟觀念是能轉變的，他倆的內心明白，不能僅僅某一個觀念不合就傷了感情。所以來找身邊的朋友評評理，其實也是希望朋友們能幫助他們調和一下。

　　這位妻子喜歡名牌。認為名牌才能彰顯自己的氣質和身分。她的論斷有一定的根據，名牌之所以貴，是因為背後生產十分講究。從調查、設計再到選材料都能說出所以然。甚至列舉出，許多名牌廠家特意從世界名畫找尋設計靈感的事例，聽得旁觀者心服口服。

　　這位丈夫呢，認為名牌不是所有人都能穿上的。衣服舒服最重要，哪怕地攤上的衣服，只要舒服又適合自己身材，是完全可以接受的，不一定

非名牌不可。名牌質感確實好，但是有的地攤上棉質的衣服也很好。如果只為追求名牌而穿，而不去考慮自己的經濟承受能力，不去考慮是否適合自己的身材，是愚昧的。

我聽完，真的很想為這對夫妻鼓掌。他們各執一詞，均有道理。只是立場不同，所以好像對立起來。其實是可以融合的。妻子因為是名牌店的店長，對名牌的衣服有深厚的了解和認同。而丈夫因為了解自己的身材和喜好，能接受不同的衣服，哪怕是便宜的衣服，只要質感好適合自己都非常願意欣賞。這二人沒有誰對誰錯。

【成長祕鑰】

什麼是美？我覺得是穿上舒適的衣服，找到屬於自己的最舒服感受的那一刻開始。

1. 舒適就是美

我個人對服裝的感受是，既非常欣賞名牌對服裝工藝的匠人精神，因為在選材和設計方面確實很盡心，這不容置疑。同時，我又喜歡買一些舒適的棉質衣服，因為棉質衣服非常透氣，穿起來很舒適。

我沒有辦法絕對地說名牌不好，又或是舒適的便宜衣服不好。如果非要說，不管是名牌還是非名牌，只要舒服，只要適合自己的身材，只要價格合理，我都可以接受。這是我對這對夫妻說的話，他們似乎很滿意我的答案，帶著歡喜離開了。

2. 受不受尊重與穿不穿名牌無關

當然，認識我的朋友知道我更喜歡棉質衣服的簡單大方。但是我也尊重喜歡名牌衣服的人對工藝的執著。反過來，如果僅僅是因為名牌而買品牌，並不是故事中的妻子是因為了解所穿衣服後背的工藝文化，僅僅是

因為追逐名牌的優越感，甚至是虛榮感，浮於表面的購買，我覺得意義
不大。

　　一個人如果因為自己穿了名牌而受尊重，不穿名牌就不受尊重，只能
說明他人尊重的僅僅是衣服，而不是你這個人本身。我最欣賞的還是，衣
著樸素，但是散發著一種智者氣息的人。我們不難發現，越是有智慧的
人，衣著越是簡樸。

一起洗手做羹湯

　　兩個人剛在一起戀愛的時候，往往覺得很新鮮刺激，一個眼神帶來的心跳，一次夜晚的牽手瘋跑，都會覺得很浪漫、很幸福。當戀愛套上了承諾的戒指，轉為婚姻的責任時，很多人都會在越來越平穩的生活中，忽視了浪漫的細節。

　　每次提起浪漫二字，很多人都會條件反射性的覺得自己沒錢，給不起浪漫。其實這個觀念是錯誤的，浪漫並不一定需要錢才能達到，但任何浪漫卻要用心才可以完成。一封自己親手完成的情書，一本自己製作的相簿，一部自己錄製的影片，一起洗手做一碗湯羹，浪漫不在於金錢的貴重，而在於用心的表達。

　　婚姻是兩個人的事，浪漫雖然由其中一個發起，但是另一半的回應也很重要。當你滿心期待將親手做半天的蛋糕當生日禮物送給他的時候，是不是很期待他感動的眼神和滿滿的擁抱？浪漫的回應需要表達，不要害羞，忘記面子，只記得在這一刻，有這樣一個人為你努力只為了討你全部的歡心，是多麼的幸福。

　　H，男，43 歲，結婚 14 年，孩子 12 歲。

　　H 說：「我們家關於做飯的問題一直是個難題。我的妻子是職業女性，有自己所追求的理想，一直在為此奮鬥。為了獲得晉升機會，我這幾年加倍努力工作著，工作也很繁忙。

　　在孩子小的時候有父母過來幫忙做飯。現在孩子大了，我們吃飯基本靠叫餐解決。因為高效，同時又可以免去洗碗的麻煩。可是叫餐時間久了，會有些厭倦。但是我倆到家都累得不行了，誰都不願意下廚。偶爾興起買回家的新鮮菜也最終放到變質告終。

我們彼此開玩笑說，我們哪裡是夫妻過日子，明明是室友嘛。一起合夥叫餐吃飯，然後孩子也不是自己的，是收養的。我們打趣之後又感到無力。我們的心思是，都想回家有家中的熱菜熱飯，但是自己又不行動，無法怪對方。感覺要求誰做飯都不公平的。

如果一個月我們抽出時間做飯了，孩子會非常驚訝：『天吶，爸媽，我們家來客人啦？』在孩子的心裡面來了客人我們才下廚，使我們哭笑不得。

我聽說別人家的孩子都是：『爸媽，今天能不能別做飯了，我們叫餐吃吧。』

而我們家的孩子是：『爸媽，能不能別叫餐了，你們能自己做點嗎？』能把孩子吃到厭倦，可想而知，我們這個狀態持續多久了。

這個狀態真正的轉機是，一次一家三口的出國旅行。當時我們去歐洲的一家民宿住下來，這家民宿的主人也是一家三口。民宿不大，有五六間房的樣子，基本上每天都是滿的。我們看到這對夫妻生意挺好，在晚上聚在一起聊天的時候，便好意問他們：『你們為什麼不擴大呢？你們現在在網上已經有口碑，擴大你們的生意就會更好了。』

『可是，我們並不需要生意更好啊。』夫妻倆相視一笑之後回答。我們倆倒是很吃驚，因為這在他人看來是十分有悖常理的，妻子追問：『為什麼？』

『如果我們擴大生意更好，就會沒有享受生活的時間了。我們現在剛好忙得過來，還可以有彼此相處的時間，還有陪伴孩子的時間。我們一家三口晚上可以商量做什麼晚飯，享受自己做的食物，我們喜歡這樣的日子，覺得很開心，不願意更忙了。』他們說得很平常，像是再明白不過的道理，卻在我和妻子的心裡像核彈一樣炸開了，把繁忙才是王道的那堵心牆給炸開了。

回到國內，我們展開了一場心靈對話。

『我們都想享受生活了，不是嗎？我們以前一直認為賺夠了錢才能有資格享受生活，其實我們錯了。享受生活最重要是心態，其次才是物質。我們現在只有物質基礎，卻沒有享受生活的心態，所以我們總覺得不夠資格，於是一直忙下去，沒有盡頭。其實一邊享受生活，一邊工作並不衝突。我們總把兩者看成矛盾體。』我說。

『非常同意。』有了妻子的支持，我知道該怎麼做了。

『我們接下來準備把工作量都減輕一些吧。分一部分精力回到家庭，回到廚房。再分一部分時間去旅行，怎麼樣？』我說。

『不能更好了，我喜歡你的安排。』她說。

接下來的日子，我們先從每週雙休加班的狀態超脫出來，把時間用來一起做飯，做到至少每週做一頓精緻的飯菜，有時候會接來父母，一起細細品味，拉拉家常。

我們在廚房，妻子切菜，我炒菜。我看著不同顏色的菜在鍋中變了顏色，感到食材在加熱中的變化，覺得十分有趣味，比加班可有意思多了。吃完飯之後，我們仨石頭剪刀布，決定洗碗的人。在輸贏角逐的時候，歡聲笑語。輸的人心甘情願洗碗，誰也不覺得是份苦差事，反倒覺得好玩著哩。

在剛開始轉變的時期，孩子似乎變得更活潑了，我們感受到了來自家庭的溫暖。我們發現，家庭的溫暖很容易，只需要自己發生變化，就會影響一家人。現在基本上，我們能做到一週做 4 天飯了，目前的家庭狀態感覺很好。

什麼是美？我覺得是開始願意花時間下廚，和家人品味美食的那一刻。」

【成長祕鑰】

家需要「煙火氣」，只有這樣才溫暖，才有生活氣息。

1. 平時多注意觀察喜好，避免「熱臉」貼到「冷屁股」

很多人都有浪漫情結，但大多數時候不知道從何做起，怎麼表達，什麼時候表達，這就需要平時多加觀察。了解自己的伴侶，可以留意下平時她最喜歡的花，最愛的季節，夢想旅遊的地方。必要時也可以透過網路轉載的調查問卷來讓她填寫出喜愛的東西。兩個人在一起相處久了，喜好會隨著時間不停的發生改變，只要用心的觀察，在特定的時刻將自己的關心表達出來，會讓婚姻中的幸福感陡然上升。

2. 選擇合適的時間，免得讓喜悅撲了場空

浪漫的方式有很多種，但選對表達浪漫的時間同樣重要。如果對方正好在開一個非常重要的會議，而你卻在樓下拿著話筒大聲唱歌表白，無疑會讓整個場面變的尷尬而無趣。因此，只有充分的了解對方的處境，才能讓浪漫達到事半功倍的效果。例如，你可以在她快要下班的時候，打個電話問她在哪裡，確定位置之後拿著花突然出現，讓周圍的人都一起來見證你們的浪漫，達到一個更加鮮明的效果。

3. 鼓勵對方和你一起製造浪漫

有的浪漫是需要兩個人共同完成的，比如說一起給家裡的牆壁換上新的牆貼，精心養護出的一盆開花的植物，夕陽下兩個人牽手去海邊散步。這些都是生活中的瑣事，在適合的時間邀請對方和你一起製造浪漫，一起體驗完成一件事情的喜悅。這樣下去，你們共同的美好回憶越來越多，會讓婚姻在浪漫的感覺裡不斷的升溫。

賣出了占空間的家具

　　透過賣出占用空間的家具，不只是收納整理的一種表現，更是斷捨離的一個過程。在這個過程中，我們會了解自己真正的需求，從而讓生活變得更有品質。

　　所謂「斷」，是指斷絕想要進入自己家裡的不需要的東西。同時不再隨意買買買。

　　所謂捨，是指捨棄家裡到處氾濫的無用物品。例如，學會扔掉他人贈予。

　　斷與捨的結合，便是「離」的境界：脫離對物質的執念，享受真正屬於自己的空間。

　　Q，女，30歲，舞蹈老師。

　　Q說：「我和老公是在舊物市場認識的。當時我們為了一個復古單人椅爭得面紅耳赤。他急忙付錢想掌握椅子的主動權，我坐在椅子上抓住椅背不肯起來。而老闆手上拿著一疊鈔票面露難色。

　　老闆說，你們誰能打動我，我就賣給誰。老闆當時似乎開始享受支配椅子的決定權了。我坐在沙發上，插著腰：『哼，不公平，我肯定打不過你。』

　　老公哈哈大笑，說：『你是氣昏頭了吧，是用理由打動他，不是打他。』我們就這樣，相識了，給對方都留下了深刻的印象。後來我們誰都沒要那個單人沙發，我們一起買了套藍色的雙人沙發。

　　是的，我們相愛了。

　　我們在結婚之前，因為害怕家裡空蕩蕩的，我倆都喜歡把家裡堆得滿滿的。聽說喜歡把家裡堆得滿滿的人是因為害怕寂寞。所以可以推測出我們其實並不是喜歡滿滿的感覺，而是習慣了討厭孤獨。家具滿滿地圍繞著

自己，從視覺上會有種自己被包裹的感覺，心裡會有種安全感的錯覺。

　　我們結婚之後，彼此的家具合在一個房子裡。那些充滿記憶的東西，誰都捨不得扔掉。加上我們婚前的習慣，喜歡去舊物市場淘一些特別的家具，以至於家裡的東西越來越多，快趕上一個雜貨舖了。雖然在走道上有時需要側身才能透過，但只要看到我們辛苦抬回來的大對象，用心淘回來的小對象，我們心裡仍會有種特別的滿足感。但是這種滿足感沒有持續多久，到新生命的誕生，我們開始需要做出艱難的取捨。

　　孩子出生以後，家裡的活動空間明顯不夠。曾經寶貝的對象，可能會成為導致孩子受傷的『危險物』。我們不停將曾經愛不釋手的家具送給身邊的朋友，直到他們說：『拜託，我家裡實在放不下了。』我們才不得已將剩下的家具賣向二手市場。原來我們以高價買回來的家具，如今折價賣出，心痛不已。

　　起初，我們帶著不情願去出手一些帶著回憶的家具。慢慢的，當割捨成了一種習慣，我們似乎有些享受看著家裡空間逐漸變大的感覺。回憶起來，我們一直留下許多平時用不上的對象，再去淘一堆占滿空間的對象，給我們的生活帶來了不少困擾。當然，我們堅定地留下了那套藍色的雙人沙發。

　　現在的日子，我們有了彼此，有了孩子。當一個人的內心被填滿了，對外界的需要似乎開始變少了。就這樣，幾個月過去了，家裡的對象越來越少，空間越來越大。那天，當我們賣完剩下的幾件多餘的家具之後，累癱了躺在地上。看著空蕩的房間，再看看對方。突然覺得，原來，少也是一種美。

　　我們的家開始像家了，有孩子活動的空間，有我們跳舞的空間。它不再是一個堆滿物品的倉庫，而是一個叫做『家』的地方。從前我們認為的生活的美是周圍環境的充實，是應接不暇。如果現在你問我們什麼是美？我們會說美是內心的飽滿，加上四周有一個能和對方相擁跳舞的空間。」

【成長祕鑰】

　　生活中需要「斷捨離」，很多家庭都會堆積著不用的東西，其實這些東西影響著我們的生活品質，提高生活品質一定需要不斷清理家中不需要的舊物。

1. 考慮「斷捨離」的前提，永遠是「自己」和「當下」。

　　你要做的就是思考某件物品，真的是你當下需要的嗎？而不是「這個東西對我有著非比尋常的意義」，這會讓你哪怕不喜歡、暫時用不到，依然捨不得丟棄。

　　所以，「斷捨離」的一個重要前提，就是確定你和這件物品當下的關係。最後整理出家中最需要的物品，久而久之你會發現，原來很多你覺得有一天會用到的東西都不是你真正需要的東西。

2.「斷捨離」是一種生活態度，而不是浪費。

　　很多老一輩都有儲存物品的習慣，在他們眼中，如果年輕人經常性地「扔東西」，實屬浪費。其實，「斷捨離」是一種態度，不是浪費。也許在丟棄的一瞬間你會有些心痛，但很快，你會嘗到甜頭。尤其當你決定將不需要的物品捐贈出去的時候，當你能夠給受捐贈者帶去幸福感的時候，你會決定這種價值感遠遠高於「舍」時的「不捨」。

3.「斷捨離」不等於降低生活品質。

　　「斷捨離」和節儉的生活品質一樣，提倡少花錢、不浪費。但「斷捨離」不代表降低生活品質，而是擇優購買。當你對某件物品真正有需求之時，就要將錢用在刀刃上，讓自己享受到最佳生活品質。

騎單車上班之後

　　婚後，兩個人要共同承擔養家的責任，有時感到生活壓力大在所難免。尤其是生活在一二線大都市的年輕夫妻。似乎人們都習慣了快節奏的生活，其實，工作之餘，我們也可以嘗試騎單車上班，回歸自然，親近自然。讓生活的節奏慢下來。

　　C，女，結婚 4 年，孩子 2 歲。

　　C 說：「我的丈夫有「路怒症」，他開車的時候經常發火，髒話連篇，情緒激動。我們一直都是開車上下班，原本下班之後想要放鬆的心情，經常會因為他的憤怒給弄得心裡緊張。路上車多人多，他不停鳴笛、超車、爆粗口。坐在車上的家人總是感到惶惶不安。

　　我覺得不能再這樣下去了，是因為他的怒火已經升級了。那天，父母和孩子都在車上，他控制不住怒火向那輛車撞了過去，我們都嚇壞了。當時對方就報警了，交警要求我們這兩輛堵在路中間的車，移到路邊去解決。我抱著哭鬧的孩子，看著憂心的父母，再望向被我們堵得水洩不通的車道，聽到後面的人罵罵咧咧，我恨不得馬上逃走，一刻也不想待在他身邊。

　　他是肇事者，我在車內一切都看得清清楚楚。對方準備插進來，他氣得要命，一腳油門上去。我看到對方車內的妻兒，她們驚魂未定。我敢打賭，他們家這輩子都不再敢插隊了。

　　說回來，插隊是不對，也犯不著去撞別人吧？萬一對方有人受傷，甚至出了人命，他要怎麼辦？我想這些他都沒有考慮過，只是憤怒上頭，不管後果。也不管自己的家人們都在車上，我覺得他的情緒完全失控了。現在父母每天都活在恐懼中，生怕我們開車在外頭會因為他控制不住情緒而

出事。我想，如果任由他這樣下去，生活可能會毀掉。

孩子一天比一天長大，如果被憤怒的父親所影響，以後的性格也是讓我擔憂的。我想過離婚，但是我放心不下他。我知道我並不是不愛他，只是討厭他的『路怒症』。如果有辦法解決他這個問題，我相信我們還是可以過得很好。

我研究了「路怒症」群體。他們多數因為對生活的焦慮，想要爭分奪秒去跟時間賽跑，抓住每一個賺錢的機會。只要時間被耽誤，就會非常憤怒，覺得別人傷害了他們，損害了他們的利益。所以他們越來越急，越來越毛躁，直到情緒崩塌，做出過激的事情。

『你想繼續和我好好生活下去嗎？』我問。

『廢話，你什麼意思，是要離開我麼？』他依然是憤怒的姿態，我感覺他現在是對一切憤怒了，我心中大喊不妙。

『我問題的重點你沒有搞清楚，我問的是你要不要和我一起好好生活，開心愉快的生活，而不是糟糕的生活，更不是離開你。』我解釋了一番。

『怎麼好好的生活？』他抓了抓頭，有些煩躁。這個問題似乎是他難以弄明白的。

『你知道嗎？你現在給自己很大的壓力。你希望一切的事情都非常有效率，你不接受插隊，不接受別人占自己的便宜，哪怕算不得便宜的便宜，你也不允許。別人插隊是不對，但是不至於你去撞別人，你同意我這麼說嗎？』我問。

『我同意，我事後也挺後悔的。但是我真的當時特別生氣，恨不得把他給撞飛。當然這麼做肯定是不行的，那樣我就要坐牢了。也會見不到你們。好險，沒那麼做。』說完他自己也笑了，還做出拍拍胸口的動作。

『那麼，我現在有個辦法，可以避免再出現這樣的情況，你願意嘗試嗎？』我問。

『什麼辦法？只要是開車，我就做不到。我試過，我真的做不到。每天事情那麼多，我恨不得分成幾個人。那麼長的時間放在路上，我心裡真的是急瘋了。』他嘆氣。

『我記得你說我們家附近有家公司還不錯，挺有前景的。但是薪資比你現在的公司低一些，所以你不願意。但是我覺得可以試試。這樣一來你離家近，可以坐地鐵、坐公車、甚至騎腳踏車去上班。其實我最希望你騎腳踏車上班，因為現在單車車道很方便，既環保又可以強身健體。』我說。

『那你不嫌我薪資低沒本事嗎？在你朋友面前失了面子？』他問。

『不嫌棄啊。是老公身心健康重要，還是面子重要？當然是你更重要。再說了，你離家近，回家可以多陪陪我們，我高興都來不及。你的陪伴是無價的，錢排在第二位。再說，我明年也開始繼續工作了，我們可以一起騎腳踏車上班，多浪漫。』我說。

『老婆，我愛你。』他這個憤怒的大老爺們瞬間柔軟下來，眼眶溼溼地拉著我的手。

後來，我們真的每天騎腳踏車上班，嬉嬉鬧鬧的挺開心。下雨的時候我們會選擇一起坐公車，也會偶爾穿著情侶雨衣一起虐狗。回家的時候我們也騎腳踏車，相互追逐，誰先騎到家就不用洗碗，老公總是故意讓著我。我喜歡我現在的生活狀態，在車方面的開支少了許多。家裡的笑聲也多了起來。」

【成長祕鑰】

生活需要自己有意識減壓，外界的壓力無法改變，我們改變自己。什麼是美？我覺得是從生活變慢的那一刻開始。那麼對於壓力下的婚姻，我

們該如何去給自己的婚姻做減壓呢？

1. 及時察覺，解決矛盾

當婚姻出現不愉快，或者雙方都承受巨大的心理壓力時，一旦出現了這種苗頭，就要及時覺察，並且要認知到這是很正常的。很多人之所以一遇到問題就亂了陣腳，導致問題愈演愈烈，就是因為沒能第一時間正確認識問題，帶著錯誤的思維認知自然難以化解矛盾，就更談不上幫助對方減壓了。

解決矛盾、化解壓力的過程中，一定要確保雙方在心平氣和的情況下，讓對方將心中的焦慮等負面情緒釋放出來，壓力就會減輕很多。這時再坐下來平心靜氣地討論為什麼會感到壓力、應該如何化解。倘若對方不想說，那就給彼此一些私人的空間和時間，減少對方內心的壓抑和緊迫感，而不是在壓力還沒消除的情況下再次給對方施壓。

2. 用心感受現在，幸福就在當下

《我的青春誰做主》中有句名言：「幸福就是貓吃魚，吃吃肉，鹹蛋超人打小怪獸。」雖然是一句詼諧的比喻，但也提醒了一個經常容易被忽視的道理，即幸福就是當下的生活。每個人擁有的東西都不一樣，煩惱也不一樣，經常有人訴苦時，別人都會打趣的安慰一句，你真是身在福中不知福啊！所以說，何必拿自己沒有的東西來庸人自擾、徒增壓力呢，當感動的細節被不停的比較忽視，當期望被各種藉口破滅，終有一天，在你不曾注意的時候幸福也會離你越來越遠，壓力就會找上門。珍惜當下，用心感受每一刻，你會輕鬆很多。

惱人的「冷戰」

「冷戰」，家庭冷暴力的一種，這其實是一種精神上的虐待，不涉及肉體上的傷害，卻使夫妻中的一方備受傷害，又無法訴說，常被憋出「內傷」。

但是對於這種冷暴力，法律沒有具體的保護措施，一旦出現家庭冷暴力，往往預示著婚姻走到了盡頭。

M，女，31 歲，設計師。目前與丈夫冷戰中。

M 說：「我覺得我和他之間，無論是沉默還是交談都會讓我感到後悔。

人們說：沉默是金。

也說：交談能增進感情。

其實，都有道理，都沒說錯，但我認為，都得看用在哪兒。

好比一對吵架的夫妻，一方強制性交談，另一方強制性沉默，都只會引發更大的戰爭。沉默的一方認為激動講話的一方不可理喻，激動講話的一方認為沉默的人忽視自己。這個時候一方的交談和沉默，都顯得沒有效用。

再比如商業談判的時候，需要看對方使用什麼策略的時候，你需要沉默以不變應萬變；當需要深入了解對方想法的時候，你需要用語言交談達到挖掘試探的效果。

所以，沉默和交談，是把雙面刃，它們似火也似水。

現在我與他冷戰，我搬出來，住進我婚前的公寓裡，起初覺得很寧靜，甚至享受一個人待著的時光，但是久了又覺得無聊，我不停地找朋友聊天說話，但是還是感到心中難受。

當我實在忍受不了分離，去找他聊一下我們之間的問題時，又會引發

更大的戰爭，看我前面說的好像道理都懂，但是真到和他交流，我的情緒跑出來，智商就是 0。

我現在感到十分疲憊，我感覺他也是。

【成長祕鑰】

真正的寧靜是美好的，是主動感受生活的藝術，是鶴立於雪，是梅開於院，是落霞與孤鶩齊飛，是秋水共長天一色。

而真正的無聊是被動的，是錯覺生活拋棄了自己，快樂對自己充耳不聞。是慌張不知道如何是好，卻被陰霾悶住了頭，很努力才能發出微弱的聲響。無聊的時候，找人聊天是漫無目的，強作輕鬆卻帶著沮喪的。

我個人讚同在暫時無法磨合的問題上給彼此一點時間、空間去思考對方在自己生活中的意義，從而放下眼前的成見，去展開懷抱擁抱對方。但是大多數人在剛吵完架是很難做到「雲淡風輕」的，如果還有情緒在，不如去尋找真實的寧靜。當我們找到了真實的寧靜，也就脫離了冷戰期了。

怎樣才能獲得內心的寧靜？

我認為以下幾個簡單的辦法值得參考。

1. 向內尋找內心的支持系統

找本符合當時心境的書，找部符合當時心境的電影，可以幫助我們暫時逃離無聊，在享受藝術作品的過程中，似乎作品的作者在與我們做伴，這個辦法就像止疼藥般快速而有效。但前提一定是好的藝術作品，不然，等書看完，電影結束，一切恢復原來的樣子，甚至更糟。

2. 向外啟動外在的支持系統

我們發出訊號，向外啟動支持系統，尋找志同道合的小夥伴。你愛音樂，就去找一群愛音樂的朋友；你愛畫畫，就去找一群愛畫畫的朋友；你

喜歡流浪，就去和天橋底下以天為床、以地為鋪的朋友聊聊心得，學學經驗；總有屬於你的群體，和你惺惺相惜。比如一個初來北京的人，會感到落寞和無聊，因為愛好文藝，可以加入一些讀書群，尋找愛書且擁有獨立意志的朋友們，大家若能一拍即合，積極地組織線下讀書會，一起探討和交流，成了一件美事。

3. 將無聊的狀態變成寧靜的時光

　　一個人也可以很美好，如果你有辦法將無聊成功轉變或者昇華。你能捕獲周圍幾里之內的美景，去駐足觀賞；你能將自己需要陪伴的感受寫入日記本中；你能放幾首悅耳美妙的音樂；你能為自己煮一杯咖啡，配一塊美味的甜點；你能參加一些志願者活動，傳播愛心；你能做許多讓你感到心安理得，平靜愉悅卻不是狂喜的事情。

　　我喜歡詩人紀伯倫的一句話：當你觸及生命的核心時，你會在萬事萬物中找到美，甚至在那對美視而不見的眼睛中。

　　自然地，我們會看淡導致婚姻中出現的矛盾。因為夫妻間的矛盾，許多都是我們內心難以獲得寧靜的產物。其實，婚姻生活可以很美，只要你能掌握幾個讓自己獲得寧靜的技巧，僅此而已。

旅行的風景

　　詩和遠方是很多人心中嚮往的。在旅行中，我們不僅可以欣賞旅行的風景，還能追尋歷史的痕跡，放鬆因工作而緊繃的心情，緩和夫妻之間的關係。

　　旅行不只是我們擺脫煩惱的心情轉換器，同時它也是醫治婚姻的一味藥引。如果你的婚姻正面臨「死結」，而你還想挽回即將破碎的婚姻，不妨和你的另一半來一場說走就走的旅行，在如詩如畫的山水之間盪滌積怨，解除婚姻之「癢」。

　　J，男，38 歲。

　　J 說：「我們家的旅行記憶可以說是一個遊客蛻變史。

　　最初我們旅行的時候跟的團是購物團，非常便宜的那種。經歷了導遊軟硬兼施，還有冷嘲熱諷的策略，在極不情願的心理下，我們買了自己不想買的東西。

　　接下來我們跟團汲取上一次的教訓，提升跟團品質，雖然強制性購物的情況沒有了，但是我們去的地方是所有遊客都會去的，整個遊玩過程會覺得很累。偶爾發現一處比較有意思的地方，導遊會催促我們快點離開。

　　每到一個景點，基本上都是走馬看花似的。沒有來得及感受那個地方就需要趕緊離開。拍的照片也是被其他遊客包圍著。我們當時戲謔跟團的感覺是：「上車睡覺，下車尿尿，景區拍照，一回家甚麼也不知道。」

　　印象最深的一次，是我們去海上的一座島嶼，發現了一個神奇的山洞，那裡面很少有人進去看看，除了少數幾個自己出來遊玩的揹包客走了進去，我們團員們基本上只看導遊的指令的方向，好像一個個牽線木偶。我們仨脫離導遊視線走進了山洞，發現了許多當地古時候的圖騰，充滿神話色彩，我們大開眼界，從此決定自由行。

　　當然我不是說跟團一定不好，我們只是碰巧遇到幾個不好的團而已，一定有好的團和好的導遊，只不過我們沒遇到。團有團的好處，酒店和機票方面能剩下一筆開支，只不過隨著旅行的時間增加，經驗越來越豐富，我們需要自己去冒險。哪怕不是每個城市我們自己做的攻略都是讓我們滿意的，但是我們也依然願意試試。

　　我們終於告別了景區打卡式旅行。我們現在的旅行方式是，一半規劃行程，一半隨遇而安。規劃的那部分把我們做攻略的地方去看看，覺得美麗的地方多停留一下。至於隨遇而安的那部分，往往是最有意思的。

　　記得有一次我們開車在一座山邊，看到山上煙霧繚繞，我們上去竟然找到了一戶人家。他們有自己的院子和茅屋，院子前面種著向日葵，像一幅漫畫。妻子不願離去，想知道住在這屋子裡面到底是什麼樣的人。我和妻子派兒子去敲門，開門的是一對老夫婦。可能鮮少有人敲門吧，他們兩人顯得有些驚訝，隨之又感到高興，邀請我們進屋喝茶。

　　屋子裡面散發著花草的清香，仔細一看是各式各樣晾曬的花茶。屋內有一些看起來十分古老簡樸的家具，一些精美的茶具，還有幾樣沾著泥土的農具。他們說，這裡很少有客人來，除了上來收花茶的商人以外。

　　喝著透著清香的花茶，竟然忘了時間。等我們要走的時候，太陽快要下山了。老夫婦告訴我們這附近有最美的日落，推薦我們去後山腰那個涼亭觀賞。臨走的時候二老送了我們一些花茶，我們向二位夫婦道謝，繼續出發。在涼亭中看著太陽西下，雲彩變幻，我們感覺此行業真美好。」

【成長祕鑰】

　　什麼是美？我認為是在旅行中的不期而遇，以及那一番忘記時光的交談。旅遊增長見識的同時，還可以增進夫妻感情。

1. 放緩生活節奏，調整自己的情緒，讓沿途美好風景伴隨幸福前行。

當我們手握方向盤行使在高速上時，如果速度過快，會很難發現路邊的測速照相機，直到最後白光一閃的時候才意識到超速的違法行為已經被記錄在案了。

經典電影《完美的世界》裡曾有過一句著名台詞：「車是一台時光機器，前方是未來，後面的是過去，如果想更快的到達未來，就踩下油門，如果想回到過去，就調整檔位向後倒，但如果想享受現在，就停下車。」

人的一生是趟單程旅行，可能一輩子都沒有辦法回到過去，但我們可以放緩節奏，學著享受當下。例如，暫時拋開手中繁重的工作去安排一次家人的短途旅行，不再選擇做「空中飛人」而找個離家近的工作，停止沒玩沒了的實驗立刻拿起電話告訴女兒帶她去期盼已久的遊樂場。速度過快會讓人的感覺變的麻木，慢點，再穩點，幸福自然會伴著身邊的鳥語花香包圍著你。

2. 旅行不能包治百病，控制好婚姻的行囊

婚姻這場旅行，並不難包治百病。旅行雖然能在某種程度上修復破裂的感情，但它只是一味藥引，畢竟旅行的時日有限，很多根深蒂固的婚姻問題並不能在短期的旅途中解決。同時，一定要控制好自己的行囊，千萬不要讓動力變成阻力，也不要隨意丟棄自己踏上這條路時的支撐與信念。那裡有你旅行時的方向和意義，丟掉他們，旅行也就變成了漫無目的的行走，又有什麼樂趣可言呢，因為你已經迷路，不知身在何方，也不知道為什麼要出發。

我們再次相愛

婚姻是一朵盛放的玫瑰，有時嬌豔動人，有時卻面臨枯萎的危險。

然而，婚姻中的每個人都希望自己能擁有完美永恆的愛情。只是，婚後越來越多的現實生活，往往並不像想像中那樣浪漫，更多的是雞毛蒜皮的爭吵，柴米油鹽帶來的煩惱，甚至，很多人還會產生過後悔結婚的念頭、產生離婚的念頭。此時，你該怎麼辦？你們還能再次相愛嗎？

M，男，39歲。

M說：「結婚十年了，我們的感情很平淡。常在想現在因為責任雙方才在一起吧？因為除非有必要，我們基本上已經無話可說了。有必要的話基本是：『水費你繳了嗎？』『孩子生活費準備了嗎？』『二姨生日，我們去嗎？』『家長會你有時間嗎？』『冰箱制冷效果不好，要不要買台新的？』

是的，生活裡面已經沒有『我愛你』，『我想你』，『幸好有你在身邊』。這麼說很過分，但是現在和她的關係的確是有點食之無味、棄之可惜的意思。

我發現妻子跟她的男同事關係走得有些近。她自從結婚後都不怎麼打扮，今年卻十分在意化妝打扮。我懷疑她可能想要離開我了，她的轉變是給我的暗示。當然我也和女同事有過曖昧，但是我保留了底線，從沒越界。

其實我妻子現在的行為如果真被我猜中，我是可以理解的。雖然我情感上的這一關過不去，但是理智上我是可以理解的。一方面是因為我也曖昧過，我知道很可能是因為婚後生活無聊造成的，她渴望一些熱情我是能理解的。畢竟都是人，食色性也。我沒有要求她一定是聖人，因為我自己也很難做到。

　　但是我發現，我當時不想出軌的原因是我真的不想破壞這份婚姻。我父母的婚姻不幸福，我不想重蹈覆轍。再說，她跟我分開以後，別人真的會珍惜她嗎？她有過一段婚姻，還有孩子，她離婚很可能過得不好。我很擔心她，因為頭腦發熱，而吃盡苦頭。當我意識到我非常在乎她時，我決定挽救婚姻。

　　在她生日的那天，我想辦法租下來我們第一次住的公寓，準備了幻燈片，弄了一些燭火，放了一些音樂，我們喝了酒，一起聊天，聊了許多過去的美好。

△ 第一次見面
△ 第一次親吻
△ 第一次入住的地方
△ 第一次做愛
△ 第一次當父母
△ 第一次吵架
△ 第一次原諒對方
△ 第一次感恩對方在身邊

　　……

　　把過去的每張照片做成幻燈片，一張一張看，一起回憶當年相愛的故事。

　　妻子躺在我的懷裡淚流滿面。我問她是否願意跟我過一輩子，她說下輩子也想跟我過。我把她抱得緊緊的，不願鬆開。原來，我們一直愛著對方，只不過時間太久，我們忘了自己還愛著。

看氛圍不錯，我想藉機套話，問她今年怎麼開始打扮起來。妻子有個特點，喝完酒特別耿直：『哦，哎，還不是怕我人老珠沒了，你移情別戀。我這叫危機意識。』看著妻子的臉紅撲撲的，滿眼真誠，我開始有些不好意思自己的小人之心了。

我決定冒險對她坦誠：『我之前跟一個女同事曖昧過。但是沒做逾矩的事情，我藏在心裡十分難受，想要告訴你。希望老婆您能寬宏大量原諒我。可以嗎？』

『你終於肯說了，我還在想你什麼時候願意告訴我。我猜的是可能我們老掉牙了，我也沒力氣揍你的時候，你才敢說呢。』原來她心知肚明，「婚後一閃而過的外遇念頭誰都有過，但是只要沒有越界，都還是好丈夫、好妻子，不是嗎？我愛你。」這是她這兩年來說得最多的一次。

『我也愛你。』我心想，這個浪漫的生日，故地重遊，再次相愛，真美。

【成長祕鑰】

生活需要儀式感，不要把日子過平淡了，這樣才能長久。

1. 儀式感代表著彼此對待感情的態度

婚姻中沒有了儀式感，往往也意味著你們的婚姻生活已經缺失了熱情。婚姻中的感情需要儀式感來維持熱度。

所謂儀式感不是一定要去很高階的餐廳吃浪漫的燭光晚餐，也未必一定要送價值連城的禮物。真正的儀式感小到生活的任何小細節，一束鮮花、一封情書，一次真誠地溝通。更可以是彼此之間的小祕密，互訴衷腸……這些看似微不足道的小事都可以成為日常婚姻生活中的小儀式。只有兩個人懂得用心去堅持做有儀式感的事情，單調乏味的生活才會變得充實有趣。

2. 婚姻要有儀式感，女人更要安全感

婚姻中的女人其實想要的並不多。大多數女性都會缺乏安全感，這回導致女人變得猜疑，不信任對方。有時候，除了日常生活中的儀式感，女人只是希望另一半記得屬於彼此的，特殊的日子。別忘了婚後也要常常和另一半談一場戀愛，為她製造一個卡片、一束花的驚喜。給生活加點「料」，給彼此一個重新認識自己、重新愛上對方的機會，也讓婚姻生活不再單調乏味。

第十三章
幸福的婚姻

　　《刺激 1995》裡面不僅講述了一個充滿夢想的故事，更闡述了一個重要的人生哲理——「Get busy living or get busy dying（忙碌著活，或忙碌著死）」每個人生下來就在不停的忙碌，前期是為了能夠活下去，後期則是為了活的更好。

　　當婚姻中的我們不用為了吃飽肚子而太過於擔心的時候，精神生活變成了我們追求的另一個更重要的目標。禪理說捨得捨得，有舍才有得。當我們忙碌的結果可以支付我們享受的生活的時候，其實我們可以相應的減少忙碌，而騰出更多的時間用來學會感受，感受身邊的親人，感受朋友的友情，感受自然的風景，感受幸福的婚姻。

到底該不該知足？

　　我們經常聽到這句話，熟悉的地方沒有風景。是因為經常看到審美疲勞了嗎？不全是。人們普遍都有這樣一種奇怪的心理：拿到手的東西似乎永遠不如拿不到的那個好。離自己越遠的，彷彿就越珍貴一樣。與其說這是審美疲勞，不如直接說這是一種不知足的表現。拿到手的這個也不見得就覺得它不好，只是另外那個也很好，真實的想法是，如果另外那個也可以是我的就好了。

　　有人說世界上最難得事情就是做選擇。細想一下，原因無非兩方面。一是不了解自己的真實想法，沒有傾聽過內心的聲音，不知道自己要什麼；二是不捨得放棄，因為各有優劣，每一樣都不捨得不屬於自己。似乎放下哪一個都會抱憾終身一樣。

　　在婚姻中，這種所謂的疲勞症更是極大地安全隱患。試想一下，處在婚姻關係中的兩個人，若總是將眼睛望向別處，去尋找更美的風景，這樣的生活，應該很難幸福。

　　即便不是發生在人與人之間，而是家庭生活的其他方面，這種忽略眼前、極目遠視、不懂知足的心理，又怎麼能給家庭生活帶來穩定與幸福呢？

　　W 和 X，一對理念不同的夫妻。

　　在 W 結婚之前，也就是他還是單身漢的時候，暗戀隔壁的漂亮姑娘，但是一直覺得自己配不上人家。看看家裡的平房，和自己穿的破舊的衣裳，W 希望有一天能建了新樓房的時候娶到她。

　　W 一直很努力打工，等到自己存夠錢回到家時，發現隔壁正在辦喜事，熱鬧極了。原來是那女孩嫁給了一個建了新樓房的同村小夥子，W 感到很喪氣。

　　同村有個女孩叫 X，很喜歡 W，說跟 W 住平房也願意。W 想著自己應該感到知足，既然住平房都有人嫁給自己，還奢望什麼呢？W 用打工存的錢給了自己媳婦的娘家人，以證明未來會對 X 好。

　　接下來 W 和 X 結婚生子，依然住在舊房裡。W 也不想去城裡打工了，告訴自己身邊大部分人都是這麼過日子，自己也該滿意。W 開始在幹完農活之後去村裡的牌館打一下午麻將。慢慢地，開始欠了牌館一些錢。到了孩子要上學的日子，學費拿不出了。晚一年上學也沒關係吧，W 想。反正讀書用處也不大，自己沒讀書不也成家了嗎，不也沒餓死嗎？

　　推遲了一年之後，X 找娘家借了給孩子上學的學費。原來以為只要借一次，可怎麼想到後來的每年學費都要借。娘家人不高興 W 這麼窩囊，勸 X 離開 W。X 不願意離開，只是苦苦求 W 不要打麻將也不要整天混日子：「你去上班吧，孩子就不用借錢交學費了，也能賺錢把家裡的房子修好，不用每次下雨的時候都用大盆小盆接雨水了。」

　　W 指責 X 說：「你啊，說到底還是想嫁一個有樓房的男人。現在瞧不起我了，是嗎？你怎麼這麼貪圖享受，一點也不懂知足？」說這句話的時候，正在下暴雨，平房坍塌了。X 受了傷，娘家人把她接了回去。從那以後，X 再也沒有回 W 的那個家。

　　聽說 X 去外地上班了，每年都寄回來學費給孩子。而 W 把孩子的學費輸光了，在孩子國中的時候讓孩子去學紡織，孩子早早去工廠上班，為家裡貼補，也好幫他還欠的錢。

　　W 是一個愚昧而「知足」的人。「知足」到欠債，「知足」到平房坍塌，「知足」到孩子沒有學費上學。W 口中的這種知足並不是真正意義上的知足。愚蠢的知足是沒有意義的。真正意義上的知足是努力過後，肯定已有的收穫的前提下去探索未知，對已有成績的肯定，併為自己感到滿

意。而不是因為懶惰不想勞動，而找到美其名曰「知足」的擋箭牌似的藉口，這其中的含義千差萬別。

【成長祕鑰】

其實不管是在工作中還是家庭裡，心態都很重要，好的心態不僅會讓人與人之間的相處變得和睦，也更容易給自己帶來幸福的感受。只有放鬆，平和的心態，才能做到知足常樂。對於立定的目標，只有一步一個腳印的去努力爭取，才能夠將慾望轉化為實際。而不是吃著碗裡的望著鍋裡的，最後竹籃打水落得一場空。

1. 在知足常樂的前提下繼續完善自己。

我們往往欣賞一個積極自我實現的人，無論他是一個匠人把一樣工藝做得精緻，還是一位農民把農田整理得特別生機勃勃，還是一位企業家把企業管理得井然有序，還是一位作家把小說寫得充滿意義。他們都能透過自己手中的事情，實現自我價值，贏得他人或者是自己對自己的尊重。

如果有一天，對自己已有的成績已經感到滿意，最好的狀態是在知足常樂的前提下繼續完善自己。對已有收穫的滿足，對仍有上升空間的不滿足。對物質上知足，對精神上的不滿足。前者能輕鬆前行，後者能推動社會前行。也能成為更優秀的自己，發現自己更多的可能。從知足後的完善過程中找到快樂。

2. 別讓慾望迷了心智，幸福就在隨手可及的地方。

現代社會因為交通的便捷，基礎設施建設的提高，讓人的群居空間變得越來越小，人與人的關係越來越近，無形之中形成了一種攀比的心理，對物質和其他很多方面產生了一種慾望。而有時候人為了要偽裝自己的幸福，常常又不得不對內心的慾望視而不見，不能過一種簡單而必要的生

活，總是被他人的看法左右，被種種「讚歎」或「鄙夷」驅使，累如牛馬地忙碌在一種並不甘願的生活中，極大的降低了自己的幸福感。慾望是無窮無盡的，天外有天，山外有山，如果因為追求無窮的慾望而忽略了身邊簡單的幸福，當我們在遲暮之際，必定會懊悔不已。與其到了那個時候悔恨，不如從現在起就控制好自己的私慾，學會珍惜當下。

3. 剋制貪戀，給愛一個自由呼吸的空間。

《戀愛婚姻家庭》裡曾說，很多女人，尤其是自家先生頗為成功的女人，活得是比較有壓力的，她們既想管住先生的錢，又想管住先生的人，還想管住先生的事。可是，女人越是這樣，就越管不住先生的心。小時候玩過沙子的人都知道，你越是緊緊握住手中的沙，它越會流失的很快直到消失殆盡，可是如果你用手捧著它，最多只有多出的部分會失去，剩下的一大半還掌握在你的手裡。對於愛人，也同樣是這樣。每個人都嚮往著自由，害怕被約束，尤其是用愛的名義來約束對方，會更加使得對方被束縛住，最後苦不堪言的選擇分手。因此，給對方一個足夠的空間，例如，當他和朋友吃飯的時候，不要不停的給他打電話，當他出差的時候，也不用時時刻刻給他發資訊。學會給愛一個自由呼吸的空間，才能讓愛活的更長久。

情感用於生活　

　　每個人的一生當中都會伴隨著理智、情感兩個詞。

　　無論是在工作中，還是面對婚姻中的情感問題，我們都需要既從理性的角度思考，同時也要站在情感的角度去面對。

　　準確地說，理智是指說要頭腦清晰地想事情，一定要保持理智來處理任何事情，絕對不可以意氣用事。在婚姻生活中，保持理性其實是一種能力，有了這種能力，才會將更多的情感投入到生活裡，才能和另一半感受到婚姻的幸福。

　　我非常喜歡一句話：理智用於工作，情感用於生活，兩者兼之用於理想。這基本上是我在成長路上迷失之後的指路明燈。如果在工作上我受阻，我會提醒自己保持理智清醒；如果在婚姻生活中遇到困難，我會提醒自己多用心去感受，表達自己的情感；在追求學術的道路上，理智和情感兼而有之，能使我保持學習和探索。

　　我們在前面的篇章裡面有談到僅僅用理智生活的人會遇到哪些麻煩。但沒有具體講要怎樣才能更好地調整出一個美妙的生活狀態。我在這裡想重點展開一下。

　　我們僅僅使用理智去生活，會讓一些事情處理起來好像很有效率。但是往往會以忽略身邊人的感受為代價。比如一位企業家朋友，他一切的工作和生活都是在講邏輯。他每天非常匆忙，但是忙完之後又非常落寞。

　　他基本上無法對任何人說出：「你不要這麼做，我不喜歡，或者你別這麼做，我會擔心，我會難過，我會想離開。」他的防禦機制很重，一切都嘗試用邏輯解釋。連戀愛的時候，都可以這麼做。一個女孩喜歡他什麼，不喜歡什麼，基本上可以用條理說得清清楚楚，就是不談自己的感受。

　　我在想，是否在許多人的世界裡，承認自己情感脆弱的那部分是羞恥的，但是我們也許弄錯了，因為情感不僅僅是在悲傷時的表達。比如妻子或者丈夫精心準備了燭光晚餐，愛人可以說一句：「你特意為我準備這些，我太幸福了。我愛你。」看，談談感受，不要害怕對方起雞皮疙瘩，因為雞皮疙瘩也許只是對方被你的話給電到了。

　　在我們小時候，父母太忙了。當我們嘗試表達自己情感的時候，可能會被父母噎回去。女孩表達情感的機會多一些，因為社會對女孩的設定是可以軟弱的，甚至是有些鼓勵的。而對男孩的要求往往是，男兒有淚不輕彈，打碎了牙齒往肚裡咽。這個塑造，扼殺完整的人格，相當殘忍，不是麼？

【成長祕鑰】

　　當我們在結婚生子的年齡時，早已不是孩子。可以大膽地表達自己的內心感受。我們感到喜悅、悲傷、憤怒、快樂，都可以大膽地告訴自己信任的人，尤其是自己的伴侶。當我們將內心的情感釋放，我們與伴侶之間的情感便開始流動了。

　　許多人不善於也不願意在親密的人面前去表達，想要保留完美的形象。但沒有人是完美的，我們為了保持完美的超級形象，而不願做有血有肉，情感飽滿的那個真實自己，想想還挺自虐的。

1. 理智用於工作，情感用於生活，兩者兼之用於理想。

　　對於工作我們講邏輯，可以提升效率。對於生活我們需要談情感，用感受讓情感蔓延。對於我們所要追求的理想，我們需要不斷總結失敗的經歷，用理智去幫助我們前行，然後再使用情感幫助我們堅持奔向心中的夢，不怕失敗的過程就已經是成功了。

2. 談戀愛要感性，婚後要理性

　　戀愛過程中的甜蜜都是很感性的一種感情。但是婚後更多地是家常瑣事，需要理性地去經營。對於兩個人的感情生活，如果要想把握好感情與理智的天平，就要明白：感情要用理智來制約，而理智更需要感情來調味。這樣幸福的婚姻才會多一點祥和，少一點悲劇的發生。

一切永恆能帶來幸福的「無」

有，是物質世界，是一切看得見、摸得著的東西。比如金錢，比如房子、桌椅、馬路、檯燈。

無，是智慧、美德、幸福、勇氣、情義、經驗、溝通這些看不見摸不到的東西。是非物質的，但並不是沒有。第一家的商人因為具有看不見的那些品質，獲得了看得見的財富；第二家的商人正好相反，因為看得見的財富，而丟了無價的品質。

做越多心安理得的事，內心越接近快樂的狀態，也就越接近幸福。善良、責任心、誠實這些品質，用 2500 多年前哲學家老子的話來說是「天下萬物生於有，有生於無」。

H 和 J 兩位商人，都分別因為自己的店賺了一些錢。

H 原來是小店，因為價值實惠，經營用心，客戶口口相傳，在網路發達的時代順理成章熱門了起來，越做越大，現在門庭若市。J 因為用廉價的食材，中間利潤大而發家，後來也一直複製之前的暴利模式，發了財。

H 的商人，因為做著心安理得的事情，而感到滿足。J 的商人，經常會因為擔心食材的問題而惹來麻煩，常常夜不能寐，卻因為利益當前，不願意換成健康安全的食材。我們不難發現，同樣擁有財富，但是前者幸福，後者痛苦。

【成長祕鑰】

在婚姻裡，我們常常會因為看得見的東西而歇斯底里。比如我們因為想換一套漂亮的公寓而節衣縮食；比如我們會因為看中一輛漂亮的汽車而不顧昂貴的貸款。其實，生活輕鬆愉快最重要，追求漂亮的公寓和汽車並

享受物質生活，在不超過自己的經濟水準前提下，是每個人自由選擇的權力。但若是超過承受水準，甚至因為物質破壞了婚姻中的情感，就過度了。關於經濟問題的區間在節儉和慷慨之間。如果向下到吝嗇，向上到奢侈，最終都會帶來痛苦。

基本上，如果我們能做到成為一個具有智慧的好人，我們也就能獲得幸福。好人，我們容易理解，一個善良、正直、真實、勇敢的人，就是好人。當然做好人比做壞人難，好人需要面對陰暗處的誘惑，又要有避開泥潭的智慧。

1. 智慧的人，是放下執著的人。

所有心中的必須都需要放下：必須成為最優秀的人，必須成為最富有的人，必須贏得所有人的認可，必須 ⋯⋯ 這些必須都能放下的人，能接受自己的不完美的人是智慧的。

智慧的人心胸開闊，既能透過現象看本質，又能看淡本質中的得失，往往能以出世的心入世；智慧的人知足知不足，是能在知足常樂的基礎上不斷完善自己的人；智慧的人，因人類的渺小而謙卑，卻不因人類的渺小而悲觀，能融合一切的矛盾，而不感到迷茫。

2. 智慧、美德、幸福是一個等式。

蘇格拉底認為智慧、美德、幸福是一個等式。若一個人弄明白了人生，也清楚了做人的道理，他也就會獲得幸福。而智慧、美德、幸福都是看不見的東西，需要用一生去追求，比物質的東西更難以思索。

如果說在其他問題上還有疑問，關於幸福的答案一定是肯定的，沒有人不渴望幸福。所以，如果我們要獲得幸福，就一定需要做一個有智慧的好人。

能「閒」是福

很多人擔心自己閒下來，或是在清閒的時候不敢閒下來，這讓能閒下來的人成為了勇士。

為什麼？因為繁忙的都市生活，就像競爭力激烈的鯊魚池。一旦閒下來看到身邊的人仍然在學習、在工作，便覺得恐慌。若真有機會閒兩天，閒時的危機感、內疚感就趕緊跑出來指責自己，極盡心亂之能事，反倒讓閒下來的日子變成了痛苦。因為不想痛苦，就開始逃避閒暇，視之為洪水猛獸。

可是，閒和懶不同。閒是工作之餘的休息，是一種精神的放鬆。懶是不願意工作，是一種精神的逃避。許多人不願意閒，恐怕多半是因為怕自己變成懶惰的人。哪裡會呢？一個生性勤勞上進的人，怎麼會因為一段時間的閒暇而成為懶人？實在杞人憂天了。說到底還是對自己不自信，不相信自己的剋制力，更不信任心中理想對自己的感召。

我倒覺得，適度的閒暇，放空身心，有助於回到社會中更好地創造。就好像一台一直運轉的水車，也需要停下來修整檢查，為的是更好地繼續運轉。如果任由它一直運轉，到壞了的時候才去維修，只會是更耽誤功夫，更懊惱了。

暫時停止思考。停止對外界做出反應，是閒下來的必要功課。許多人有閒暇的時間，卻沒有閒暇的心境，白瞎了這寶貴的時間。我見到許多人在旅行過程中，用手機不停拍照，就是不肯用眼睛去看眼前美麗的世界，也不願意去呼吸這方土地上的獨特氣息。忙著修圖、忙著擺造型。到了旅行結束，其實內心對這次旅行並沒有什麼動人的體會，有的只是比工作更忙的感覺，那麼這次旅行基本上失去了意義。因為根本沒有閒下來去感受。

能閒下來感受外界的人是幸福的。因為這樣的人需要有好的心境，好

的感受力。簡單來說，有一雙發現美的眼睛。在郊外散步，一葉飄落，知繁華，擇清幽；遠處傳來笛聲，駐足聆聽；開車在都市裡，老夫妻挽手慢慢徐步前行；去幼稚園接孩子，他們興高采烈地衝向我們的懷抱，這些畫面都很美，它們經常出現在我們眼前，而我們看不見。

　　一個整天處在緊繃狀態下的人難以發現生活的美。到老，總是感慨，我的一生又有什麼意思呢？當然沒有意思，因為原本每一天都可以有意思，而我們活在未來的計劃中，急急忙忙，就是偏偏不感受當下。有意思的事情，美好的事物，就這麼活生生錯過了。

　　除了活在未來的人，會破壞閒暇時光，還有隻停留在過去遺憾中的人，也會有這個問題。這類人總喜歡自哀自怨，不肯對過去的事情釋懷，把回憶抓在手心裡不肯放開，也看不見當下所發生的事情。

【成長祕鑰】

　　我們急忙去做一些事情，真的會讓這件事變得有品質嗎？據我所知，真正創造性的公司都是有很大的自由空間給員工和管理層的。鼓勵他們多多思考，放鬆身心，然後更好地創造。緊張毛躁地做事，似乎更低效。既然如此，我們是不是該反思，如何讓自己的心閒下來呢？

1. 沒有「閒」的婚姻只剩下無趣

　　想想一下，夫妻兩個人每天早上就各自上班，為了工作忙碌一整天。下班回家做飯、輔導孩子學習，自己還要為了提升而不斷學習直到深夜。日復一日，好像每一天兩個人都異常忙碌，漸漸少了交集，感情慢慢好像都沖淡了。作家余光中曾批判現代社會的快節奏：「太快有什麼好！」其實，再忙碌，也別忘了「閒」，適時停下來，給彼此一點喘息的空間，製造一點浪漫，否則婚姻也只剩下無趣乏味的生活令人厭倦。

2.「閒人」不等於「廢人」

任何事都應該有一個度，真正的「閒」是知道自己何時應該停下來，應該如何休息、做什麼事，但這不等於閒下來就成了廢人。當一個人在婚姻中沒有了價值感，那麼他的責任感也會隨之減少，靈魂變得空虛，生活變得無聊，這樣的心理發展到最後無異於生命的浪費。即便在閒暇之餘，也要充分利用有限的時間，和對方一起做有意義、有價值的事情。

人的幸福

「追求和獲得幸福的能力叫什麼，我思索就該叫「幸福力」。它既是一種意願。也是一種可培養的能力。幸福是一種狀態，而幸福力是行動。如果幸福還沒有來敲門。我們就去敲它的門！」幸福不是貼了郵戳的信件，不會讓郵差主動投遞給你，而幸福更像是一種寶藏，要你自己經過層層的關口最後找到它。

幸福來之不易，才會更加珍惜。但時間一久，往往會拿出去比較，自己認為的幸福，也許不是別人認為的幸福。於是放棄了自己好不容易找到的幸福，再去更遠的地方尋找。有的人很幸運，又找到了一種幸福，但他還會忍不住拿它出去對比，甚至和自己以前找到的幸福相比，一輩子都活在不知足的不快樂中，甚至會搞不清幸福的真諦。而有的人，丟掉了自己的幸福後，再也找不到幸福了，便一直活在悔過裡。

對自己的選擇負起自己的責任，快要放棄的時候想想當初是因為什麼樣的堅持而到了這裡。調整好自己的心態，當自己努力過了，那麼結果便不再那麼重要。人的出生和結局都是預定好的，我們唯一能做的，就是把握好這個過程。因此，越早出發，便可以越早尋找到幸福，幸福是個沒有安全感的小孩，當我們忽視了他之後，可能在不經意之間他就溜走了。

我的好友 L，就是因為不懂得這樣的道理，把到手的幸福給弄丟了。

L 大學畢業後，憑著不錯的相貌在台北找了一份外資公司櫃檯的工作。在這個公司裡她認識了她的初戀 P，小 P 是個踏實勤奮的男孩，和 L 是老鄉，在公司裡做業務。

P 很喜歡 L，每個月都將自己的薪資給 L 買衣服，帶她去吃飯，送她護膚品和香水。L 一開始覺得很幸福，覺得雖然 P 的薪資不高，但是卻用

著百分之百的心去對待她。他們計劃在台北買房結婚，於是 L 開始縮減開支，盡量把錢都存起來。

隨著在公司裡待的時間越來越長，辦公室的女孩子關係漸漸都混的熟了。公司裡另一個櫃檯悅悅是個道地的台北小女孩，講話直來直去的。她的家境不錯，每次約 L 逛街都奔著大商場去。也會熱心的拉著 L 試穿各種美麗高檔的衣服。她看著 L 身上穿的平價品牌，認認真真的告訴 L「女孩子的青春只有一次，要捨得把錢花在自己身上，現在不花難道要等人老珠黃再打扮嗎？」

L 禁不住一而再，再而三的相勸，也確實沉醉在身上穿著的美麗衣服帶來的讚美和恭維裡，漸漸的 L 不再滿足去平價店買打折的衣服了，也不再滿足將自己美麗的容貌葬送在平庸和單調的男人 P 那裡了，她找著各種理由和 P 挑刺爭吵，好脾氣的 P 先是哄著，最後實在忍無可忍選擇了分手。

L 在和 P 分手之後，很快和一個有錢的老闆交往，那個老闆買各式各樣新款的包包和衣服給 L。L 成為了周圍人羨慕的對象，只是她知道那個老闆除了她，身後還有好幾個比她姿色不低的女人享受著這一切。L 的物質越來越豐富，可是精神卻變得越來越空虛。對待那個老闆的態度也漸漸冷淡了下去，後來老闆不願意再在 L 身上花心思了，L 離開老闆之後，有天在路上隔著馬路看見 P，身旁站了一個很普通的女孩，一起吃著路邊小攤的食物很開心的聊著天，L 的眼眶溼潤了，她知道她曾經丟了一個最重要的東西，而這些東西，她將再也找不回來了。

【成長祕鑰】

《古蘭經》裡面有一個經典故事：「一天，有人找到一位會移山大法的大師，央其當眾表演一下。大師在一座山的對面坐了一會兒，就起身跑到山的另一面，然後就表演完畢，眾人大惑不解。大師道：這世上根本就沒

有移山大法，唯一能夠移動山的方法就是：山不過來，我就過去。」

　　幸福和山一樣，不會主動過來找你，就需要你自己去努力找到它，用心的維護它，才能幸福。例如，單身的女孩如果天天做宅女，那麼再好的男孩你也沒有辦法遇見。上司的助理突然離職，職位出缺，而你沒有抓住時機毛遂自薦，很有可能會錯失一個很好的晉升機會。婚姻裡同樣的道理，如果他很被動，你試著用自己的主動漸漸的去帶動他，慢慢的兩個人在一起的機會就多了，感情自然也會跟著升溫。在這個過程中，我們要做的事情是：

1. 成為真實的自己。

　　我們過去是一個什麼樣的人並不重要，重要的是我們決定當下成為什麼樣的人。接納自己的過去，關注當下所擁有的，愉快地迎接未來。

　　幸福的反面是痛苦。若我們需要擺脫痛苦，就需要了解痛苦。因為幸福從痛苦中來，就好像光明是從黑暗中來一樣。能區分什麼是光明的前提是我們能了解黑暗是什麼，幸福也是如此。我們有足夠的智慧才能面對強大的痛苦，戰勝、接受、轉化成幸福。

2. 保持學習，探索自己更多接近智慧的可能。

　　當我們獲得智慧，我們也就能了解生活絕大多數的苦痛的根源，也能去寬恕一些曾經我們認為不可饒恕的人或事。

　　我們需要不停地學習。因為我們在婚姻裡面，會遇到很多困惑。而學習是解答困惑的最佳途徑。關於家庭模式的了解，關於兩性情感的了解，關於各式各樣性的模式，我們都需要清楚。因為只有我們足夠清楚我們所有的一切，才能知道自己想要的是什麼。知道自己不想要什麼的人最幸運，知道自己想要什麼的人往往最幸福。

關於經濟部分，夫妻的感情優於金錢，這是永恆的真理。因為財富而破壞感情，是我所知最愚蠢的行為。無論我們採用哪種經濟模式，尊重對方的情感、關心對方的情感永遠在金錢之上。試想一下，當我們彌留之際，我們懷念的不是沒有用掉的金錢，而是與伴侶之間的愛？

3. 堅定自己的信念，幸福就在不遠處

當人有了自己的目標，不管是學業還是事業，抑或是家庭，其中最美好的品質之一是堅持，很多成功的事業和家庭，都有著這麼可貴的一條經驗。婚姻裡，每天堅持十幾秒的眼神對視，簡單的一個小細節就會讓親密度穩步上升。事業上，每天堅持提前半小時去公司給當天的工作做一個計劃，最終功夫也會不負有心人。只要堅定自己的信念，向著正確的方向前進，往往你希望的，到最後都會成為現實。幸福從來都存在在觸手可及的地方，但前提是，你要學會伸出自己友好的雙手，堅定不移的去做。

含笑親吻，相擁無言

　　《周易大傳》上曾說過：「二人齊心，其利斷金。」意思是說，共事的兩個人只要同心同德，同心同行，就會無往而不勝。如果夫妻兩個人都朝著一個目標努力奮鬥，相互配合，那麼事情成功的可能性會遠遠大於一個人獨自奮鬥打拚的機率。

　　兩個人結合在一起，應當建立在對事物有一致的認識和不斷溝通的基礎上。有了對事物的正確認識，才能形成共識；有了共識，才有一致的目標和堅定的信念，行動也才能默契。試想一下，如果兩個人不齊心協力，而是相互朝著各自的方向行駛，那麼時間越久，之間的隔閡將會越大，溝通也會越少，問題就會越多。遲早有一天會讓婚姻走上破碎的不歸路，家庭也變得不再完整。當兩個人中的其中一方占主導時，另外一方需要站在大局的利益上來看，犧牲小我，把眼光放長遠，在不久的將來，兩人一定會共同分享目標帶來的勝利果實。

　　一對相伴一生的夫妻，臨老決定分開旅行。

　　妻子最喜歡城市的繁華，丈夫最喜歡海上的孤寂。

　　妻子留在空無一人的輪船上，在海中隨大浪飄蕩。

　　丈夫在擁擠的都市，與人群熙熙攘攘。

　　一生已接近尾聲，他們想互相體驗對方的喜好，一個人去感受。

　　隨著巨浪，老舊的輪船顛簸不息。

　　隨著夜幕降臨，海水變得深沉且神祕。在船上反光的金屬前，看著自己的模樣，幻想著此刻丈夫正在自己身邊，與自己相擁。

　　紫黑色的海水時不時衝上甲板上，像是在和她激烈地打招呼。

　　她緩緩走下船艙，換上潛水衣，潛入海下。在驚濤駭浪的海面之下竟

如此平靜。她在想，他一個人在此刻都會想什麼呢。

丈夫在城市捷運口躊躇，不知去向何處。想著也許擁擠的地鐵上，繁忙勞累的年輕人還要騰出空座給自己，有些不忍。他最後放棄乘坐地鐵的念頭，在附近找了一家咖啡店，在棚傘之下坐了下來。

雨後的陽光灑下來，他伸手去接。陽光透過他老去的手指，滑向地面。他看著地面上自己的手，想像著和她十指相扣的樣子。想著，如果此刻她在該多好。

咖啡館落地窗裡面一對年輕的情侶為了什麼事情在面紅耳赤，他望過去，幻想著那是年輕時的他和妻子，便覺得可愛極了，歡笑起來。櫥窗裡的男女看見棚傘之下一位白髮老人友善地笑著，突然覺得吵架沒多大意思，安靜了下來。

在相約碼頭見面的那一天，妻子帶了海下的珊瑚，丈夫帶了街邊的花束，兩位白髮老人，含笑親吻，相擁無言。

他們在年輕的時候，曾為了改造對方成為自己想要的樣子，而痛苦萬分。

為了孩子的教育鬧得不可開交，而後放手讓孩子成長。

也曾為了彼此的異性朋友嫉妒得發狂，而後給對方適度的空間。

也曾為了遠離不合適的工作換一座城市生活，而後相互鼓勵。

也曾因為孩子失業的不順相互責怪，而後相互寬慰。

也曾表現出不在乎對方卻在對方生病後寢食難安。

直至今日，他們一起成了白頭。

讓人羨慕的日子，矛盾曾經也與大部分人相同。唯一不同的是，他們有一顆堅持和對方走下去的心，所以總能在矛盾之後，願意一起調和。誰都不願意拋下對方去流浪。臨老發現，最感激的是他，最親的是他，最想在一起經歷一輩子仍是他。

【成長祕鑰】

　　如果你正處在人生不知如何前進的路口，不妨先設想自己已經老去了，眼前的這些矛盾，你真的願意給它機會破壞來之不易的感情嗎？

　　我們的祖先，再到我們的父母，如果沒有在特定的時間去結合，都不會有今天的我們。有了我們這個人之後，我們還需要在特定的時間，在人海茫茫中與對方相遇。

　　看，多難得。

1. 精神財富共同累積，避免思想差距越來越大

　　一個人的精神體系，和他從小生活的環境，接觸的人群，受過的教育息息相關。而兩個人的結合，由於各自所經歷的背景不一樣，往往在最初會產生對對方生活狀態的一種好奇。這時候的溝通，就造成了一種增進了解的作用。當兩個人的生活開始融為一體的時候，互相對於以前生活狀態的交流便會越來越少。這時候的話題驟減，便需要其他的話題來不斷的填充，以便於隨時掌握對方的思想動態。其實我們可以透過很多小事去了解對方的想法，比如一起相約去拜訪對方的親人朋友，一起對某本暢銷書進行評論，一起寫部落格對實事表達各自的觀點。簡單的細節，在保持關係的距離遠近中通常會造成意想不到的正面作用。

2. 多交流，常溝通，學會站在對方的角度上去想問題

　　婚姻中最重要的品質除了寬容，理解，尊重對方之外，還要懂得站在對方的角度上去想問題。比如說，當老公在外辛苦了一天回家，只是想吃一頓熱飯，好好的休息一會兒的時候，這時候你卻硬要他陪你去逛街買衣服。當他拒絕之後又不高興，耍起小性子等他來哄你。一次兩次這樣任性可以，時間長了，肯定會招致反感，引起爭吵。在這個時候，做個體貼而

智慧的女人，把自己的要求在時間上適當的向後挪一挪，在老公吃完飯看電視的時候，給他端來一盆熱熱的洗腳水泡腳放鬆。也許在他的感動之餘，會主動要求滿足你的願望，都說強扭的瓜不甜，人在主動要求做的情況下不僅興致高，而且會更加有情趣。

3. 思想的距離越近，心的距離越近

曾有一篇很著名的小散文，名字叫做《世界上最遙遠的距離》。裡面曾說世界上最遙遠的距離不是天與地，而是我站在你的面前，你卻不知道我愛你。在婚姻裡，最遙遠的距離，可能卻是曾經互相深愛，最後覺得陌生。這是每個人都不願意發生的事，但如果在婚姻關係中沒有找到相處之道，那麼互相在心靈上越走越遠，也是遲早的事。想要讓思想的距離變近，可以從肢體語言的接觸開始，比如每天互相擁抱一次，睡覺前親吻對方道晚安。而讓思想拉近的根本，則是擴大自己的知識面，不斷提高自身的素養，和對方保持在一個溝通的高度上，給對方試著提出一些有價值的建議，這樣慢慢的，對方也會在思想上越來越依賴你，讓彼此的心慢慢貼近。

後記

這世上，不管雄鳥還是雌鳥都希望有個結實牢靠的巢。每個人都渴望有一段良好的婚姻，這是出於安全感的需要。

儘管我不能保證讀完本書的你已經找到了這份安全感。

實際上，我們越希望一樣東西能夠給自己帶來安全，往往這樣東西就越變得越不安全。我接觸過的很多女性朋友，都試圖透過營造良好的婚姻氛圍來讓自己足夠「安全」。在我看來，這更像是一種幻夢。因為安全感是一種內在的感覺，而維繫婚姻的「安全」指數則需要透過外在的努力。

當你在婚姻中充滿了不安全感時，說明你的心已經充滿了內在的恐懼。一個心懷恐懼之人，即便把門鎖得死死的，她的內心仍然是害怕的。而唯一能夠平息內心恐懼的方式便是：發現真相。

沒錯，我更希望這本書不只是單純意義上的「婚姻指南」，而是帶你探尋並發現婚姻真相的一本書，一個讓你告別內心恐懼、獲得更多安全感的一個利器。

沒有絕對安全的婚姻，你內在的婚姻才是唯一安全的東西。

從這個意義來說，婚姻不只是共同成長的橋樑，同時也是一種找尋和認識自己的途徑。在你們夫妻共同成長的過程中，你的心試圖透過對方來認識和接近它自己。

當心的自己不夠清晰時，就容易陷入互相指責和傷害中，也就是不良的婚姻關係中。這時你要認清，婚姻中任何被控述、被指責或被怨恨的人都是無辜的，他們都不知道問題出在了哪裡，但至少你應該知道。

後記

　　在相互傷害的關係中，沒有任何一方是真正的勝利者，你傷害對方的同時也在傷害自己。婚姻是心的內衣，穿上它的人總是希望既合身又貼身，又舒適又保暖。但前提是，你必須清醒並看清真相。否則，即便你閱讀了數百本所謂的婚姻指南，一切只是個可望而不可及的夢。

　　托爾斯泰說：「人類的使命，在於自強不息地追求完美。」但絕對沒有捷徑，真正的結婚不是表層的。無論你想擁有完美的愛情還是穩定的婚姻，亦或是長久的友誼或是一份好的工作，你都必須從自己著手。你親手種下的種子，只有你自己能主宰它能夠開出好看的花和你想要的果。

　　還記得我在開篇時說的話嗎？婚姻最大的魅力就在於探索兩個沒有血緣關係的人，透過共同的努力，看究竟能達成多麼深度的連結。最好的婚姻不是彼此消耗，而是共同成長。在此基礎上，去了解婚姻的本質，看清婚姻的真相，那是你真正獲得良好婚姻並從中找到安全感的途徑。

婚姻的奧祕：

一本探索親密關係的指南

作　　者：李玲玲

發 行 人：黃振庭

出 版 者：崧燁文化事業有限公司

發 行 者：崧燁文化事業有限公司

E-mail：sonbookservice@gmail.com

粉 絲 頁：https://www.facebook.com/sonbookss/

網　　址：https://sonbook.net/

地　　址：台北市中正區重慶南路一段六十一號八樓 815
室

Rm. 815, 8F., No.61, Sec. 1, Chongqing S. Rd., Zhongzheng
Dist., Taipei City 100, Taiwan

電　　話：(02)2370-3310

傳　　真：(02)2388-1990

印　　刷：京峯數位服務有限公司

律師顧問：廣華律師事務所 張珮琦律師

版權聲明

定　　價：399 元

發行日期：2024 年 01 月第一版

◎本書以 POD 印製

國家圖書館出版品預行編目資料

婚姻的奧祕：一本探索親密關係
的指南 / 李玲玲 著 . -- 第一版 . --
臺北市：崧燁文化事業有限公司，
2024.01
面；　公分
POD 版
ISBN 978-626-357-902-6(平裝)
1.CST: 婚姻 2.CST: 生活指導
544.3　　112021396

電子書購買

臉書

爽讀 APP